HEYNE BÜCHER

PSYCHO

Dan Kiley

Die Angst der Frauen, sie selbst zu sein

Das Wendy Dilemma

Wilhelm Heyne Verlag München

HEYNE PSYCHO
Band 17/42

Titel der Originalausgabe
THE WENDY DILEMMA
Aus dem Amerikanischen übersetzt von Walter Brumm

Die Hardcover-Ausgabe ist bei Ernst Kabel Verlag, Hamburg, erschienen.
Umschlagillustration und -gestaltung: Atelier Ingrid Schütz, München
Satz: Kort Satz GmbH, München
Druck und Bindung: Presse Druck Augsburg

ISBN 3-453-04251-4

Für die vielen Frauen,
die mir zu verstehen halfen.

Inhalt

Einleitung

In Unterredungen mit Tausenden von Frauen im ganzen Land wie auch in privaten Beratungen habe ich bemerkt, daß das gleiche Gespräch sich stets wiederholte.

»Ich weiß einfach nicht mehr, was ich mit ihm anfangen soll.«

»Wieso?«

»Mein Mann – er kann einfach nicht für sich sorgen.«

»Wie meinen Sie das?«

»Wenn ich mich nicht vergewissere, daß er was zu essen hat, verhungert er. Und wenn ich nicht nachgebe, führen seine Wutanfälle womöglich dazu, daß er einen Herzanfall bekommt.«

»Sie benehmen sich genau wie seine Mutter.«

»Wem sagen Sie das!«

Im Laufe unseres Gesprächs räumen die meisten Frauen ein, daß sie es verabscheuen, Männern gegenüber die Mutterrolle zu spielen. Sie möchten dem ein Ende machen, fühlen sich aber in der Rolle gefangen. Auf der einen Seite erkennen sie, daß das Bemuttern eines Mannes unreifes Verhalten fördert; auf der anderen finden sie, daß Bemuttern bisweilen die beste Art und Weise zu sein scheint, Liebe auszudrücken. Sie möchten mit dem Bemuttern aufhören, ohne ihre Liebe aufzugeben. Wenn eine Frau für ihren Mann sorgen und ihn beschützen möchte, ohne in die Falle der Bemutterung zu geraten, sieht sie sich einem Dilemma gegenüber, dem Wendy-Dilemma. Wendy ist eine Gestalt in J. M. Barries Märchenspiel, die den kindlichen Peter Pan ständig bemuttert.

Frauen, die in diesem Dilemma gefangen sind oder Gefahr laufen hineinzugeraten, stehen vor einem inneren Kampf auf mehreren Ebenen: die traditionelle weibliche Rolle gegen persönliche Freiheit, Selbstverwirklichung gegen Selbstaufopferung und kurzfristige gegen langfristige Ziele. Die Auflösung des Dilemmas ist möglich durch sorgfältige Selbstprüfung und den Mut, in eine neue Persönlichkeit hineinzuwachsen.

Manche Frauen sind durch das Wendy-Dilemma unbeweglich geworden. Sie leiden an einem verzerrten Machtbegriff. Wegen einer inneren Unreife, die sie daran hindert, die Herrschaft über ihr eigenes Leben zu gewinnen, nehmen sie Verhaltensweisen und Geisteshaltungen ein, die ihnen das Gefühl vermitteln, sie beherrschten das Leben anderer. Nirgends ist dieses Verhaltensmuster augenfälliger als in ihrem intimen Zusammenleben mit einem Mann. Bemutterung wird zur Schlüsselstrategie in ihrem Bemühen, zumindest einen Anschein von Macht über ihren Partner zu gewinnen.

Daß die Übernahme der Mutterrolle das Mittel der Frau ist, dem Erwachsenwerden und der Verantwortung für reife Partnerbeziehungen auszuweichen, ist die traurige Ironie des Wendy-Dilemmas. Indem sie alle Schuld an einer gestörten Beziehung dem Mann anlastet, braucht sie sich nicht der schmerzlichen Prüfung ihrer eigenen ungesunden Umgangs- und Verhaltensformen zu unterziehen.

Bald jedoch weigert sich der Mann, die Schuld auf sich zu nehmen, und die Frau ist gezwungen, sie wieder ganz – und noch etwas mehr – sich selbst aufzubürden. Nun beginnen sie Selbstzweifel zu plagen. Ihren Anstrengungen zur Lösung ihrer Probleme ist wenig oder kein Erfolg beschieden, und am Schluß steht sie bei all ihren Bemühungen schlechter da als zuvor. Für sie und ihresgleichen scheint eine Auflösung des Wendy-Dilemmas unmöglich, und so entwickelt sie Strategien, nicht um der Falle zu entkommen, sondern einfach um zu überleben.

Frauen, die im Wendy-Dilemma gefangen sind, bleiben, sinnbildlich gesprochen, mit einem Bein im Laufställchen, wenn sie sich in die Welt der Erwachsenen hinauswagen. Das Ergebnis ist ein dualistisches Verhaltensmuster, in dem sie sich welterfahren geben, in Angelegenheiten zwischenmenschlicher Beziehungen jedoch ganz naiv sind; sie sprechen von Liebe, sind in Wahrheit aber nur betört von der Idee, erwachsene Liebesrollen zu spielen; sie sprechen von ihrer Befreiung, erlauben sich indes selten auch nur die Freude der Spontaneität. Weil sie ihre Schwächen nicht eingestehen können, sind diese Frauen unseligerweise auch nicht imstande, sich mit ihnen auseinanderzusetzen und darüber hinauszuwachsen.

Am anderen Ende des Spektrums ist die ›Tinker‹ (benannt nach J. M. Barries Tinkerbell, die keine Geduld mit Peter Pans Benehmen hatte). Tinker ist eine Frau, die willens ist, heranzuwachsen. Sie akzeptiert für die Hälfte eine Beziehung und erwartet das gleiche von ihrem Mann weigert sich aber, nachsichtig gegen seine unreifen Eigenarten zu sein. Sie hat den Mut, sich ihren Schwächen zu stellen und über sie hinauszuwachsen. Während eine Wendy die Mutter des Mannes ist, ist eine Tinker seine wirkliche Gefährtin. Wendy ist in einer Falle; Tinker ist es nicht.

Viele Frauen sehen sich irgendwo zwischen Wendy und Tinker schwanken. Sie können sich strahlender Augenblikke der Gemeinsamkeit und Zusammenarbeit erinnern, sind aber entmutigt durch den Mißmut und die Selbstsucht ihres Mannes. Sie ertragen Wutanfälle und hoffen, daß sich endlich die Reife durchsetzen wird. Sie bemuttern den kleinen Jungen in ihren fehlgeleiteten Bemühungen, ihm in seinem Heranwachsen zum Mann zu helfen. Die im Wendy-Dilemma gefangene Frau erkennt nie, daß sie durch das Bemuttern ihres Mannes die Voraussetzungen für eine reife Liebesbeziehung nur verschlechtert.

Das vorliegende Buch ist in zwei Abschnitte unterteilt: ›Die Wendy-Falle‹ und ›Die Auflösung des Wendy-Dilemmas‹. Der erste Abschnitt ist die Situationsbestimmung. Sie werden darin angeleitet, selbst zu bewerten, bis zu welchem Grade Sie in der Gewohnheit, Ihren Mann zu bemuttern, – in der Wendy-Falle – gefangen sind. Der zweite Abschnitt enthält Empfehlungen. Sie werden darin mit verschiedenen Möglichkeiten vertraut gemacht, wie Sie Ihr Leben besser in die Hand bekommen und insbesondere aufhören können, Ihren Mann zu bemuttern. Diese Empfehlungen sind so gewählt, daß Sie nur diejenigen Anregungen zu befolgen brauchen, die sich aus den Schlußfolgerungen ergeben, zu denen Sie in Abschnitt eins gelangt sind. Alle Empfehlungen sind darauf zugeschnitten, daß sie Ihnen helfen, eine selbstbewußte, beherrschte Person zu sein – mit anderen Worten, eine Tinker zu werden.

Dieses Buch ist bestimmt für Tausende von Frauen, die ›nicht mehr wissen, was sie mit ihm anfangen sollen‹, sowie für jene Frauen, die von ihrem Versagen in Liebe und Ehe so enttäuscht sind, daß sie daran denken, sie ganz aufzugeben. Ihr erster Schritt auf dem Weg zu gesunden Partnerbeziehungen ist die Erkenntnis, daß sie Verantwortung nicht für ihren Mann, sondern für sich selbst übernehmen müssen. Nur wenn sie diesen lebenswichtigen Aspekt des Erwachsenseins akzeptiert haben, werden sie für alle die großartigen Möglichkeiten, die in einer Beziehung zwischen Mann und Frau vorhanden sind, wirklich offen sein.

TEIL I

Mögliche Opfer

Die zwei wichtigsten weiblichen Gestalten in J. M. Barries Märchenspiel dienen zur Unterscheidung zwischen zwei Frauentypen, von denen eine durch das Wendy-Dilemma stärker festgelegt ist als die andere. Sie werden in diesem Buch viel über diese Frauen erfahren.

Wendy und Tinkerbell sind die zwei Frauen in Peter Pans Leben. Tinkerbell taucht zuerst auf und ist in der ursprünglichen Geschichte als eine tatkräftige kleine Elfe charakterisiert. Sie steht zu Peter in einer besonderen Beziehung, deren Natur an keiner Stelle richtig deutlich wird. Es genügt vielleicht zu sagen, daß Tinkerbell Peters Gefährtin ist. Als ich das Märchen von Peter Pan las und wieder las, gelangte ich zu einer besonderen Bewunderung für Tinkerbell, da sie die ideale Gefährtin für einen Mann wäre. Spielerisch sah ich sie als meine ›Tinker‹.

Wendy ist ein wirkliches, lebendiges Mädchen, die einzige Tochter von George und Mary Darling. Peter lockt sie (zusammen mit ihren beiden Brüdern Michael und John) mit dem Versprechen auf eine unerschöpfliche Fülle spannender Erlebnisse und immerwährender Jugend ins Niemalsland. Wendy sieht Peter als Spielgefährten, der vielleicht ihr Freund werden könnte. Peter sieht Wendy als Muttergestalt und möchte, daß sie ins Niemalsland kommt, um ihm und den anderen Jungen in der Verlorenen Schar Mutter zu sein. Weil sie daheim Schwierigkeiten hat, ist Wendy willens und bereit, mit ihm fortzufliegen.

Wendys Aufenthalt im Niemalsland ist alles andere als aufregend. Noch ehe sie landet, wird sie von einem Pfeil getroffen. Zwar erholt sie sich wieder, doch während ihrer Genesung wird ein kleines, beengendes Haus um sie errichtet. Kurze Zeit später muß sie in einem Baumstumpf leben, wo sie Kindermädchen für mehrere unartige kleine Jungen spielt und von demjenigen, den sie lieben möchte, gezwungen wird, die Mutterrolle zu übernehmen. Was sie sich als Traum vorgestellt hatte, erweist sich als Alptraum.

Wendys Klagen bleiben in Anbetracht ihrer Enttäuschung milde. Sie versucht, die Rolle einer Ersatzmutter abzulehnen, nimmt sie aber wegen ihrer eigenen Unsicherheit und Peters zielstrebigen Beharrens widerwillig an.

Wendy gibt sich als Peters Partnerin aus, während sie sich in Wahrheit wie seine Mutter verhält. Je mehr sie sich selbst täuscht, desto fester glaubt sie an die Täuschung. Sie ist gebannt von einem Trugbild, das allmählich ihre Wirklichkeit wird. Sie ist in der Falle gefangen. Die Konflikte in ihrem Leben führen sie im Kreis herum. Der Umstand, daß sie nicht erkennt, was geschieht, verschlimmert ihre Situation.

Tinker hingegen läßt sich nicht fangen. Sie huscht im Niemalsland umher und tut, was sie will. Auch sie möchte Peters Bezugsperson sein, aber nicht um den Preis ihrer eigenen Freiheit. Bis auf ihre gemeinsame Zuneigung zu Peter sind Wendy und Tinker überaus verschieden.

Wendy geht auf Peters Launen ein; Tinker lehnt sie ab. Wendy läßt sich mit der Drohung von Peters Wutanfällen erpressen; Tinker lehnt es ab, sich durch solche Albernheiten einschüchtern zu lassen. Wendy ist ein Muster von Schicklichkeit und Nüchternheit; Tinker ist freimütig bis zum Übermaß. Von den beiden ist sie diejenige, die Bewegung ins Leben bringt, wenn auch nicht immer in einer friedlichen Richtung.

In allen Frauen steckt ein wenig von Wendy und Tinker. In dem Maße, wie Wendy Ihr Leben beherrscht, werden Sie zur Bemutterung neigen. In dem Maße, wie Tinker in Ihnen ihre Freiheitsbotschaft glitzern läßt, entfernen Sie sich von der Falle und lösen das Wendy-Dilemma auf. Je besser Sie sich selbst kennenlernen, desto geringer ist die Wahrscheinlichkeit, daß Sie versuchen, für den Mann, den Sie lieben, die Mutter zu spielen.

KAPITEL 1

Eine Frau in der Falle

WENDY: »Ach je, manchmal glaube ich wirklich, daß alte Jungfern zu beneiden sind.«

Es war weder ihr Trinken noch ihr Schuldgefühl oder die Einlieferung ins Krankenhaus, die Cindy zu der Erkenntnis führten, daß sie am Tiefpunkt angelangt war. Seltsamerweise wurde sie durch eine positive Erfahrung auf den Umstand aufmerksam gemacht, daß sie nicht mehr tiefer sinken konnte. Es ereignete sich jedesmal, wenn ihr Mann Ed auf Geschäftsreise ging.

Cindy war das Eingeständnis peinlich, aber sie freute sich auf Eds Abwesenheit. Ihre Lebenseinstellung besserte sich, sobald er zum Flughafen fuhr. Während er fort war, schlief sie nachts ruhiger, hatte die Kinder besser im Griff und erfuhr insgesamt eine deutliche Hebung ihres Lebensgefühls. Dieses seltsame Gefühl von Erleichterung zeigte Cindy, daß ihr Leben mit Ed einen Tiefpunkt erreicht hatte.

»Ich wußte nie, wie jämmerlich es mir ging, bis das Elend vorüber war.« Mit dieser Überlegung gelang es Cindy, ihr Leben in die richtige Perspektive zu bringen, ein Leben, in welchem Unerfülltheit die Norm war.

Cindys Mutter war eine Märtyrerin. Sie war eine intelligente Frau, die niemals eine Chance gehabt hatte, über die Rolle der Hausfrau hinauszuwachsen. Obschon enttäuscht von ihrem Los, wagte sie es nicht, sich darüber zu beklagen. Die Furcht vor Ablehnung hielt sie gefangen. Den einzigen Trost bot ihr die Individualität der Selbstaufopferung. Sie trug ihr Martyrium als Ehrenzeichen. Und ohne es zu wissen, gab sie diese Charakterzüge an ihre Tochter weiter.

Die Furcht vor der Unfähigkeit zu lieben kam zu Cindys Furcht vor Ablehnung hinzu. Als sie Ed kennenlernte und heiratete, hatte das Leben sie schon bitter gemacht. Sie hatte sich mit Ed zufriedengegeben, weil sie glaubte, er sei noch das Beste, was sie erhoffen könne.

Sie leugnete die Tatsache, daß Ed anspruchsvoll und gleichgültig war. Sie bevormundete ihn, indem sie jeder seiner Launen nachkam. Dabei beklagte sie sich unaufhörlich. Sie war eifersüchtig auf seine Freunde, nicht so sehr, weil sie ihn ihr wegnahmen, sondern weil sie *auch* Spaß und Abwechslung haben wollte. Ihre Migräne war ein Zeugnis ihres Leidens. Zur Schlafenszeit wich sie Ed aus, weil sie meinte, daß es ihr Leben irgendwie verbessern würde, wenn sie ihm Sex vorenthielt.

Cindy arbeitete als Chefsekretärin in einer Bank. Sie war attraktiv und tüchtig, es fehlte ihr weder an Freunden noch an Gelegenheiten zu außerehelichen Romanzen. Sie hatte eine Affäre mit einem Kollegen aus der Kreditabteilung, einem unscheinbaren Mann mit großen braunen Augen und von sanfter Gemütsart. Sie versuchte sich in ihn zu verlieben, doch vergebens. Er bekannte ihr seine Liebe. Es war ihr einerlei.

Cindy hatte Angst, Ed zu verlassen, starb aber mit jedem Tag, den sie blieb, weiter innerlich ab. Einige der Gründe, die sie zum Bleiben bewogen, waren realistisch (Geld und die Sorge um die Kinder), andere waren irrational (ihre Mutter würde es mißbilligen). Sie versuchte sich zu überzeugen, daß es Hoffnung auf ein Wiederaufleben ihrer Liebe gäbe. Es fiel ihr schwer zu akzeptieren, daß sie Ed nie geliebt hatte.

Sie faßte ihr Dilemma so zusammen: »Ich wollte, daß er mich schlüge oder mit einer anderen Frau davonliefe – irgend etwas täte, das mir die Entscheidung erleichtern würde. Aber er ist kein schlechter Mensch, und ich hasse ihn nicht. Er ist einfach unreif geblieben. Ich glaube, das trifft auch auf mich zu.«

Cindy fand es schwierig zu glauben, daß ihre Probleme

in die Zeit vor ihrer Eheschließung zurückreichten. Ihre Schwierigkeiten auf Ed zurückzuführen, war dagegen einfach. Er war ein gefühlloser Liebhaber, im Umgang mit den Kindern eher hinderlich als hilfreich, und er war nie zur Stelle, wenn sie eine Schulter brauchte, an der sie sich ausweinen konnte. Die Vorstellung, daß ihre Schwierigkeiten sich auflösen würden, sobald sie den richtigen Mann gefunden hätte, erschien ihr nicht widersinnig.

»Wenn heute der ›richtige‹ Mann auf Sie zukäme und Sie in die Arme nähme, würden Sie die Sache binnen eines Monats verpfuschen«, sagte ich ihr im Laufe eines unserer Therapiegespräche.

Cindy schaute drein, als hätte ich ihr gerade die Lieblingspuppe weggenommen. »Wie können Sie das sagen?«

»Ich sage das, weil Ihre Schwierigkeiten mit Ed nur die Blätter an den Bäumen sind, nicht die Wurzeln. Sie sind nur das Symptom, nicht die Krankheit. Die Ursache Ihres Problems ist nicht der Mann; Sie selbst sind es. Solange Sie versuchen, Ihre Probleme zu lösen, indem Sie einen Mann suchen, werden Sie nur im Kreis herumlaufen und dort enden, wo Sie angefangen haben.«

Cindy war in der Wendy-Falle gefangen. Sie war in der Fallgrube, lief im Kreis herum, umgeben von den Stimmen der Verwirrung.

Die Stimmen kamen aus ihrem Inneren und stellten Fragen, auf die es keine Antwort zu geben schien. Wenn wir in ihren Kopf hätten schlüpfen können, hätten wir folgendes gehört:

Warum fühle *ich* mich schuldig, wenn er grausam zu mir ist?
Warum geschieht alles immer nach seinem Willen?
Warum kann ich nicht nein sagen und dabei bleiben?
Warum kann ich mich nicht auf ihn verlassen?
Warum läuft es immer darauf hinaus, daß ich ihn anschreien möchte, als ob er eins von meinen Kindern wäre?

Warum komme ich mir wie seine Mutter vor?
Was soll ich mit ihm anfangen, wenn er so bleibt?
Warum kann ich ihn nicht ändern?
Warum gefällt es ihm, mich leiden zu sehen?
Warum kann er mich nicht so lieben wie ich ihn?
Womit habe ich dies verdient?
Was würde er tun, wenn er mich nicht hätte?

Dies sind die Fragen, die das Wendy-Dilemma schaffen. Wenn eine Frau sich abmüht, sie zu beantworten, erheben sich weitere, allgemeine Fragen, deren Antworten noch schwerer faßbar sind.

Wie konnte ich mich so tief sinken lassen?
Wie konnte ›Verliebtheit‹ mich in solch ein Elend stürzen?
Warum sind alle Männer so grausam?
Warum wird er so wütend auf mich, wenn ich einen Fehler mache?
Warum bleibe ich überhaupt bei ihm?
Warum lerne ich nicht, einfach den Mund zu halten?
Warum brauche ich ihn so?
Warum umgibt ihn eine Wand, die mich ausschließt?
Warum möchte ich meiner Mutter die Schuld an meinen Schwierigkeiten geben?
Hätte ich diese Probleme nicht eher sehen sollen?
Warum scheine ich ihn zu bedrohen?
Wie, wenn er sich nicht ändern will? Ich könnte mich nie von ihm scheiden lassen.

Dieses Buch wird einige dieser Fragen beantworten. Wenn Sie aufmerksam lesen, werden Sie nicht nur die Antworten verstehen, sondern auch begreifen, warum die Fragen überhaupt gestellt werden. Mit diesen beiden Einsichten wird es Ihnen gelingen, das Wendy-Dilemma aufzulösen und der Falle zu entkommen oder ihr auszuweichen.

KAPITEL 2

Sind Sie in Gefahr? Ein Test

WENDY: »Nun, auf Wiedersehen, Peter, und denk daran, nicht die Nägel zu kauen.«

Alle Frauen bemuttern bisweilen ihren Mann, und sei es nur, daß sie ihm Mitgefühl entgegenbringen, wenn er einen harten Tag hinter sich hat. Diese Form von gelegentlicher Bemutterung ist kein Anlaß zur Sorge; sie wird Ihre Beziehung nicht zerstören. Die Frage ist nicht, *ob* Sie Ihren Mann bemuttern, sondern *wie oft* Sie es tun und *ob Sie sich dessen bewußt sind.* Vergessen wir nicht, daß Frauen in die Falle geraten, ohne es zu merken.

DER WENDY-TEST

Der folgende Test ermöglicht Ihnen die Einschätzung, in welchem Maße Sie gefährdet sind, in die Wendy-Falle zu geraten. Er verlangt, daß Sie eine Überprüfung Ihrer Gedanken, Gefühle und Verhaltensweisen vornehmen. Indem er Ihnen hilft, die unangemessene Bemutterung in Ihrem täglichen Verhalten festzustellen, weist er Ihnen den Weg zur Veränderung.

Es ist empfehlenswert, diesen Test allein zu machen und die Antworten aufzuschreiben. Dann lassen Sie den Mann in Ihrem Leben die Testfragen so beantworten, *wie er Sie sieht.* Der Vergleich Ihrer Antworten mit seinen kann die Tür zu einer konstruktiven Diskussion öffnen. Sind Sie ›nicht gebunden‹, so beziehen Sie sich in der Beantwortung von Fragen nach dem Mann in Ihrem Leben auf Ihre letzte Verbindung. Seien Sie nicht peinlich berührt, wenn Sie manches von Wendy in sich finden – in allen Frauen steckt etwas von Wendy, genauso wie in allen Männern etwas von Peter Pan steckt. Das gibt uns etwas, was wir teilen und woran wir gemeinsam arbeiten können.

Lesen Sie jede der folgenden Feststellungen und entscheiden Sie, ob sie auf Sie zutrifft oder nicht. Trifft sie nicht zu, bewerten Sie die Feststellung mit der Punktzahl 0. Trifft sie zu, prüfen Sie, ob sie gelegentlich zutrifft (Punktzahl 1) oder beinahe immer (Punktzahl 2). Mit ›er‹ oder ›ihm‹ ist immer der Mann in Ihrem Leben gemeint.

Betrachten Sie diesen Test als Gelegenheit, Ihr Verhalten zu prüfen, nicht als ein Verfahren zur Diagnose einer ›Krankheit‹. Er soll zu ehrlicher Selbsteinschätzung anregen und Schritte zur Verbesserung Ihrer Beziehung fördern.

0 1 2 Wenn er Aufmerksamkeit braucht, schenke ich sie ihm, aber umgekehrt scheine ich nie seine Aufmerksamkeit zu bekommen.

0 1 2 Aus Furcht, etwas zu sagen, was ihn ärgern könnte, muß ich auf meine Worte achten.

0 1 2 Er läßt mich nie eine Auseinandersetzung gewinnen.

0 1 2 Ich bin eifersüchtig auf seine Freunde. Sie sind ihm wichtiger als ich.

0 1 2 Ich habe den Eindruck, daß er mir nicht die Freiheit läßt, nach meinem Willen zu handeln.

0 1 2 Ich verliere die Fassung, wenn Pläne geändert werden.

0 1 2 Für viele meiner Probleme mache ich meine Mutter verantwortlich.

0 1 2 Wenn er empfindungslos gegen mich ist, denke ich: »Womit habe ich das verdient?«

0 1 2 Ich würde gern meinen Vater umarmen (oder, wenn er verstorben ist, ich hätte es gern getan), aber ich würde mir komisch vorkommen (wäre mir komisch vorgekommen), wenn ich es versuchte (versucht hätte).

0 1 2 Wenn wir Streit haben, mache ich ihn ausführlich auf Fehler aufmerksam, die er vor langer Zeit begangen hat.

0 1 2 Ich wünschte, unsere Beziehung wäre besser, aber ich kann nichts daran ändern.

0 1 2 Wenn er sich verspätet, frage ich ihn darüber aus, wo er gewesen ist.

0 1 2 Es fällt mir schwer, mich zu entscheiden; wenn eine Entscheidung zu treffen ist, verlasse ich mich auf Freunde.

0 1 2 Ich beklage mich bei ihnen, daß er sich über seine Gefühle nicht mit mir ausspricht.

0 1 2 Vom Sex habe ich fast nie etwas.

0 1 2 Wenn ich daran denke, die Beziehung abzubrechen, denke ich: »Ich könnte es ohne ihn nicht schaffen.« (Oder: »Er könnte es ohne mich nicht schaffen.«)

0 1 2 Wenn er mich kritisiert, weil der Haushalt in Unordnung ist oder das Essen ihm nicht schmeckt, fühle ich mich schuldig.

0 1 2 Ich erkläre ihm, wie seine Eltern (oder seine Kindheit) seine Probleme verursacht haben.

0 1 2 Ich entschuldige mich bei Freunden und Verwandten für sein Verhalten.

0 1 2 Er kann mich sehr leicht verletzen.

Zählen Sie die erreichten Punkte zusammen. Die nachstehende Auswertung gibt Ihnen die Möglichkeit, das Ausmaß Ihrer Wendy-Reaktion zu beurteilen.

0 bis 7 Sie sind höchstwahrscheinlich eine Tinker. Sie mögen ein wenig eigensinnig sein, aber in der Art und Weise, wie Sie das Leben bewältigen, sind Sie niemals langweilig oder von schematischer Gleichförmigkeit. Sie bestimmen selbst über Ihr Leben und erwarten gleiches von den Ihnen nahestehenden Menschen. Sie halten

ständig Ausschau nach neuen Mitteln, Ihre Freiheit auszudrücken. Sie erkennen, daß Sie eine Liebesbeziehung ohne Spontaneität – die Freiheit zu sagen, was Sie auch immer auf dem Herzen haben – nicht aufrechterhalten können. Eine Tinker mag an Aspekten des Wendy-Dilemmas teilhaben, aber sie hört nie auf zu wachsen.

8 bis 25 Sie sind höchstwahrscheinlich eine Wendy, die zur Tinker wird. Weil Sie im Begriff sind, Ihre Konflikte aufzulösen, zeigen Sie viele Merkmale einer Person, die ihre Einstellung zum Leben ändert. Sie hegen Zweifel, aber es wirkt sich nicht lähmend aus. Ihr Streben nach Freiheit ist ansteckend. Sie streben nach ständiger Veränderung, oft um den Preis von Verwirrung und Unruhe. Sie bewegen sich in eine positive Richtung; halten Sie sich jedoch vor Augen, daß Veränderung gewöhnlich einen Schritt zurück verlangt, ehe Sie zwei Schritte vorwärts tun können.

26 bis 40 Sie sind sehr wahrscheinlich in der Wendy-Falle gefangen oder nahezu gefangen. Manches spricht dafür, daß das Wendy-Dilemma Sie unbeweglich gemacht hat. Sie sind voller Selbstzweifel und lassen sich leicht von Menschen überrumpeln, denen Sie glauben, gefällig sein zu müssen. Sie fühlen sich vielen Menschen unterlegen und lassen andere über Ihr Geschick bestimmen. Ihre Ängste und Unsicherheiten zwingen Sie, Ihr Leben so einzurichten, daß Sie andere zufriedenstellen. Sie sind leicht zu ängstigen, und Enttäuschung schmerzt tief, auch wenn Sie es sich nicht anmerken lassen. Der normale, alltägliche Kampf bereitet Ihnen viel Besorgnis.

Wenn Sie eine niedrige Gesamtsumme erreicht haben (unter 10), achten Sie sorgfältig auf jede Feststellung, die als ›fast immer‹ angerechnet ist. Es könnte ein Gefahrensignal sein, das weitere Selbstprüfung verlangt. Sind Sie gegenwärtig ›ungebunden‹, könnte Ihr Ergebnis künstlich herabgedrückt sein. Wenn das der Fall ist, konzentrieren Sie sich auf andere Lebensbereiche. (Zum Beispiel: Bemuttern Sie Ihre männlichen Mitarbeiter, Ihren Chef, Ihre Freunde?)

In J. M. Barries Märchenspiel entwächst Wendy schließlich ihrem Bedürfnis, ins Niemalsland zu entfliehen. Sie heiratet, hat ein Kind und sorgt dafür, daß ihre Tochter sich geborgen fühlt, so daß sie nicht weglaufen muß. So löst Wendy in ihrer eigenen Art und Weise ihr Dilemma auf und wird eine Tinker.

In der Wirklichkeit gelangen Wendy-Frauen nicht einfach zur Reife, indem sie älter werden. Eher ziehen sie sich noch mehr in sich zurück und setzen die Bemutterung ein, um ihre Ängste und Unsicherheiten zu verbergen.

In welchem Grad Sie auch durch das Wendy-Dilemma unbeweglich geworden sind, machen Sie von diesem Buch als einem Mittel Gebrauch, diese Ängste und Unsicherheiten zu erkennen und ihnen zu begegnen. Bedenken Sie – Sie können Ihre Umwandlung zur Tinker nicht in Angriff nehmen, solange Sie die Wendy in Ihrem Inneren nicht erkennen und verstehen.

TEIL II

Die Falle ist aufgestellt

Bestimmte Voraussetzungen müssen gegeben sein, ehe eine Frau die Herrschaft über ihr Leben aus der Hand gibt, durch das Wendy-Dilemma bewegungsunfähig wird und in die Falle des Bemutterns gerät. Sie muß unter einer Furcht vor Ablehnung leiden, durch die innere Stimme ihres Minderwertigkeitsgefühls ein negatives Bild ihrer selbst verewigen und ihr gesellschaftliches Erscheinungsbild so verinnerlichen, daß sie sich eine Überprüfung ihres wahren persönlichen Lebens versagt. Sind diese Voraussetzungen gegeben, so wird sie vom Köder in der Falle angelockt: einem Peter-Pan-Mann.

Die nächsten vier Kapitel werden Ihnen verstehen helfen, wie diese Faktoren die Wendy-Falle stellen – und wie jeder davon vorhanden sein muß, damit eine Frau zum Opfer wird.

KAPITEL 3

Die Furcht vor Ablehnung

WENDY (unternimmt einen letzten Versuch): »Du meinst nicht, Peter, daß du zu meinen Eltern gern etwas über ein sehr erfreuliches Thema sagen möchtest?«
PETER: »Nein, Wendy.«
WENDY: »Über mich, Peter?«
PETER: »Nein.« (Er kramt seine Pfeifen hervor, was, wie sie weiß, ein sehr schlechtes Zeichen ist.)

Wir wissen, warum Peter Pan ins Niemalsland davonläuft. Unfähig, den Schmerz der Ablehnung zu ertragen, sagt er in Wirklichkeit: »Wenn das Heranwachsen so wehtut, will ich nichts damit zu schaffen haben.«

Aber warum ist Wendy so eilfertig bereit, Peter zu folgen? Und warum entscheidet sie sich zum Bleiben, nachdem sie erkannt hat, daß sie in der Rolle einer Ersatzmutter für Peter und die Verlorene Schar der Jungen gefangen ist? Ist es eine Eigentümlichkeit ihres Unterbewußtseins? Ein Ergebnis kultureller Programmierung? Genetischer Disposition? Macht es ihr Freude, für den Mann, den sie lieben möchte, die Mutter zu spielen? Wir finden die Antwort nicht, indem wir beobachten, wohin Wendy läuft, sondern indem wir uns ansehen, wovor sie wegläuft.

Wendys Vater ist ein unreifer, kindischer Mann, der sowohl seine Frau als auch seine Tochter für eigennützige Bedürfnisse manipuliert. Ihre Mutter geht darauf ein, übernimmt bisweilen die Rolle des pflichtschuldigen kleinen Mädchens, bei anderen Gelegenheiten jene der überlegenen, kommandierenden Mutterfigur. Wendy ist sehr früh im Leben gezwungen, ihre jugendliche Lebhaftigkeit zugunsten der Vorschriften zweier Erwachsener, die das Erwachsensein nur spielen, zu unterdrücken. Wenn sie eine Gelegenheit hat, fortzufliegen, ergreift sie sie. Es kommt ihr keinen Augenblick in den Sinn, daß sie damit vom Regen in die Traufe kommt.

Die Schwierigkeiten, die Wendy und ihre Eltern heimsuchen, sind auch in vielen Familien unserer Tage sichtbar. Gemeinschaftliche Problemlösungen und Zusammengehörigkeitsgefühl verschwinden auf Kosten einer ungezügelten Selbstsucht. Die Eltern sind dermaßen beschäftigt, mit ihrer eigenen Unreife zu Rande zu kommen, daß die Kinder oftmals ohne vernünftige Anleitung oder Lenkung sich selbst überlassen heranwachsen.

Cindy, der wir im ersten Kapitel begegneten, wuchs in einer Familie auf, in der Liebe vorgegaukelt wurde. Ihre Eltern ließen sich erst scheiden, als sie fünfzehn war, obwohl sie schon bald nach ihrer Eheschließung daran gedacht hatten; sie wußten, daß sie für eine dauerhafte Bindung nicht reif waren. Doch als Cindys Mutter schwanger wurde, kam eine Scheidung nicht mehr in Frage. Sie mußten ›dem Kind zuliebe‹ zusammenbleiben. Das war ihr Fehler.

Die Notwendigkeit, eine langweilige, unerfüllte Ehe zu ertragen, verbunden mit dem in den Nachkriegsjahren so ausgeprägten gesellschaftlichen Anpassungsdruck, drängte Cindys Eltern in die eng begrenzten Rollen von ›Brotverdiener‹ und ›Hausfrau‹. Obwohl diese Rollen Wachstum und Reifung behinderten, waren sie ein Quell der Selbstachtung. Cindys Vater war stolz darauf, das Geld zu verdienen, und ihre Mutter fand ihren Lebensinhalt in der Sorge für Kind und Haushalt.

Sie konnten ihr familiäres Gleichgewicht wahren, solange jeder Partner bestimmte Regeln einhielt. Cindys Mutter hatte kein eigenes Einkommen zu haben, und ihr Vater hatte sich nicht mit Haushaltsangelegenheiten zu befassen. Das Ausmaß seiner Beteiligung an der Kindererziehung wurde von seiner Frau festgesetzt. Er gab sich damit zufrieden, eine emotionale Distanz zu seiner Familie zu halten. Sein Vater hatte ihn gelehrt, daß es effeminiert sei, Emotionen zu zeigen, und demzufolge hatte er nie gelernt, seine Gefühle zu bestimmen und mitzuteilen.

Zwischen Cindys Eltern bestand das, was man eine ›Sandkastenbeziehung‹ nennen könnte. Sie spielten ihre Beziehung wie zwei Vorschulkinder, die Erwachsene nachahmen. Die Machtgrenzen waren deutlich abgesteckt, und sie wechselten einander in der Herrschaft über das Spiel ab: »Jetzt spiele ich den Vater, und du bist meine Dienerin. Dann bin ich der kleine Junge, und du bist die Erwachsene.«

Beide paßten sich ohne Frage diesem überkommenen Rollenverhalten an, unfähig, die Bedeutung individueller Persönlichkeitsentfaltung zu untersuchen. Arbeitsteilung in der Machtausübung war ihre Art, Konflikte zu vermeiden und in ihrem psychologischen Gefängnis Stolz zu bewahren.

Wie alle Kinder, brauchte Cindy die Liebe und Unterstützung ihrer Eltern. Die Stärke ihres Selbstgefühls war abhängig von der Erfahrung so wichtiger Gefühle wie Sicherheit, Zugehörigkeit und Geborgenheit – Bedürfnissen, die größtenteils unbefriedigt blieben. Ihre Mutter umarmte und lobte sie, aber ihre Liebesbezeigungen waren oberflächlich und gekünstelt. Von ihrem Vater erhielt sie so gut wie keine Botschaft von Liebe und Wärme außer der gelegentlichen Anrede ›mein Schatz‹.

Diese Atmosphäre wirkte sich auf Cindy negativ aus, vor allem während der ersten fünf Jahre ihres Lebens. Dies sind die prägenden Jahre, in denen Erfahrungen zu konditioniertem Lernen führen, auf welches das Kind wenig oder keinen Einfluß hat. Abgesehen von dem normalen Vorgang, daß sie lernte, nein zu sagen (was Cindy selten tat), und der Prägung durch ihre genetische Persönlichkeitsstruktur, war Cindy eine passive Schülerin im Haus ihrer Eltern.

Es überrascht nicht, daß Cindy schon in einer Zeit, als

sie noch nicht einmal alt genug war, sie zu verstehen, von Gefühlen der Unsicherheit geplagt wurde. Sie fühlte sich von ihrem Vater emotional isoliert und übermäßig abhängig von der Zuneigung, die ihre Mutter ihr ›zuteilte‹. Mit der Zeit beherrschte Cindys Unsicherheit, genährt von der Furcht, verlassen zu werden, praktisch ihr Verhalten. Sie bemühte sich, ihre Eltern zu erfreuen, besonders ihren Vater, dessen Zuneigung am fraglichsten war. Die Furcht, verlassen zu werden, war ihr ein ständiger Antrieb zu vorbildlichem Benehmen, nicht weil es sie befriedigte, sondern weil sie befürchtete, ihren Eltern zu mißfallen.

Als sie in die Schule kam, war Cindys negatives Selbstbildnis fest in ihr verankert. Wenn es ihr nicht gelang, in ihren Leistungen den für sie gesetzten Maßstäben gerecht zu werden, kam sie sich jedesmal wie ein unartiges kleines Mädchen vor. Wenn sie zornig auf ihre Eltern wurde, weil sie zeitig zu Bett gehen mußte, fühlte sie sich hinterher unwohl. Was in ihren frühen Jahren Furcht vor Verlassenheit gewesen war, wurde nun eine Furcht vor Ablehnung. Enttäuschte sie ihre Eltern, und sei es nur in Gedanken, lief sie Gefahr, ihre Liebe zu verlieren.

Die meiste Zeit lebte Cindy in Ängsten. Mit sieben Jahren litt sie unter Magenkrämpfen, die der Arzt auf eine Allergie zurückführte. Tatsächlich waren sie ein Ausdruck nervöser Spannung.

Cindys Suche nach der eigenen Individualität war wie die aller Kinder; das heißt, sie war egozentrisch: »Alles, was geschieht, ist irgendwie von mir verursacht.« Irgendwann zwischen ihrem siebten und zehnten Lebensjahr gelangte Cindy zu dem Schluß, daß ihr Vater sie nicht liebe, weil sie nicht liebenswert sei. Etwas stimmte nicht mit ihr. Von nun an bemühte Cindy sich noch mehr, ihrer Mutter zu gleichen.

Sie durchlebte einen Zeitabschnitt, in dem sie alles zu tun bereit war, um ihren Vater zu erfreuen. Wenn sie seine Liebe errang, konnte sie vielleicht ihre ›Schlechtigkeit‹ ungeschehen machen und ihre Furcht vor Ablehnung verlieren. Sie lernte fleißig und bekam gute Noten. Ihr Vater sagte nichts. Worte des Lobes hörte sie von ihm nur, wenn sie bei der Hausarbeit half. Noch als Erwachsene erinnert sie sich, daß sie sehr stolz auf sich gewesen war, weil sie seine Taschentücher gebügelt hatte.

Etwa ab dem zwölften Lebensjahr bekam Cindy hin und wieder Wutanfälle. Sie waren nicht heftig; die meisten äußerten sich in Form kindlicher Widerrede. Sie konnte nicht wissen, daß dies unter den Bedingungen der einsetzenden Pubertät und der durch ihr negatives Selbstbildnis verursachten Frustration ganz verständlich war. Bald merkte sie, daß der Zorn die Dinge nur schlimmer machte. Ihr Vater bekundete seine Mißbilligung, indem er den Kopf schüttelte und sagte, sie benehme sich nicht damenhaft. Die Worte ihrer Mutter verletzten sie am tiefsten: »Sieh nur, wie du die Menschen behandelst, die dich lieben!«

Cindy entdeckte schließlich, warum sie nicht liebenswert war. Jedesmal wenn sie zu lieben versuchte, mißlang es ihr. Sie begann sich selbst als eine lieblose Person zu betrachten. Mit der erhöhten Empfindlichkeit in der Pubertät stellte sich die Idee ein, daß sie nur dann glücklicher sein könnte, wenn sie die Versuche, andere Menschen zu lieben, abgab. Das war es schließlich was ihr von Anfang an nur Schwierigkeiten eingetragen hatte. Versuchte sie nicht zu lieben, würde die Enttäuschung nicht wehtun.

Etwa zu der Zeit, als sie in die Oberschule kam, begannen bei ihr die Bemühungen das Bedürfnis abzustellen, Liebe zu geben und zu empfangen. Die Überlegung erschien ihr einleuchtend. Versuchte sie gar nicht erst, Liebe zu geben, brauchte sie Ablehnung nicht zu fürchten; daher keine Enttäuschung, kein Schmerz. Als Cindy der Liebe aus dem Weg ging, verringerte sich ihr Schmerz, und als ihr mit Erfolg gelungen war, sich nichts daraus zu machen, was ihr Vater zu ihr sagte oder nicht sagte, hegte sie ihm gegenüber freundlichere Gefühle. Sie bemitleidete ihn sogar. Wenn sie seine Taschentücher bügelte oder das Essen zubereitete, sagte er gewöhnlich: »Danke, mein

Fräulein.« Cindy bemitleidete seine Hilflosigkeit und schenkte ihm jenes kalte unspezifische Lächeln, das ihre Mutter patentiert hatte.

Doch in dem Maße, wie Cindy ihre Empfindungen für den Vater dämpfte, wuchs ihr Zorn auf ihre Mutter. Cindy verstand es damals nicht, aber ein Teil von ihr haßte ihre Mutter, weil sie in ihrer Beziehung zu ihrem Mann so schwach war. Cindys Zorn gegen die Mutter war ungefährlich. Sie konnte sie hassen, weil sie spürte, daß sie fähig war, es auszuhalten. In ihrem Unterbewußtsein faßte sie jedoch den Entschluß, niemals auf ihren Vater zornig zu werden. Damit schützte sie sich selbst und ihn. Sie wußte, daß er, wenn sie ihn haßte, zu schwach wäre, um sie nicht seinerseits abzulehnen. Wenngleich im Verborgenen, so wirkte Cindys frühe Konditionierung in bezug auf elterliche Ablehnung doch unvermindert fort.

In der Oberschule war Cindy beliebt. Sie hatte immer einen festen Freund. Es lag ihr nicht sonderlich viel daran, mit einem Jungen zu gehen; sie sehnte sich nur nach Aufmerksamkeit. Ihre Freunde waren Jungen von schwach entwickelter Persönlichkeit, und sie wußte ihnen zu gefallen. Um Verkehr zu vermeiden, nahm sie oralen Sex in Kauf. Sie versuchte zu masturbieren, fand es jedoch abscheulich.

Zum Zeitpunkt ihres Übertritts in ein College war Cindys Furcht vor Liebe und Ablehnung fest in ihrem Unterbewußtsein verankert. Der Feminismus spielte auch an ihrem College eine wachsende Rolle, und Cindy wurde eine Vorkämpferin, angezogen von dem Versprechen der ›Befreiung‹. Dabei blieb ihr freilich verborgen, daß sie in der Knechtschaft ihrer eigenen Ängste lebte, nicht jener des anderen Geschlechts.

Es fiel Cindy sichtlich schwer, zu erklären, warum sie gegenüber Ed, ihrem Verlobten, so untertänig war. Ihren Freundinnen sagte sie, daß sie nur vorübergehend auf ihn eingehe und daß sich das nach der Heirat schon ändern werde. Obwohl die Erklärung einfältig klang, glaubte Cindy wirklich daran.

Zweimal verschob sie den Heiratstermin mit der Begründung, daß der Zeitpunkt, im Hinblick auf ihre neue Berufslaufbahn ungünstig sei. Als sie schließlich doch heiratete, geschah es aus zwei Gründen. Öffentlich sagte sie, sie liebe ihn, und es sei Zeit, sich häuslich einzurichten. In Wirklichkeit wurde sie von ihrer und Eds Familie zur Heirat gedrängt, und die mögliche Mißbilligung der Angehörigen führte zum Wiederaufleben der alten Furcht vor Ablehnung.

Nicht lange, und Cindy geriet in die Geleise der Bemutterung ihres Mannes. Es war bequem und ungefährlich, und Ed schien recht glücklich, umsorgt zu werden. Viele ihrer Streitigkeiten entzündeten sich an Cindys Stellung. Sie bezog ein ansehnliches Gehalt, eine klare Verletzung der ungeschriebenen Regeln, die die traditionelle Beziehung zwischen Mann und Frau beherrschen. In Cindy staute sich ein gehöriges Maß an Frustration, aber sie nutzte ihr Talent zu Distanzierung und Verleugnung, ohne sich dem Problem zu stellen.

Im Verlauf ihrer Krise lernte Cindy endlich das komplizierte Geflecht von Furcht und Unsicherheit zu durchschauen, das ihre Persönlichkeit einengte. Es war ihr eine schmerzliche Erkenntnis, daß ihre schlimmste Befürchtung Wahrheit geworden war: Sie hatte einen Mann wie ihren Vater geheiratet.

Wenn Frauen in der Wendy-Falle gefangen sind, bewegen sie sich im Kreis. Irrtümlich glauben sie, andere Menschen könnten ihnen ein Gefühl von Sicherheit ›schenken‹. Wenn die Furcht vor Ablehnung ihre innere Unsicherheit verstärkt, beeilen sie sich, ihr Leben wieder in den Griff zu bekommen, indem sie anderen gefallen und dadurch die Sicherheit zurückgewinnen. Ihr Mutterinstinkt verbindet sich mit dem Beispiel, das die Muttergestalt in der Anfangsphase ihres Lebens gegeben hat, und führt zu einem Steuerungsmechanismus, den man unangemessene Bemutterung nennen könnte. Wann immer Mißbilligung zu drohen scheint, bemühen sie sich angestrengt, die Lage in den

Griff zu bekommen – durch Bemutterung. In dem Maße, wie diese Bemutterung sich als fruchtlos erweist (und sie *ist* fruchtlos), sehen sie sich der Bedrohung durch Ablehnung und Verlassenwerden gegenüber. Die Unsicherheit regiert, der Zyklus beginnt von neuem.

Die meisten Frauen sind durch diesen Aspekt der Wendy-Falle nicht stark beeinträchtigt. Sie sind imstande, mit Gefühlen von Ablehnung und Unsicherheit zu jonglieren, während sie Aufgaben für sich selbst und die Familie erfüllen. In gleicher Weise gibt es viele Frauen, welche die bemutternde Rolle spielen, ohne Cindys Kindheitserfahrungen geteilt zu haben. Ihre Furcht vor Ablehnung entwickelte sich unter anderen Gegebenheiten.

Marthas Eltern hatten sich kurz nach ihrer Geburt scheiden lassen. Da sie keine Berufsausbildung hatte, verdiente Marthas Mutter ihren Lebensunterhalt als Putzfrau. Martha erinnert sich ihrer Mutter als einer verbitterten Frau von mürrischem Wesen. Wenn Martha den geringsten Fehler machte, schrie die Mutter sie an oder belegte sie mit Schimpfnamen. Als Martha in die Pubertät kam, hatte sie eine übersteigerte Abneigung gegen jede Art von Zorn und Ärger. Sie wollte alles tun, um Ärger zu vermeiden.

Als sie Tom heiratete, diente sie ihm wie eine Sklavin ihrem Herrn. Sie sorgte dafür, daß seine Mahlzeiten pünktlich um achtzehn Uhr auf dem Tisch standen und daß seine Wäsche immer gleich am nächsten Tag gewaschen wurde. Wenn sie keine Zeit hatte, den Müll hinauszutragen, entschuldigte sie sich dafür, daß sie ›ihre Aufgabe‹ ihm aufhalste. Tom war ein einfacher Mann, der diese Aufmerksamkeit nie verlangt hatte, aber auch nichts tat, um sie abzustellen.

Martha bemutterte Tom, weil sie eine Todesangst vor der Schaffung irgendwelcher Probleme hatte, aus denen Ärger erwachsen könnte. Sie war überzeugt, daß Tom sie verlassen würde, wenn sie ihm offen zürnte. Offenbar hatte Martha irgendwann in ihrer Kindheit mit vereinfachter Logik gefolgert, daß ihr Vater ihre Mutter wegen ihrer

Unleidlichkeit verlassen habe. Sie war fest entschlossen, den Fehler ihrer Mutter nicht zu wiederholen.

Kathy war eine fünfunddreißigjährige berufstätige Frau, die nach einer stürmischen Scheidung versuchte, in den Kreisen Unverheirateter Anschluß zu finden. Es fiel ihr nicht schwer, Männer kennenzulernen, die mit ihr schlafen wollten, aber sie hatte die größten Schwierigkeiten, einen Mann zu finden, der ihr Freund sein wollte. Wann immer sie von ihrem persönlichen Leben sprach, kam ihre Bitterkeit mit schneidender Schärfe zum Vorschein. Angst und Unruhe in ihr nahmen zu. Sie verabscheute es, in Bars herumzusitzen und zu Parties zu gehen. Sie kam sich mehr wie eine zur Versteigerung ausgerufene Rinderhälfte als wie eine Frau vor, die ihr Leben mit einem Mann teilen wollte. Aber sie hielt es nicht aus, jeden Abend allein in ihrer Wohnung zu verbringen. Allein zu sein, erzeugte eine Furcht, die immer in ein Gefühl von Verlassenheit umschlug. Oft ging sie zu der einen oder der anderen gesellschaftlichen Veranstaltung, nur um alsbald so in Erregung und Verzweiflung zu geraten, daß sie zum nächstbesten Ausgang lief, ohne zu wissen, ob sie sich mehr über sich selbst oder über die schlechten Karten ärgern sollte, die das Leben ihr zugeteilt hatte.

Kathy ging zu einem Therapeuten, um ihre Furcht vor Einsamkeit zu überwinden. Jedesmal wenn sie nach ihrer Kindheit gefragt wurde, fröstelte sie. Sorgfältige, geduldige Nachforschungen deckten auf, daß Kathy alles bekommen hatte, was sie wollte – alles bis auf das eine, nach dem sie sich am meisten gesehnt hatte: Liebkosung. »Sie waren nicht von der überschwenglichen Art«, sagte sie mit einem nassen Glanz in den Augen über ihre Eltern. Ob diese Kathy tatsächlich liebkost hatten oder nicht, war unwichtig. Entscheidend war, daß sie sich nicht erinnern konnte, liebkost worden zu sein.

Das Alleinsein als Erwachsene ließ Erinnerungen an fehlende Zuwendung und Zärtlichkeit als Kind wiederaufleben. Ihre Kindheitslogik beharrte auf dem Schluß: »Wenn du nicht liebkost wirst, wirst du abgelehnt.« Diese Einsicht half Kathy zu verstehen, warum sie oftmals einwilligte, mit einem Mann zu schlafen, von dem sie wußte, daß er nichts anderes von ihr wollte. Manchmal war sie bereit, für eine Umarmung alles zu tun.

Frances war die Ausnahme von der Regel. Ihre Furcht vor Ablehnung entwickelte sich in einer Weise, die im Gegensatz zu allem steht, was bisher gesagt worden ist.

Sie war die jüngste von drei Geschwistern, von beiden Eltern innig geliebt. Sie war klug und beliebt, hatte immer viele gute Freundinnen und schien die Klippen der Pubertät mühelos zu umschiffen. Das erwies sich als ihr größtes Problem.

Frances blieb bis zu ihrer Hochzeitsnacht Jungfrau. Sie und ihr wohlerzogener, staatlicher Mann erlebten während ihrer märchenhaften Flitterwochen vollkommene Erfüllung. Frances lernte körperliche Genüsse kennen, die ihr bis dahin unbekannt gewesen waren. Ihre Erotik war verführerisch, anspruchsvoll und übermächtig. Vor ihrer Hochzeit hatte sie keine sexuellen Erfahrungen gehabt; nach sieben Tagen war sie Expertin.

Bald nach den Flitterwochen geriet Frances in große innere Bedrängnis. Sie hatte sich niemals mit den Verantwortlichkeiten einer Erwachsenen auseinandersetzen müssen, und ihr fehlten der Stolz und das Selbstvertrauen, die aus der Überwindung von Fehlschlägen wachsen. In ihrer Unerfahrenheit war Frances überzeugt, daß ihr idyllisches Leben zusammenbrechen und ihr Mann sie verlassen würde, wenn sie etwas falsch machte. Durch ihr Versäumnis, sich mit dieser Sorge rational auseinanderzusetzen, entwickelte diese sich zu einer Furcht vor Ablehnung. Als sie anfing, sich ihrem Mann als Strafe gegen seine Gefühllosigkeit zu versagen, begriff Frances, daß sie Hilfe brauchte. Da die Furcht vor Ablehnung sich relativ spät in ihrem Leben entwickelt hatte, gelang es ihr, sie innerhalb weniger Monate zu überwinden.

Ein letzter und sehr wichtiger Gedanke: Frauen können

der Wendy-Falle zum Opfer fallen, selbst wenn sie einen Mann nicht lieben. Sie mögen ihren Freund, Chef, Tennistrainer, Lehrer oder irgendeinen anderen bedeutsamen Mann in ihrem Leben bemuttern. Der größten Gefahr, in die Falle der Bemutterung zu geraten, setzt sich eine Frau jedoch dadurch aus, daß sie sich der Verletzlichkeit des Liebens öffnet. Manche Frauen haben ein unbewußtes Gespür für die drohende Gefahr und vermeiden es, sich zu verlieben; das ist ihre Art, sich vor Enttäuschungen und der Furcht vor Ablehnung und innerer Unsicherheit zu schützen. Späterhin beklagen sie dann den Umstand, daß sie sich nie gestattet haben, einen Mann wirklich zu lieben.

Wie wir im nächsten Kapitel sehen werden, ist unter den Wendy-Frauen eine stille Stimme der Minderwertigkeit verbreitet, die der Wendy-Frau täglich in Erinnerung ruft, daß sie keiner Liebe würdig sei.

KAPITEL 4

Die stille Stimme der Minderwertigkeit

OMNES: »Was wir brauchen, ist eine nette mütterliche Person.«
WENDY: »Ach du liebe Zeit, ich spüre, daß ich genau das bin.«

Ann war vierundzwanzig und ledig. Ihre Collegeausbildung, ihr scharfer, forschender Verstand und ihre Zuverlässigkeit hatten ihr zu einer guten Stellung in der Verkaufsorganisation eines bedeutenden Computerherstellers verholfen. Sie verdiente genug, um eine hübsche Wohnung zu mieten, einen neuen Wagen zu fahren und Winterurlaub im sonnigen Süden zu machen. Ihre eindrucksvolle Erscheinung und ihre geschmackvollen Kleider überdeckten ihre Schüchternheit. Sie hatte keine Probleme, alleinstehende Männer kennenzulernen; nach dem ersten Stelldichein aber hatte sie nichts als Schwierigkeiten. Sie hatte therapeutische Hilfe gesucht, weil sie überzeugt war, ein Unglücksrabe zu sein.

»Immer wenn ich über das ›Hallo‹-Stadium einer Beziehung hinauskomme, geht etwas schief.« Ihre Tränen schienen ihr peinlich zu sein. »Ich habe das Gefühl, daß ich nichts recht machen kann. Das Verrückte daran ist, daß ich dieses Problem im Beruf nicht habe. Es ist so frustrierend, in einem Lebensbereich Erfolg zu haben und in einem anderen so zu versagen. Ich würde gern heiraten, aber wenn ich so weitermache, werde ich es nie schaffen.«

Anns Situation war tatsächlich verfahren, doch waren daran keine fremden, unbekannten Kräfte schuld, sondern eine in ihren unbewußten Gedanken verborgene Macht. Immer wenn Ann jemanden kennenlernte, der ihr gefiel, meldete sich diese Macht mit einer Unheilsbotschaft: »Du wirst niemals bekommen, was du willst; du hast es nicht verdient.«

Um gegen diese innere Stimme der Minderwertigkeit anzukämpfen, mußte Ann sich zunächst bewußt darüber werden. Um einen Begriff aus ihrem eigenen Beruf zu gebrauchen, konnte sie die Botschaft erst umprogrammieren, nachdem sie sie von ihrem Datenspeicher abgerufen und als bewußten Gedanken gelesen hatte. Mit anderen Worten, um sie zu verändern, mußte Ann sie zuerst hören.

Die Bewertung ihrer kurz zuvor gescheiterten Beziehung zu Steven war ein guter Ansatz. Eine Anzahl schmerzlicher und verwirrender Gespräche war noch frisch in ihrer Erinnerung. Ann und Steven waren nicht gerade in Streit geraten, doch hatten sich ihre Bemühungen um klärende Verständigung im Kreis gedreht.

»Ich bin im Zweifel über unsere Beziehung«, sagte Steven bei solchen Gelegenheiten. »Manchmal möchte ich heiraten; manchmal glaube ich, daß Heirat ein großer Fehler wäre.«

»Was du wirklich meinst«, erwiderte Ann darauf, »ist, daß du mich nicht liebst, stimmt's?«

»Das habe ich nicht so gesagt«, sagte Steven. »Ich bin bloß nicht vollkommen überzeugt, daß du die richtige Frau für mich bist.«

»Ich glaube«, fuhr Ann auf, »du willst in Wirklichkeit sagen, daß ich nicht Frau genug für dich bin.«

Steven wußte nicht, was er wollte; er war seiner selbst nicht sicher. Das war sein Problem. Aber Anns stille Stimme des Minderwertigkeitsgefühls machte Stevens Problem zu dem ihrigen. Wenn er sagte: »Ich glaube, heiraten wäre ein Fehler«, dann hörte ihr Unterbewußtsein: »Dich zu heiraten wäre ein Fehler.« Wenn er sagte: »Ich bin nicht sicher, daß du die Frau für mich bist«, sagte ihr die innere Stimme: »Natürlich ist er nicht sicher, weil du für keinen die Frau bist.«

Anns stille Stimme der Minderwertigkeit sagte ihr auch manches, was nichts mit einem Mann zu tun hatte. »Du verdienst nicht, glücklich zu sein.« »Du solltest nicht versuchen, dich in der Welt der Männer zu behaupten.« »Warum kannst du nicht mit dem Leben glücklich sein, wie es ist?« »Du wirst es noch bereuen, wenn es nachher schiefgeht.«

Ann lernte auf diese stille innere Stimme zu hören, und ihre Verwirrung nahm zu. Denn nun schienen zwei Stimmen miteinander zu streiten. Wenn die Stimme des Minderwertigkeitsgefühls sagte: »Du verdienst nicht, glücklich zu sein«, widersprach ihr die schwache Stimme der Selbstachtung. Dieser in ihrem Kopf tobende Bürgerkrieg kam Ann ein wenig wunderlich vor, aber je mehr ihr die Stimme der Minderwertigkeit ins Bewußtsein drang, desto besser war ihre Chance, sie mit der Stimme der Selbstachtung unschädlich zu machen.

Dieser psychologische Bürgerkrieg ist ein klassisches Symptom von Frauen, die durch das Wendy-Dilemma unbeweglich gemacht worden sind. Die Stimme der Selbstachtung ist das Ergebnis rationalen Denkens, eine Stimme der Hoffnung, die in die Welt blickt und sagt: »Es gibt gute Gründe zu glauben, daß ich werden kann, was ich werden möchte.« Die Stimme des Minderwertigkeitsgefühls ist das Ergebnis vorausgegangener gesellschaftlicher Konditionierung: »Etwas stimmt nicht mit mir; ich kann nichts recht machen.«

Die stille Stimme der Minderwertigkeit meldet sich gewöhnlich schon vor dem Erwachsenenalter zu Wort. Dies ist einer der Gründe, daß es so schwierig ist, sie zu hören. Sie ist zu einer Zeit programmiert worden, in der ein Kind noch nicht die Perspektive hat, sie zu verstehen.

Mutter sagte: »Mach dir keine Sorgen wegen einer Berufsausbildung. Sieh lieber zu, daß du einen Mann heiratest, der dich und deine Kinder erhalten kann.«

Vater sagte: »Du bist meine kleine Prinzessin. Du wirst mich nie enttäuschen.«

Der Lehrer sagte: »Du solltest nicht so laut schreien. Das schickt sich nicht für kleine Mädchen.«

Tante Sarah sagte: »Du meine Güte, was bist du für ein wunderschönes Mädchen geworden! Und schon so tüchtig in der Küche!«

Onkel Charlie sagte: »Es freut mich, daß meine Lieblingsnichte sich wie eine richtige kleine Dame zu benehmen weiß.«

Der Pfarrer sagte: »Gott hält in seinem Königreich einen Ehrenplatz für Mädchen bereit, die wissen, daß sie mit Leib und Seele ihrem Ehemann gehören.«

Der Freund sagte: »Ich weiß, daß dir wirklich an mir liegt, weil du dir Mühe gibst, mich nicht zu enttäuschen.«

Auch die Medien spielen in dieser Programmierung eine bedeutende Rolle. Das Mädchen wird schon in frühen Jahren mit audiovisuellen Botschaften bombardiert, die das weibliche Interesse einseitig auf Mode, Kosmetika und den Küchenbereich zu lenken suchen. Auch moralische Botschaften werden in diese Programmierung mit einbezogen. ›Gute‹ Freunde, ›gesundes‹ Gefühlsleben und das ›richtige‹ Benehmen werden in vielfältig verschlüsselter Form an die Frau gebracht.

Jede dieser Botschaften weist dem leicht zu beeindruckenden jungen Mädchen eine Rolle zu. Die unausgesprochene Implikation lautet in allen Fällen: »Wenn du diese Leitlinien nicht befolgst, stellst du dich selbst ins Abseits und wirst nicht gemocht.« Die Ablehnungsbotschaft ist klar. Trennung und Verlassenheit ängstigen alle Kinder, die mittels der Rollendefinition zu Einordnung und Gehorsam genötigt werden. Weichen sie vom vorgeschriebenen Verhalten ab, so laufen sie Gefahr, ungeliebt zu sein.

Einmal in die Psyche einer Frau programmiert, zeigt das Minderwertigkeitsgefühl eine charakteristische Eigenschaft, die es zu einer besonders destruktiven Kraft im Leben einer Frau macht: seine sich selbst bestätigende Qualität. Wie kann ein Mensch die Fortdauer eines so verderblichen Einflusses zulassen? Eleanors Geschichte erklärt es am besten.

Eleanor war vierzig Jahre alt und in der Bemutterungsfalle gefangen. Wie es gewöhnlich der Fall ist, hatte sie in der Vergangenheit mehr als genug Entmutigung und Enttäuschung zu tragen gehabt. Sie verstand, daß etwas geschehen mußte, und fing damit an, daß sie einen neuen Freundeskreis suchte. Sie schloß sich einer Frauengruppe ihrer Kirchengemeinde an. Dort lernte sie Gina kennen, die bald ihre engste Vertraute wurde.

Nach jedem Treffen kamen Eleanor und Gina beim Kaffee zusammen, um sich ihre Eindrücke mitzuteilen und Klatsch auszutauschen. Gina hatte Verständnis für Eleanors Ängste und Befürchtungen und tat ihr Bestes, sie durch freundschaftlichen Rat zu unterstützen. Aber es schien nicht zu helfen. Einer anderen Freundin vertraute Gina an: »Eleanor ist überzeugt, daß die anderen Frauen in der Gruppe sie nicht mögen. Ich sage ihr, daß sie sich irrt, aber sie findet immer wieder Hinweise, die sie in ihrem Argwohn bestärken. Wenn eine der Frauen sie zufällig ignoriert, sieht Eleanor darin einen Beweis, daß sie sie nicht leiden kann.

Ich sage ihr, daß das alles nur in ihrer Einbildung besteht, aber sie kann einfach nicht aufhören, darüber zu reden. Wenn ich ihr nicht zustimme, ärgert sie sich über mich. Immer wieder fragt sie: ›Warum mögen sie mich nicht?‹ Ich sage ihr, daß sie ein wunderbarer Mensch ist und daß die anderen sie sehr wohl mögen. Sie aber will es nicht glauben. Ich kann sie nicht überzeugen.

Das geht so weit, daß ihre Gesellschaft mir langsam unangenehm wird. Unsere Gespräche verwandeln sich in Eleanors Klagelitaneien. Ich glaube nicht, daß ich ihr noch helfen kann, aber ich habe Angst, etwas zu sagen. Meiner Meinung nach will sie gar nicht, daß jemand sie mag.«

Gina hatte Eleanors Klagen mißdeutet. Eleanor war von einem so verzweifelten Verlangen beseelt, die Zuneigung anderer zu finden, daß sie von ihrem eigenen Mißtrauen in die Enge getrieben wurde. Sie traute der Freundschaft einer anderen Person nicht. Die Stimme der Minderwertigkeit sagte ihr, daß sie einfach nicht liebenswert sei; darum müsse jede, die eine Zuneigung zu ihr bekannte, die Unwahrheit sagen.

Ohne es zu ahnen, fiel Gina in Eleanors Falle. Sie schenkte ihr etwas, was das Minderwertigkeitsgefühl nur bestärken konnte – Mitleid.

Eleanor hatte gelernt, mit Minderwertigkeit fertigzuwerden. Sie beschwichtigte sich mit inneren Worten des Selbstmitleids. »Ach, ich Arme. Was muß ich nicht alles ertragen. Niemand hat es schwerer als ich.« Dieses ›geistige Daumenlutschen‹ nahm dem Schmerz ihres Minderwertigkeitsgefühls den Stachel.

Negative Selbstachtung erhält sich selbst nicht nur, weil ihre Veränderung neue Einstellungen und Verhaltensweisen verlangt (und Veränderungen sind immer schwierig), sondern auch, weil eine Person, die sie aufgeben möchte, zugleich vom Selbstmitleid Abschied nehmen muß. Und mit dem Selbstmitleid geht die Selbstbeschwichtigung, die es begleitet. Ein geistiges Beruhigungsmittel wegwerfen und sich ungeschützt den eigenen Ängsten stellen, ist vielleicht eine der am meisten beängstigenden Erfahrungen, denen ein Mensch sich aussetzen kann. Einer Frau, die im komplexen Netz innerer Unsicherheit und Ängste, wie es das Wendy-Dilemma darstellt, gefangen ist, muß diese Aufgabe überaus schwierig erscheinen.

KAPITEL 5

Das gesellschaftliche Erscheinungsbild

WENDY: »Eine Dame spricht nicht darüber.«

Frauen mit Minderwertigkeitsgefühlen gehen wie auf Eiern. Sie sind bis zum Äußersten bemüht, niemanden zu kränken. Die Vorstellung, daß jemand sie nicht mögen könnte, betrübt sie tief. Darum tun sie ihr möglichstes, um ihr gesellschaftliches Erscheinungsbild zu pflegen, in dem Glauben, daß die Billigung anderer irgendwie ihre Minderwertigkeitsgefühle zerstreuen wird. Das Gegenteil ist der Fall. Jedesmal wenn diese Frauen sich dem Bild einer anderen angleichen, erfahren ihre Minderwertigkeitsgefühle eine Stärkung. Es ist, als sagten sie: »Das wahre Ich ist eine schlechte Person. Ich kann sie nicht herauslassen.«

Eine Wendy ist eine Person mit vielen Gesichtern. Sie kann zur ›rechten‹ Zeit die ›richtige‹ Reaktion zeigen, weiß anderen gefällig zu sein und damit Anerkennung zu gewinnen. Die anderen aber bestimmen, was ›richtig‹ ist. Sie glaubt, daß sie Selbstachtung gewinnen wird, indem sie anderen gefällig ist. Das glückt nie.

Beifall zu finden ist das Schlüsselelement zur Darstellung des eigenen Erscheinungsbildes in der Gesellschaft. Der Beifall einer anderen Person tut einer Wendy gut. Weil dieses angenehme Gefühl jedoch von dieser anderen Person beherrscht wird, ist die Frau derjenigen verpflichtet, deren Beifall sie sucht. Es ist ihr nahezu unmöglich, von dem Bemühen, dieser Person zu gefallen, abzulassen.

Der Beifall einer anderen Person übt auf die unreife Frau eine süchtigmachende Wirkung aus. Er übertönt vorübergehend die innere Stimme ihres Minderwertigkeitsgefühls und verleiht ihr ein Bewußtsein von Sicherheit. Doch ist der Frau auf einer anderen Ebene die Wahrheit bewußt:

»Daß diese Person mich mag, ist der einzige Grund, daß ich mit mir zufrieden bin.« Da die Zuneigung und Abneigung unter den Menschen Veränderungen unterworfen sind, erkennt die Frau, daß ihr Gefühl von Sicherheit rügerisch ist. Bad muß sie trachten, in einem weiteren Rahmen Anerkennung zu finden, indem sie das ›richtige‹ gesellschaftliche Erscheinungsbild von sich gibt.

Eine Frau mit starken Minderwertigkeitsgefühlen hat ein enormes Bedürfnis nach gesellschaftlicher Anerkennung. Ihre Suchtgewohnheit, anderen zu gefallen, verlangt ein regelrechtes ›Fixum‹ davon. Sie ist so beschäftigt, die nächste Person, der sie gefällig sein kann, zu erwarten und zu erhoffen, daß sie nie zu der Erkenntnis gelangt, daß sie tatsächlich vor Mißbilligung davonläuft – ein in hohem Maße wirkungsloses Unterfangen.

Psychologischer Abstand

›Psychologischer Abstand‹ ist ein Konzept, das die wahrgenommenen Empfindungen von Verwandtschaft oder Entfremdung zwischen zwei Menschen erklären soll. Je näher die beiden sich einander fühlen, desto geringer der psychologische Abstand. Je stärker umgekehrt die Entfremdung zwischen zwei Menschen, desto größer der psychologische Abstand. Wenn eine Wendy Zustimmung sucht, wird die Intensität ihrer Bemühungen von dem psychologischen Abstand zwischen ihr und der Person, deren Zustimmung sie sucht, abhängig sein.

Ist der psychologische Abstand groß, wie etwa zu dem Mädchen an der Kasse des Supermarkts, mag die Wendy kein sonderliches Verlangen verspüren, der anderen zu gefallen. Sie kann sich tatsächlich entspannt ihr gegenüber verhalten und mehr sie selbst sein als bei irgendeiner anderen Person, der sie begegnet.

Ist der psychologische Abstand gemäßigt, wie der zu ihrer Tennispartnerin oder einer Kollegin, kann die Frau das ›richtige‹ gesellschaftliche Erscheinungsbild mit einem Minimum an Anstrengung aufrechterhalten. Sie mag sich um Mißbilligung sorgen wird wahrscheinlich aber Unbehagen aus dem Weg gehen, indem sie das Bild projiziert, das Lob und Anerkennung verspricht. Ist der psychologische Abstand klein, wie der zu ihrem Mann, Vater oder Liebhaber, wird die Frau im höchsten Maße Besorgnis und Furcht erfahren. Ihre Spannung wird sich verstärken, während sie nach dem ›richtigen‹ Bild sucht, sich zu porträtieren. Ihre Nervosität wird sie wahrscheinlich verleiten, Unpassendes zu sagen oder zu tun, das ihr sogleich schmerzlich bewußt wird und zur Erwartung bevorstehender Mißbilligung führt. Sie kann nicht gewinnen. Je angestrengter sie sich bemüht, desto mehr riskiert sie Mißbilligung.

Fingerzeige lesen

Eine Wendy kann in eine Gesellschaft kommen und innerhalb weniger Augenblicke die Fingerzeige ›lesen‹, die von den Gästen ausgehen. Sie erlangt eine Meisterschaft in der Beobachtung von Gebärden- und Körpersprache. Starrende Blicke von einem gutaussehenden Mann bedeuten etwas völlig anderes als jene, die von einem durchschnittlich aussehenden Mann oder einer anderen Frau kommen. Kichern, lautes Auflachen, spöttisches Lächeln und ihre Abfolge und Dauer enthalten allesamt besondere Bedeutung. Die Frau hat ihre Reaktionen auf diese Zeichen nach den Erfahrungen ihrer vergangenen Erfolge und Fehlschläge in der Darstellung ihres Erscheinungsbildes zugeschnitten.

Mit großen Menschengruppen ist besser auszukommen als mit kleinen. Mehr Menschen und mehr gesellschaftliche Dynamik erleichtern es, jemanden zu finden, dessen Zustimmung gewonnen werden kann. In einer größeren Ansammlung kann die Frau den Raum in Quadranten unterteilen und sich bemühen, die ersehnte Bewilligung abschnittweise zu erlangen. Kleine Gruppen erlauben diesen Luxus nicht.

Eine Frau mit Erfahrung in der Kontrolle ihres Erscheinungsbildes behält im Lesen nichtverbaler Kommunikation gewöhnlich öfter recht als unrecht. Sie kann jedoch niemals mit Bestimmtheit ausschließen, daß sie einen Fingerzeig, den sie aus der Körper- und Gebärdensprache anderer gewinnt, falsch deutet. Daher befindet sie sich ungeachtet der Größe der jeweiligen Menschenmenge ständig in einem Zustand der Ungewißheit.

Eine Frau, die überempfindlich gegen gesellschaftliche Kritik ist, wird in jeder Zusammenkunft die Hackordnung erkennen. Formelle Gesellschaften sind leichter einzuschätzen als zwanglose. Ihr Verständnis der Hackordnung befähigt sie, ihre Anstrengungen dort zu konzentrieren, wo sie die größte Aussicht auf Erfolg haben. Wenn sie entscheidet, jemanden zu ignorieren, tut sie es in überzeugender Art. Entdeckt sie später, daß sie die Hackordnung falsch interpretiert hat, ist sie imstande, sich einer Person gegenüber, die ihre Zurücksetzung vielleicht nicht einmal bemerkt hat, bis zum Überdruß zu entschuldigen.

Man könnte meinen, daß eine Wendy Menschenansammlungen nach Möglichkeit aus dem Wege gehen würde, das Gegenteil ist der Fall. Sie braucht ihr ›Fixum‹ von Anerkennung durch andere und scheut keine Mühe, es zu bekommen. Sie wird den Erfolg ausbauen, indem sie bei vertrauten Gesichtern bleibt, wo sie zuversichtlich sein kann, die Fingerzeige richtig zu lesen und zur jeweils passenden Zeit das ›Richtige‹ zu sagen und zu tun.

Schmeichlerische Taktik

Die imagebewußte Frau verfügt über einen Vorrat an schmeichlerischen Taktiken, auf den sie zurückgreifen kann, um den Erwartungen anderer gerecht zu werden.

Wie eine ärztliche Diagnose eine bestimmte Behandlung nahelegt, so führt die Einschätzung des Anerkennungspotentials einer beliebigen Gruppe eine Wendy zur Anwendung vorgeplanter Schmeicheltaktiken.

Ein mürrischer Mann braucht Mitleid; ein schüchterner Mann erhält eine sanfte Berührung. Der Ehefrau des Vorsitzenden wird durch demütige Beflissenheit geschmeichelt. Ein barscher Mann bekommt ein Kichern. Einem distinguierten Herrn wird Ehrerbietung entgegengebracht.

Wie leicht zu sehen ist, sind die meisten Schmeicheltaktiken für Männer reserviert. Wenn eine Wendy Männer zu erfreuen sucht, bedeutet es nicht unbedingt, daß sie mit ihnen flirtet. In der Mehrzahl der Fälle versucht sie ihnen zu gefallen, wie eine Tochter sich bemüht, ihrem Vater zu gefallen. Das beschreibt ihre Handlungsweise sehr genau.

Neinsagen erzeugt Schuldgefühl

Eine Frau, die sich die Pflege und Kontrolle ihres gesellschaftlichen Erscheinungsbildes zur Aufgabe macht, gibt von sich selbst bis zur Erschöpfung. Sie tut beinahe alles, um nicht nein sagen zu müssen. Sie ist überzeugt, daß ein Nein zu Mißbilligung Anlaß geben wird.

Sie wird andere für ihre Unfähigkeit, etwas zu tun, verantwortlich machen. Statt eine Einladung auszuschlagen, erfindet sie lieber eine fadenscheinige Ausrede. Kommt die Einladung von einer Person, deren Anerkennung sie verzweifelt begehrt, kann sie infolge andauernder Besorgnisse und Ängste sogar krank werden.

Identitätsverlust

Wir haben gesehen, wie der Drang zur Steuerung ihres gesellschaftlichen Erscheinungsbildes die Wendy ihrer Identität beraubt. Sie kann nicht stolz auf den Umstand sein, daß sie sich selbst für ihr nächstes ›Fixum‹ an Anerkennung verkauft. Wenn ihr gesellschaftliches Erscheinungsbild diese monumentale Bedeutung für sie gewinnt, wird sie in einen Spiegel schauen und nicht mehr darin sehen als eine Widerspiegelung der Forderungen und Vorliegen anderer Leute. Die Frau, die ihre Identität verloren (oder nie gefunden) hat, ist nicht leicht kennenzulernen. Während der Anfangsphase einer Beziehung vermag sie eine eindrucksvolle Fassade von Kompetenz und Selbsterkenntnis aufzurichten. Wenn die Beziehung sich jedoch vertieft und Verwundbarkeit zur Realität wird, kommt es leicht zum Einsturz der Fassade, hinter der dann die ›Ich weiß nicht, wer ich bin‹-Haltung an die Oberfläche drängen kann. Damit wird ihre Fähigkeit zur Kontrolle ihres gesellschaftlichen Erscheinungsbildes zerbrechen.

Vorspiegelung von Macht

Die Frau, die mittels der Manipulation ihres gesellschaftlichen Erscheinungsbildes Zustimmung und Anerkennung zu finden weiß, glaubt magische Kräfte zu besitzen. Sie benimmt sich, als ob sie die Fähigkeit hätte, andere Leute in einer bestimmten Weise denken ›zu machen‹. »Indem ich mein Verhalten steuere, habe ich die Macht, Zustimmung zu gewinnen und Ablehnung zu vermeiden. Ich kann machen, daß die Leute mich mögen; mehr noch, daß sie mich nicht mißbilligen.«

Diese Vorspiegelung von Macht ist eine Übertragung aus der Kindheit der Frau. Sie lernte diese irrationale Vorstellung glauben, indem sie ihren Eltern gefällig war und dadurch ihre Ablehnung vermied. Während ihrer frühen Jahre verhalf ihr dieses unrealistische Machtgefühl zu Wohlbefinden, indem es Furcht fernhielt. In ihren Jahren als Erwachsene droht es sie jeder Aussicht auf Glück zu berauben. Infolgedessen kann es sie, obwohl es entscheidend für ihr Überleben in der Vergangenheit war, in der Gegenwart möglicherweise zerstören.

KAPITEL 6

Der Köder: Ein Peter-Pan-Mann

PETER: »Wendy, komm mit mir.«
WENDY: »Ach du liebe Zeit, ich darf nicht. Denk an Mutter. Außerdem kann ich nicht fliegen.«
PETER: »Ich werde dir zeigen, wie es gemacht wird.«
WENDY: »Wie herrlich, fliegen zu können.«
PETER: »Wendy, während du in deinem dummen Bett schläfst, könntest du mit mir umherfliegen und mit den Sternen Späße machen. Wendy, wie sehr wir alle dich schätzen würden.«

Sollten einige der in den letzten drei Kapiteln skizzierten Einstellungen und Verhaltensweisen einigermaßen ins Schwarze getroffen haben, werden Sie vielleicht interessiert sein, den Säuretest zu machen. Das heißt, durch die Augen des Mannes in ihrem Leben einen kritischen Blick auf sich selbst werfen. Er mag ein Opfer des Peter-Pan-Syndroms, und Sie mögen seine Wendy sein. Ist dies der Fall, so sind auch Sie ins Niemalsland gelockt worden. Sie sind auf die gleichen Lügen hereingefallen, die er sich selbst auftischt. Seine leeren Versprechungen sind der Köder. Sie nehmen ihn an, weil Sie glauben, daß Bemutterung Ihre eigenen Probleme lösen werde.

Wenn ich Sie auffordere, durch die Augen des Mannes, den Sie lieben, einen Blick auf sich selbst zu werfen, sage ich, damit *nicht,* daß Sie irgendwie ein Anhängsel von ihm seien, unfähig, als eine separate Persönlichkeit dazustehen. Ich beziehe mich vielmehr auf das alte Sprichwort: »Sage mir, wer deine Freunde sind, und ich sage dir, wer du bist.« Wenn Sie sich mit einem Peter Pan zusammengetan haben, dann spricht vieles dafür, daß Sie ihn in einem mehr oder weniger hohen Maße bemuttern. Dies bedeutet durchaus nicht, daß Sie ein passives Opfer seiner Launen wären. Es deutet vielmehr darauf hin, daß Sie, indem sie sich freiwillig in seine Knechtschaft begeben, ein Gefühl von Herrschaft über Ihr eigenes Leben gewinnen. Eine sorgfältige Analyse seines Verhaltens kann Ihnen jene Einsicht vermitteln, die so notwendig ist, wenn Sie in einer psychologischen Falle gefangen sind, ohne es zu wissen.

Die folgenden zehn Eigenschaften beschreiben das Verhalten eines Peter Pan. Lesen Sie jede Beschreibung und entscheiden Sie, ob sie auf den Mann in ihrem Leben zutrifft. Jede, die Sie so wiedererkennen, ist ein weiteres Stück von dem Köder, der Sie in die Bemutterungsrolle der Wendy-Falle lockt.

Unverläßlich

Am Anfang einer Beziehung ist er charmant und geistreich, doch sobald das Leben langweilig oder zur Bürde wird, neigt er dazu, sich dünn zu machen – gerade wenn Sie ihn am dringendsten brauchen.

Rebellisch

Er sieht Ihre Ersuchen als Forderungen und findet allerlei Wege, sie abzuwimmeln. Saumseligkeit und Vergeßlichkeit sind passive Mittel seiner Rebellion. Emotionale Erpressung ist eine aktivere Form.

Zornig

Wenn er enttäuscht ist, sucht er häufig Zuflucht in Wutanfällen. Er provoziert geradezu Streit, um seinen Ärger abzuladen. Alkoholgenuß wirkt oft verstärkend auf seinen Zorn.

Hilflos

Er scheint Probleme zu haben, mit denen er nicht fertig werden kann. Das Leben scheint ihn oft zu überwältigen, und Sie sehen sich oft gezwungen, ihm bei Problemen zu helfen, die allein er lösen sollte.

Narzißtisch
Es fällt ihm schwer, an andere Leute als sich selbst zu denken. Sein fehlendes Einfühlungsvermögen macht es ihm unmöglich, sich in die Lage eines anderen zu versetzen. Er begreift nicht, warum Sie sich aufregen, er bemüht sich auch nicht um Verständnis.

Kläglich
Er schmollt, trotzt oder stellt eine andere Schwäche zur Schau, die unmittelbar an ihren Mutterinstinkt appelliert. Er beklagt sich, niemals ein Vergnügen zu haben, scheint aber nicht bereit zu sein, etwas anderes dagegen zu tun als darüber zu jammern.

Schuldbewußt
Er äußert Bedauern über sein Verhältnis zu seinen Eltern, besonders zum Vater. Während er einen Groll gegen seine Mutter hegt, stellt er ein besonderes Verlangen nach Nähe zu seinem Vater zur Schau.

Abhängig
Obwohl Sie ihm oftmals besondere Zuwendung angedeihen lassen, scheint er sie nie zu erwidern. Wenn er auf Ihre Bedürfnisse reagiert, tut er es erst, nachdem Sie sich über seine Gleichgültigkeit beklagt haben.

Manipulierend
Sie wissen nie genau, ob er es aufrichtig meint oder etwas nur sagt, um Sie zu bewegen, daß Sie dies oder das tun. Er scheint der größte Bauernfänger zu sein.

Verschlossen
Er hat etwas an sich, das Sie immer wieder zurückwirft. Seine Art, den kleinen Jungen herauszukehren, kann wun-

derbar spaßhaft und zärtlich sein, aber gerade dann, wenn Sie die Hand ausstrecken, diese zarte Seite von ihm zu berühren, ist sie fort. Wenn Sie ihn danach fragen, werden seine Gefühle zu Stein.

Sollte irgendeine dieser Beschreibungen einen bekannten Ton anschlagen, so sind Sie vielleicht mit einem Peter Pan verbunden, dessen Unfähigkeit, erwachsen zu werden, in Ihnen ein ebenso starkes wie unangebrachtes Bemutterungsverhalten auslöst. Geradeso wie ein Mann nicht Opfer des Peter-Pan-Syndroms bleiben kann, ohne in seinem Leben eine Wendy zu haben, wird eine in der Wendy-Falle gefangene Frau höchstwahrscheinlich mit einem Peter Pan verheiratet oder in anderer Weise verbunden sein.

Die folgenden Kapitel untersuchen die Formen unangebrachter Bemutterung – die ich die Wendy-Reaktionen nenne – im einzelnen.

TEIL III

Die Falle schlägt zu

Eine in der Wendy-Falle gefangene Frau zeigt Verhaltensweisen, die nahelegen, daß sie die Bemutterungsrolle spielt. Ich bezeichne diese Verhaltensweisen als Wendy-Reaktionen und habe sie in acht Kategorien eingeteilt:

Verleugnung: »So etwas gibt es nicht.«
Bevormundung: »Er schafft es nicht ohne mich.«
Selbstsüchtige Liebe: »Ich schaffe es nicht ohne ihn.«
Klage: »So geht es nicht weiter.«
Urteil: »Ich werde es lösen, indem ich ihm sage, was er zu tun hat.«
Märtyrertum: »Ich werde es lösen, indem ich mich mehr aufopfere.«
Bestrafung: »Ich werde es lösen, indem ich ihm Manieren beibringe.«
Am Tiefpunkt: »Ich kann es nicht lösen. Ich gebe auf.«

Die Wendy-Reaktionen sind auf eine stufenförmige Entwicklung gerichtet. Wenn Frauen von der Wirkungslosigkeit der Verleugnung enttäuscht sind, gehen sie oft zur Bevormundung über. Selbstsüchtige Liebe, Klage, Urteil, Märtyrertum und Bestrafung sind Formen der Reaktion auf eine fortgesetzte Suche nach Lösungen. Der Tiefpunkt kann an jedem Punkt der Abfolge erreicht werden.

Die Reaktionen sind insofern auch begleitender Natur, als eine Frau innerhalb einer gegebenen Situation mehrere von ihnen zeigen kann. Nehmen wir beispielsweise an, daß Sie und Ihr Mann darüber streiten, ob Sie zu einer Gesellschaft gehen wollen oder nicht; er möchte gehen, Sie sind dagegen. Sie machen ihn gehässig herunter (verbale Bestrafung), Sie nörgeln, daß er nicht genug von seiner Freizeit mit Ihnen verbringe (Klage und Bevormundung), und dann, wenn Sie sich endlich zum Mitgehen entschließen, bemitleiden sie sich selbst (Märtyrertum) oder geben vor, daß Sie die ganze Zeit hatten gehen wollen (Verleugnung).

Die Reaktionen sind von überlappender Natur. Wenn eine Frau leugnet, daß ihr Mann in sexuellen Dingen zu große Anforderungen stellt, könnte man sagen, daß sie ihn damit vor einer Konfrontation wegen seines Sexualverhaltens schützt. Wenn eine Frau sich ständig über die Ungerechtigkeiten in ihrer Beziehung beklagt, können diese Klagen leicht den Charakter des Märtyrertums annehmen.

Vergegenwärtigen Sie sich beim Studium der Wendy-Reaktionen, daß es sich um eine Lehrbuchanalyse handelt. Es ist selten der Fall, daß eine Frau alle Reaktionen zeigt. Ich habe meine Schlußfolgerungen aus jahrelangen Beobachtungen vieler Frauen gezogen.

Kapitel 14 empfehle ich Ihrer besonderen Aufmerksamkeit. Das Erkennen von Reaktionen, in denen sich das Erreichen des Tiefpunkts spiegelt, kann von entscheidender Bedeutung für Ihre Auflösung des Wendy-Dilemmas sein. Das Gute am Tiefpunkt ist, daß der Weg von da an nur noch in eine Richtung führt.

KAPITEL 7

Verleugnung

»Ich verstehe nicht, warum mein Mann so grausam zu mir ist. Er verdient gut und sagt, er liebe mich. Aber Gott, er kann so gemein sein. Ich glaube, es liegt daran, daß er so angestrengt arbeitet.«

Uns allen ist das Symbol der drei Affen vertraut, die sich im Sinne eines Abwehrzaubers ›Wir sehen, hören und sprechen nichts Böses‹ Augen, Ohren und Mund zuhalten. Wenn Sie statt ›Böses‹ ›Problem‹ einsetzen, haben Sie eine der am weitesten verbreiteten Wendy-Reaktionen definiert – die Verleugnung. ›Wir sehen, hören und besprechen kein Problem.‹

Frauen, die sich in bezug auf ihren Mann auf Verleugnung verlegen, gehen ihren Gefühlen aus dem Weg und versäumen letztlich eine Chance, ihr Leben zu ändern. Hier sind einige Beispiele, die verdeutlichen, wie Verleugnung als Wendy-Reaktion an die Oberfläche kommt.

Eine Frau ignoriert den Egoismus ihres Mannes (mein Geld, mein Wagen, meine Freunde).

Sie entschuldigt seine dauernde Gereiztheit mit einem Alibi (»Er hat Sorgen mit seiner Mutter«).

Sie redet sich ein, wie sehr er sie liebe, obwohl er weiterhin gleichgültig gegenüber ihren Bedürfnissen ist.

Sie schätzt sich glücklich, ihn in Anbetracht seines Arbeits- und Freizeitpensums überhaupt noch zu sehen.

Sie sagt: »Er ist ein großartiger Mann. Er läßt mich tun, was ich will«, ohne zu bemerken, wieviel Unterwürfigkeit in dieser Feststellung liegt.

Sie weiß, daß etwas nicht stimmt, findet aber eine Möglichkeit, darüber hinwegzugehen.

Das Eingangszitat in diesem Kapitel stammt von der vierunddreißigjährigen Sissy. Sie wußte, daß etwas nicht stimmte, spürte die Grausamkeit und Gemeinheit, die von ihrem Mann ausging. Sie suchte nach einem Grund und kam endlich zu dem Schluß, daß er zu angestrengt arbeite. Es kam ihr nie zum Bewußtsein, daß er grausam zu ihr war, weil es in ihrer Beziehung ein Problem gab. Vielleicht war es seine Schuld, vielleicht ihre Schuld – aber wahrscheinlich beider Schuld. Doch die Schuld konnte nicht ermittelt, das Problem nicht gelöst werden, solange niemand zugab, daß es ein Problem gab.

Sissys Mann war völlig blind für die emotionale Seite ihrer Ehe. Hätte Sissy nicht versucht, etwas zur Lösung ihrer Probleme zu tun, wäre er nie auch nur auf den Gedanken gekommen, sich zu ändern. Obwohl Sissy spürte, daß ihr beiderseitiges Verhältnis im argen lag, bediente sie sich unglücklicherweise der Verleugnung, um ein offenes Eingeständnis nach außen zu vermeiden.

Verleugnung frustriert Außenstehende, für die ein Problem längst augenfällig geworden ist, während die betroffene Person es nicht sehen kann oder will. Verleugnung beginnt häufig als selektives Übersehen. Die Schwester einer Verleugnerin machte ihrer Frustration mit folgenden Worten Luft:

»Ich sage meiner Schwester, daß sie sich der Realität stellen soll – ihr Mann ist ein Taugenichts. Ich habe ihn nie gemocht, hauptsächlich wegen der Art und Weise, wie er sie behandelt. Aber sie will es nicht zugeben. Ich rede mir den Mund fransig und sage ihr immer wieder das gleiche. Und sie gibt mir immer dieselbe Antwort: ›Alles wird gut, wenn wir erst mal mehr Zeit miteinander verbringen.‹ Es läuft regelmäßig darauf hinaus, daß ich sie anschreie. Gott, sie macht mich rasend. Für solch ein kluges Mädchen kann sie schrecklich einfältig sein.«

Die Verleugnerin ist nicht verrückt. Gewiß sieht sie die Realität nicht sehr klar, aber das ist ein gewolltes Übersehen, das Ergebnis eines psychologischen Mechanismus, der als geistige Blockierung bekannt ist: »Ich will es nicht sehen, weil es schmerzen wird.« Diese Entscheidung wird auf einer unteren Ebene des Bewußtseins getroffen, bleibt aber nichtsdestoweniger eine Wahl. Man könnte es als eine Entscheidung, sich nicht zu entscheiden, bezeichnen.

Sissys Verleugnung saß so tief, daß sie sie als Selbstverständlichkeit hinnahm und sich nichts dabei dachte, ihren Mann vorn und hinten zu bedienen. Schnell bei der Hand, wenn es galt, Entschuldigungen für ihn zu finden, stellte sie sich sogar auf seine Seite, als sie erklärte, warum er so gleichgültig gegenüber ihren Bedürfnissen war. Auf die Grausamkeit ihres Mannes angesprochen, reagierte Sissy damit, daß sie ihn in Schutz nahm.

»Er meint es wirklich nicht so. Wenn er wüßte, daß es mich verletzt, würde er damit aufhören. Wenn Sie wüßten, wie er innerlich ist, würden Sie das verstehen. Er mag nicht, daß unsere Probleme aus dem Haus getragen werden. Er sagt, wir können selbst damit fertig werden. Er sagt, ich rege mich zu sehr über Kleinigkeiten auf. Ich bin sicher, daß er recht hat. Unsere Schwierigkeiten unterscheiden sich nicht von denen anderer Leute, sagt er. Ich sollte hinter seinem Rücken wirklich nichts Schlechtes über ihn sagen. Er ist wirklich ein großartiger Mann.«

Diese Reaktion ist typisch für die Verleugnerin. Sie macht sich etwas vor. Ihr Herz sitzt am rechten Fleck, und sie meint es gut. Und es fällt schwer, das Verhalten einer Frau zu mißbilligen, die nur versucht zurechtzukommen.

Aber da liegt der Widerspruch. Die Verleugnung ist ein Ausdruck falscher Kraft. »Ich fürchte mich nicht; seht, wie stark, klug und verständnisvoll ich bin. Es ist wirklich ein Zeichen großer Reife, daß ich meine Enttäuschungen so verarbeiten kann.« Das sind die Worte, mit der eine Verleugnerin der Auflösung ihrer Abhängigkeitsbedürfnisse ausweicht.

Einige Psychologen nennen dieses Ausweichen eine Reaktionsformung – einen Mechanismus, mittels dessen jemand eine Furcht durch den Übergang zum anderen Extrem zudeckt. »Ich bin stark, mutig und empfinde keinen Schmerz.« Diese Reaktionsformung leugnet und verhüllt den inneren Schmerz. In einigen Fällen kann sie zu weiteren Komplikationen führen, von denen Perfektionismus eine der schlimmsten ist.

Als wir die oben zitierte Frau nach perfektionistischen Neigungen ihrer Schwester fragten, war sie sogleich im Bilde.

»Ich würde sagen, daß sie eine Perfektionistin ist. Alles muß genau richtig sein, ist es aber nie wirklich. Ich schwöre, wenn ich die Asche von meiner Zigarette in einen ihrer Aschenbecher klopfe, ist es ihr fast unmöglich, sitzen zu bleiben und mit mir zu reden, ohne den Aschenbecher zu reinigen. Von ihrem Küchenboden kann man essen, und ihre Kinder sehen aus, als kämen sie gerade aus einer Anzeige für Kinderkleidung. Es macht mich tatsächlich nervös bei ihr zu sein.«

Die Verleugnerin glaubt oftmals, daß ihre Probleme verschwinden werden, wenn sie hart arbeitet und an ihrem Ziel der Vollkommenheit festhält. Je ausgeprägter aber ihr nach außen gerichteter Perfektionsdrang, desto größer meistens ihr innerer Schmerz.

Wenn die Verleugnung erfolgreich ist, kann sie Jahre überdauern, vielleicht sogar ein Leben lang vorhalten. Viele Frauen zwischen Ende Fünfzig und Anfang Sechzig sind in ihrer Verleugnung so gründlich, daß kaum noch irgendwelche Hoffnung besteht, daß sie sich jemals mit ihren wahren Gefühlen auseinandersetzen werden. Die folgende Aussage zeigt, wie täuschend ein vervollkommnetes Verleugnungssystem sein kann:

»Ich habe ein herrliches Leben gehabt. Ich bin seit mehr als siebenunddreißig Jahren mit demselben wunderbaren Mann verheiratet, und ich habe mich nie beklagt, daß ich in seinem Leben nicht an erster Stelle stehe. Seine Arbeit ist sehr wichtig, und er hat es enorm weit gebracht. Ich habe nie Ansprüche gestellt. Ich weiß, daß er mich liebt, er braucht es nicht zu sagen. Und ich liebe ihn, ohne ihn mit

Ansprüchen zu belasten; das ist wahre Liebe. Ich habe niemals nach Gegenleistungen gefragt. So habe ich es in meinem Eheversprechen gelobt, und ich habe es buchstäblich eingehalten. Es ist ein gutes Gefühl, Liebe zu geben; das ist die Aufgabe der Frau.«

Tränen der Traurigkeit glänzten in den Augen dieser Frau, als sie Zeugnis für die Vergeblichkeit einseitiger Liebe ablegte. Man hätte vermuten können, daß unter ihrer Verleugnung ein beträchtliches Maß an Märtyrertum verborgen wäre, aber das war nicht der Fall. Sie hatte die Erwartungen, wiedergeliebt zu werden, aufgegeben und den Schmerz durch Verleugnung zurückgedrängt. Sie unternahm keinen Versuch, das Wendy-Dilemma zu überwinden.

Sissys Leben war ein tragisches Beispiel dafür, was einer Verleugnerin geschehen kann, wenn sie auf dem Weg selektiven Sichverschließens beharrt. Indem sie den Schmerz über die Nichterwiderung ihrer Liebe aussperrte, verdrängte sie zugleich einen Schmerz, der ihr aus der Kindheit geblieben war. Die Verleugnung gab ihr die Möglichkeit, die Gegenwart zusammen mit der Vergangenheit zu verdrängen.

Sissys Verleugnungssystem war augenscheinlich nicht vollkommen. Es war ihr peinlich zuzugeben, daß sie sich oft in den Schlaf weinte, ohne zu wissen, warum. Auch fiel es ihr schwer, morgens aufzustehen, und der Wunsch, daß ihr Mann netter zu ihr sei, war unweigerlich mit Schuldgefühlen verbunden. Nach ihrem Leben außerhalb des häuslichen Herdes gefragt, enthüllte Sissy das Vorhandensein ernster Probleme.

»Ich gehe gern mit meinen Freundinnen aus. Wir kegeln, spielen Karten und gehen nach der Arbeit auf ein Gläschen oder zwei in ein nettes Lokal. Zu Hause trinke ich niemals, nur wenn ich ausgehe.«

Sie wich Fragen nach ihren Trinkgewohnheiten aus und stritt ab, daß sie damit Probleme hatte. Es bedurfte geduldiger Beharrlichkeit, um ihr zu entlocken, daß sie jedesmal, wenn sie mit den Freundinnen ausging, mehrere Gläser trank (genug, um ihr ein ›summendes‹ Gefühl zu verschaffen). Weiteres Beharren war erforderlich, um zu entdecken, daß sie gewöhnlich vier oder fünf Abende in der Woche ›mit den Mädchen‹ ausging.

Sissy war am Ende ihrer Möglichkeiten. Obwohl dies eine traurige Lage ist, kann sie die Verleugnerin zwingen, etwas zur Änderung ihrer Lebensumstände zu tun. In allzuvielen Fällen kommt es jedoch zu einer Verstärkung der Verleugnung. Man könnte sagen, daß in der Verleugnerin eine Stimme des Kummers nach innerem Frieden ruft. Dieser Ruf mag tief im Unbewußten seinen Ursprung haben, wird aber in Symbolen ausgedrückt, die in der alltäglichen Wirklichkeit erscheinen.

Eine Verleugnerin, die den Tiefpunkt erreicht hatte, drückte ihr ›Problem‹ in einer Symbolik aus, die schwierig zu verstehen war. Ihre erklärte Furcht schien einfach genug, die Symbolik dahinter entsprach jedoch nicht der wahren Ursache. Versuchen Sie, der symbolischen Furcht, die in ihrer Beschreibung des ›Problems‹ enthalten ist, auf den Grund zu kommen.

»Es fällt mir furchtbar schwer, irgendwohin zu fahren. Schon wenn ich daran denke, wie ich den Wagen rückwärts aus der Garage fahre, werde ich nervös. Ich beruhige mich dann und bin eine sichere Fahrerin, aber es dauert eine Weile. Ich schaffe es, an meinem Ziel anzukommen, solange ich nicht über Brücken oder Überführungen zu fahren habe. Wissen Sie, wie viele Brücken und Überführungen es gibt? Tausende, und es scheint, daß ich sie alle befahren muß. Ich kann sie nicht ausstehen.

Wenn ich unbedingt über eine fahren muß, ist mir, als würde ich ohnmächtig. Manchmal glaube ich, daß ich überhaupt nicht fahren sollte. Ich kann nur daran denken, daß nichts unter mir ist, was mich hält.

Nachdem ich über eine Brücke gefahren bin, sind meine Handflächen schweißnaß, und ein Frösteln überläuft mich. Es scheint ewig zu dauern, bis ich wieder klar denken kann. Ich sollte wirklich hypnotisiert werden, um diese Angst loszuwerden.«

Diese Frau hatte in Wirklichkeit keine Angst vor Überführungen oder Brücken. Ihre Angstreaktion war echt (schwitzende Handflächen, Frösteln), aber die Ursache war nicht, was sie zu sein schien. Beachten Sie einen Satz, und denken Sie darüber nach: »Ich kann nur daran denken, daß nichts unter mir ist, was mich hält.«

Nehmen wir das erwähnte Problem, und wenden wir es auf einen anderen Bereich ihres Lebens an, ihr Verhältnis zu ihrem Mann. Was geschieht? Das Problem nimmt sich jetzt ganz anders aus. Tief in ihrem Inneren, unter ihrer Verneinung, könnte es das wahre Problem sein.

»Ich kann nur daran denken, daß mein Mann mich nicht wirklich liebt. Er ist nicht da, mir Halt zu geben, wenn ich ihn brauche. Ich bekomme Angst, wenn ich erkenne, daß ich keinen Halt an ihm finde.«

Zwei wichtige Punkte sind in dem Symbolismus dieser Frau anzutreffen. Erstens entgeht ihr die Realität, die klar vor ihr liegt. Sie hat ungelöste Abhängigkeitsbedürfnisse und sucht die Antwort außerhalb ihrer selbst. Zweitens erwarten Verleugner oft eine rasche Lösung ihrer Probleme. Hypnose ist ein gutes Beispiel für eine von außen gesteuerte Lösung, die bei symbolischen Ängsten jedoch nicht wirkt. (Tabletten sind eine weitere.)

Nicht jede Verleugnung verbirgt sich hinter einer verwirrenden Symbolik. Bisweilen reflektiert die bewußte Sorge eine relativ klare Einschätzung des eigentlichen Problems. Hier ist ein typisches Problem, ausgedrückt mit einem Minimum an Symbolik.

»Ich liebe einen verheirateten Mann. Er sagt, daß er mich liebt. Er beabsichtigt, die Scheidung einzureichen. Ich weiß, daß es eine sehr schwierige Zeit für ihn ist und daß er all meine Liebe und mein Verständnis bitter nötig hat. Wenn es zu Hause wirklich schlimm wird, kommt er und bleibt bei mir. Aber sobald es wieder besser aussieht, geht er nach Haus zu seiner Frau. Das tut wirklich weh.

Ich komme mir vor, als würde ich ausgenutzt. Und dieses Gefühl gefällt mir nicht. Ich möchte lernen, wie ich ihm helfen kann.«

Diese Frau verleugnet einen ziemlich klaren Sachverhalt. *Der Mann nutzt sie aus.* Ihre Einschätzung seines Verhaltens ist vollkommen richtig. Aber auf irgendeiner Bewußtseinsebene fürchtet sie, sich die Wahrheit einzugestehen. Ihre Furcht, ihn zu verlieren, würde wahrscheinlich das erste sein, was sie im Gespräch mit einem erfahrenen Therapeuten eingestehen würde. Aber selbst das ist nicht die Wahrheit. Wenn sie sich ihrer Verleugnung stellte, würde sie zugeben müssen, daß sie nur vorgibt, den Mann für sich zu haben.

Verleugnung ist in unterschiedlichem Maße in allen Frauen anzutreffen, die ihre Männer bemuttern. Viele Psychiater und Psychologen glauben, daß eine Mehrzahl der Menschen diesen Abwehrmechanismus gebraucht, um unangenehme Wahrheiten vor ihrem bewußten Verstand zu verbergen. Verleugnung ist ein gewohnheitsmäßiger Bestandteil im Leben so vieler Menschen, daß sie oft für selbstverständlich gehalten und nicht als ein negativer Begriff betrachtet wird. Einer meiner Professoren hatte über die Beliebtheit und Behandlung der Verleugnung folgendes zu sagen:

»Für alle Leute gibt es einen Teil der Wahrheit, den sie verleugnen wollen. Als Therapeut müssen Sie die Patienten mit der Verleugnung freundlich, aber entschieden konfrontieren, bis sie ihren unbewußten Prozeß erkennen.

Verneint ein Patient jedoch hartnäckig, daß er oder sie in Verleugnung verstrickt sein könnte, dann packen Sie Ihre Rorschachkarten ein, und gehen Sie nach Hause. Sie haben keine Chance.«

Verleugnung ist auch die erste Wendy-Reaktion, die gebraucht, und die letzte, die aufgegeben wird. Sie hat eine wunderbare Widerstandskraft, wie wir am Beispiel der sechzigjährigen Frau gesehen haben. Und ihrer Beliebtheit steht ihre Einfachheit nicht nach: »Ich will nicht darüber nachdenken, also werde ich es nicht tun.« Bei näherer Betrachtung ist das ein ziemlich erstaunlicher Wesenszug des computerähnlichen Organs, das auf unseren Schultern sitzt.

Verleugnung ist nicht nur beliebt und einfach, sie ist auch gefährlich. Die Gefahr der Verleugnung liegt in ihrer scheinbaren Harmlosigkeit. Es ist leicht zu glauben, daß etwas so Einfaches nicht viel Schaden anrichten könne. Doch kann die Einfachheit, mit der die Wahrheit sich verleugnen läßt, rasch Tentakel entwickeln, die sich ausbreiten und vielen bedeutsamen Lebensaspekten den Atem abdrücken.

Das folgende Beispiel einer Verleugnung klingt harmlos genug:

»Es tut mir nicht gut, über sein Verhalten nachzudenken. Ich bin viel besser dran, wenn ich ihn einfach gewähren lasse. Schließlich wird er über seine Probleme schon hinwegkommen. Er wird bald einlenken. Ich kann meine Zeit nicht mit Mutmaßungen vergeuden, was er als nächstes abziehen wird.«

Die Verleugnung dieser Frau schafft einen psychologischen Abstand zwischen ihr und ihrem Mann. Dauert dieser Zustand unverändert an, so wird sie die Kraft ihrer Verleugnung verstärken müssen, um mit dem durch die zunehmende Entfremdung erzeugten Schmerz fertigzuwerden. Sich selbst überlassen, wird diese Verleugnung und die daraus resultierende Entfremdung einen Punkt erreichen, an dem die Liebe zwischen beiden Partnern ernsten Schaden erleidet. Was als einfacher Akt zur Vermeidung unnötigen Ärgers begonnen haben mag, wird wahrscheinlich in einer zersplitterten Beziehung enden, die angefüllt ist mit endlosen Beschuldigungen und anstrengender Bitterkeit.

Verleugnung ist gewöhnlich ein absolut unbewußter Vorgang. Sie ist jedoch nicht immer verdeckt. Obwohl die Verleugnerin nicht erkennen mag, daß ihr Ausweichen vor der Wahrheit zu vermehrten Problemen führt, kann es vorkommen, daß sie ihre Verleugnung heraushört und sich einfach nicht darum schert. Man könnte diese Art von Verleugnung als militant ansehen. Wenn diese Verleugnung stattfindet, fragt man sich, ob die Liebe nicht bereits tot ist. Urteilen Sie selbst.

»Ich sehe einfach keine Zukunft darin, über meine Probleme nachzudenken. Ich habe mein Haus, meine Kinder, und er gibt mir seine Lohntüte. Einmal oder zweimal im Monat gehen wir aus oder amüsieren uns. Und wenn er sich wie ein verzogenes Kind benimmt, schicke ich ihn einfach hinaus oder sage ihm, er solle mit seinen Kumpeln einen trinken gehen und mich in Ruhe lassen. Er geht, und ich sitze daheim und lese. Das funktioniert ausgezeichnet.«

Die Verleugnung dieser Frau enthält starke Unterströmungen von Kränkung und Bitterkeit. Sie verleugnet nicht nur die schlechte Behandlung durch ihren Mann, sondern auch den eigenen Schmerz. Sie ist eine erstklassige Kandidatin für eine außereheliche Affäre. Wenn sie einen Mann findet, der ihr die Schönheit der Liebe und Fürsorge zeigt, wird sie wahrscheinlich ihren Mann verlassen, ohne sich nach ihm umzusehen.

KAPITEL 8

Bevormundung

»Ich sollte wirklich nicht wütend auf ihn werden; er ist ein Schatz. Aber Sie sollten sehen, was er in meiner Küche anrichtet, wenn er sich was zu essen machen will. Ich schwöre es, der Mann würde verhungern, wenn mir jemals etwas zustieße.«

Bevormundung als Ausdruck übertriebener Fürsorglichkeit ist die am meisten verbreitete Wendy-Reaktion. Sie enthält ein Element von Verleugnung, ist aber viel mehr. Die Frau betrachtet die Schwächen ihres Mannes, vor denen sie ihn schützt, als niedlich oder reizend. Damit schützt sie sich vor der Auseinandersetzung mit ihren eigenen Schwächen. In ihrer Verwirrung wandelt sie sein kindisches Verhalten in Gründe für ihre eigene Unentbehrlichkeit um.

Hier sind einige Beispiele von bevormundenden Wendy-Reaktionen:

Eine Frau entschuldigt sich bei ihren Freundinnen für die schlechten Manieren ihres Mannes und sein Benehmen.

Statt ihren Mann aufzufordern, seine Unordnungen selbst aufzuräumen, schafft sie Ordnung im Durcheinander seines Arbeitszimmers, seiner Kleidung etc., ohne ihm etwas zu sagen.

Eine Frau nimmt ihrem Mann bei einer Gesellschaft das Glas weg, damit er nicht zuviel trinkt. Sie versteckt besondere Delikatessen, damit er sie nicht alle auf einmal ißt.

Sie schreibt ihm Zettel, damit er nicht vergißt, Besorgungen zu machen und Dinge zu erledigen, die wichtig für ihn sind.

Eine Frau setzt alles daran sicherzugehen, daß die Kinder ihren Vater nicht ›belästigen‹.

Es ist nichts daran auszusetzen, daß Sie fürsorglich zu Ihrem Mann sind. Fürsorge erwächst ganz natürlich aus Liebe. Wenn die Fürsorglichkeit übermäßig ist, entwickeln sich zwangsläufig Probleme. Hören Sie die Aussage einer Frau, die nicht auf eine Wendy-Reaktion schließen läßt.

»Es macht mir Freude, sein Abendessen zu bereiten, ihm den Rücken zu reiben und kleine Handreichungen zu tun, die ihn glücklich machen. Es ist ein gutes Gefühl zu wissen, daß ich ihm eine besondere Freude machen kann. Und ich weiß ganz sicher, daß er das gleiche für mich tun wird, wenn ich krank oder in einer Klemme bin.«

Stellen Sie dieser Aussage zum Vergleich die folgende einer Frau gegenüber, die glaubt, sie bediene ihren Mann in genau der gleichen Art und Weise.

»Wenn er krank ist, braucht er mich wirklich. Er kann solch ein Baby sein. Dann stöhnt und jammert er; er ist so niedlich. Aber wenn *ich* krank werde, könnte man meinen, er sei blind und taub. Er erwartet trotzdem, daß ich aufstehe und ihm das Essen mache. Manchmal denke ich, er ist schlimmer als ein Kind.«

Der wesentliche Bestandteil, der in der ersten Aussage vorhanden ist, in der zweiten aber fehlt, ist Gegenseitigkeit. Die erste Frau weiß, daß sie besondere Zuwendung und Fürsorge erfahren wird, folglich bereitet es ihr Freude, ihren Mann zu umsorgen. Sie braucht nicht zu verlangen, daß er sie als Gegenleistung bediene. Die zweite Frau ist es gewohnt, ihren Mann zu bedienen, doch ist ihr das nie mit gleicher Münze vergolten worden. Die erste Frau ist ihres Mannes vertraute Freundin; die zweite Frau ist ihres Mannes Mutter.

Mit der Gewißheit, daß es auf Gegenseitigkeit beruht, kann eine Frau ihren Mann ohne Bedenken umsorgen und beschützen. Dies spiegelt sich in der Aussage der ersten Frau. Es macht ihr ›Freude‹, für ihren Mann zu sorgen, und man gewinnt den Eindruck, daß er die Gefälligkeiten genauso gern erwidert. Sie setzt sich mit Freuden nach ihren besten Möglichkeiten für ihn ein.

Die zweite Frau weiß, daß sie auf gleichartige Gefälligkeiten wahrscheinlich vergebens warten wird. In ihren Worten klingt Verstimmung an. Ihr Mann mag sagen, daß er sie liebe, aber er zeigt es nicht in den kleinen Gesten und Handlungen, die soviel bedeuten. Sollte diese Frau eine sich beklagende Wendy werden, so würde sie ihr Mißfallen über die fehlende Gegenseitigkeit direkt ihrem Mann gegenüber zum Ausdruck bringen. Wäre er gefühllos für ihre Bedürfnisse, würde er an ihren Klagen Anstoß nehmen. Dauerten diese an, so würde er versuchen, sie durch irgendein Geschenk zu beschwichtigen, dessen Preis die Größenordnung ihrer Beschwerde widerspiegeln würde. Materielle Güter sind jedoch kein Beispiel dafür, was ich unter Gegenseitigkeit verstehe.

Alle Geschenke der Welt können das Fehlen von Gegenseitigkeit nicht ausgleichen. Eine Frau, die Geschenke als das ›Beste, was mein Mann tun kann‹, annimmt, wird über das Anwachsen von Verstimmung und Bitterkeit in sich selbst verwirrt sein. Sie mag sich sogar schuldig fühlen, weil sie nicht dankbar ist. Gleichwohl ist ihre Erwartung nur normal: Sie möchte, daß das Geld aus der Brieftasche ein Gefühl des Herzens spiegelt. Ein Mann, der seine Frau als eine lästige, ärgerliche und ermüdende Person sieht, glaubt, er könne sich für eine Weile Ruhe verschaffen, indem er die Brieftasche zückt.

Wenn Gegenseitigkeit fehlt, wird Fürsorglichkeit leicht bis zum Übermaß gesteigert. Zwischen Fürsorglichkeit und Bevormundung ist ein Unterschied wie zwischen Tag und Nacht. Um ihn zu sehen, wollen wir uns einem Problem zuwenden, das in vielen Beziehungen auftritt – die Mutter des Mannes.

Viele Männer haben ihr Abhängigkeitsbedürfnis für

eine Mutterfigur nicht aufgelöst. Zwiespältigkeit, Widerspenstigkeit und Schuldgefühle sind in den Wechselwirkungen zwischen einem Mann und seiner Mutter oftmals gegenwärtig. Eine Analyse der Situation wird helfen, den Unterschied zwischen vernünftiger Fürsorge und den Irrweg der Bevormundung zu verdeutlichen. Versetzen Sie sich in das folgende Bild, und sehen Sie, welcher Reaktion Ihr Verhalten gleichen würde.

Es ist Neujahrstag. Das Telefon läutet, und Sie nehmen den Hörer ab. Es ist Ihre verwitwete Schwiegermutter; sie möchte, daß ihr Sohn gleich hinüberkommt und ihre Steuererklärung macht. Sie wissen, daß er eine Fußballübertragung sehen möchte, gehen aber ins Wohnzimmer, ihm die Nachricht zu überbringen. Seine Mutter wartet am Telefon auf eine Antwort.

Ihr Mann stöhnt, daß seine Mutter ihn immer zum ungünstigsten Zeitpunkt störe. Er weist darauf hin, daß die Steuererklärung erst in mehreren Monaten fällig wird und daß seine Mutter sich unnötig sorge. Sie erklären sich bereit, Ihrer Schwiegermutter Bescheid zu geben. Von welcher Art wird er sein?

Die zur Bevormundung neigende Frau wird etwa folgendes sagen: »Mutter, Joe hat gerade zu tun und kann nicht ans Telefon kommen. Ich verstehe deine Sorge. Ich werde später am Nachmittag hinüberkommen und dir helfen, einen Anfang zu machen. Vielleicht kann Joe morgen unsere Arbeit durchsehen.«

Die fürsorgliche Frau würde etwa sagen: »Wir verstehen deine Sorge, Mutter. Aber nur ruhig, es wird schon in Ordnung kommen. Joe wird nachher zurückrufen.«

Der offensichtliche Unterschied zwischen den beiden ist, daß die bevormundende Frau die Verantwortlichkeit ihres Mannes selbst übernimmt. Was als sein Problem beginnt, wird zu dem ihren. Die fürsorgliche Frau schirmt ihren Mann ab, *ohne* ihm sein Problem abzunehmen. Sie hilft ihm aus, läßt aber durchblicken, daß er sein Problem später lösen wird.

Bevormundung beraubt beide Seiten der Individualität. Wenn eine Frau ständig Aufgaben übernimmt, die nicht ihre sind, verliert sie die Demarkationslinie aus den Augen, die ihre Probleme von denen des Mannes in ihrem Leben trennt. Das Wachstum an Individualität durch eine Zunahme an Selbsterkenntnis kann nicht erfolgen, wenn ein Partner die Angelegenheiten des anderen, der ein integraler Teil einer auf Zusammenarbeit angelegten Gemeinschaft sein sollte, an sich zieht. Dann ist der Punkt erreicht, da eine Beziehung beide beteiligten Individuen zu zerstören beginnt.

Dieser Vorgang ist nicht notwendigerweise eine Einbahnstraße. Des öfteren begegnet man einem seltsamen Gleichgewichtsgefühl, das sich in eine von Bevormundung geprägte Beziehung einschleicht. Die Frau bevormundet ihren ›hilflosen‹ Mann auf bestimmten Gebieten, während der Mann seine ›hilflose‹ Frau auf anderen bevormundet. Die Gebiete sind gewöhnlich durch die Einschränkungen traditionellen Rollenverhaltens bestimmt. ›Hausfrau‹ und ›Brotverdiener‹ sind die Stichworte, nach denen das bevormundende Verhalten aufgeteilt wird.

Lassen wir zuerst einen Mann, dann eine Frau über ihre jeweiligen Stärken und Schwächen sprechen:

»Sie kann keinen Stadtplan lesen, und wenn es um ihr Leben ging. Sollte sie je auf die Idee kommen, zu einer unbekannten Straße am anderen Ende der Stadt zu fahren, schaudert mich bei dem Gedanken an die Folgen. Womöglich würde ich sie tagelang nicht mehr zu Gesicht bekommen. Und wahrscheinlich würde ihr das Benzin ausgehen, oder sie würde den Zapfhahn in den Öleinfüllstutzen am Motor stecken. Sie ist ein Schatz, aber einen Wagen kann man ihr nicht anvertrauen.«

Die Frau kichert in Übereinstimmung mit dieser Einschätzung. Später kommentiert sie die Fähigkeiten ihres Mannes im Haushalt.

»Neulich wollte er das Abendessen machen. Eine Katastrophe! Er ließ das Fett für die Frikadellen über den Rand der Pfanne schwappen, entfachte ein Feuer und verbrannte zwei von meinen besten Küchentüchern bei seinen Löschversuchen. Dann bearbeitete er meinen Teflongrill mit Stahlwolle und ruinierte ihn. Ich glaube, ich werde mich nie wieder beklagen, daß er seine Fußballübertragungen sieht, statt mir zu helfen. Dann ist wenigstens meine Küche vor ihm sicher.«

Der Mann schmunzelt im Einverständnis mit der Bewertung seiner ›Unzulänglichkeit‹ durch seine Frau.

Dieses Ehepaar bewahrte ein Machtgleichgewicht durch eine große Investition an beiderseitiger Dummheit. Die Frau bezog Selbstwertgefühl und ein gewisses Maß an Selbstbestimmung im Leben durch die Bevormundung ihres Mannes im häuslichen Bereich, der ›Welt der Frau‹, in der er ›unfähig war, für sich selbst zu sorgen‹. Des Mannes Selbstachtung als Ehemann drückte sich in der Bevormundung seiner Frau in der ›Welt des Mannes‹ aus, wo sie ohne ihn ›niemals zurechtgekommen wäre‹. Jeder der beiden Partner besaß natürlich die Fähigkeit, sich Überlebenstechniken auf dem Gebiet des anderen anzueignen, aber sie machten davon keinen Gebrauch. So stand ihre gegenseitige Bevormundung einen weiteren Wachstum in ihrer Beziehung im Wege. Höchst beunruhigend war die Art und Weise, wie sie über ihre beiderseitige Unreife lachten.

Hinter Bevormundung steht immer die Implikation der Schwäche. ›Er versteht nichts davon, darum muß ich es tun‹ ist die Bekräftigung der Frau, mit der sie ihre eigene Knechtschaft bestätigt. Aber darin liegt eine irrationale Schlußfolgerung, die Unfähigkeit zugrunde legt, während es sich tatsächlich um Abgeneigtheit handelt.

Eine Frau machte deutlich, wie die kleinen Dinge sie in die Falle lockten.

»Es fing schon vor unserer Hochzeit an. Ich vergewisserte mich, daß er Geld in der Tasche hatte, wenn er fortging. Dann fing ich an, ihn daran zu erinnern, daß er jeden Sonntag seine Mutter anrufen sollte. Auch das schien eine

Kleinigkeit zu sein. Es bedurfte eines Gesprächs mit seiner Mutter, daß mir endlich ein Licht aufging und ich merkte, was geschah. Wir sprachen darüber, daß Sam längst schon seinen Kopf vergessen hätte, wenn er nicht angewachsen wäre. Sie sagte: ›Der arme Sammy brauchte schon immer jemanden, die sich um ihn kümmert. Ich bin ja so froh, daß ich es nicht mehr tun muß.‹ Hinterher hatte ich zwei Reaktionen. Ich war Sams Mutter dankbar, daß sie mich aufgeweckt hatte; gleichzeitig war ich sehr ärgerlich über sie, weil sie ihren Sohn so abhängig von einer Frau gemacht hatte.«

Die Wendy findet in der Schwäche ihres Mannes ein seltsames Gefühl von Trost und Befriedigung. Sie gibt ihr das Bewußtsein, gebraucht zu werden und Unentbehrlichkeit ist Balsam für ihre Gefühle von Minderwertigkeit und Ablehnung. Wenn sie sich selbst negative Gefühle entgegenbringt, ist sie bereit, für ein Gefühl der Zugehörigkeit und des Gebrauchtwerdens jeden Preis zu bezahlen. Auf jeden einzelnen Tag bezogen, scheint dieser Preis nicht übermäßig hoch. Aber er summiert sich und erreicht schließlich einen Punkt, an dem seine Bezahlung ihre Kräfte übersteigt.

Die folgende wahre Geschichte zeigt, wie schon einfache, unaufdringliche Fürsorglichkeit zu einer Situation führte, in der eine Frau um ihr Leben fürchtete. Stellen Sie die Zeitpunkte im Geschehen fest, an denen diese Frau die Falle hätte ausmachen können und sollen.

Betty war eine achtunddreißigjährige Frau, die einen vierunddreißigjährigen Peter Pan liebte. Sie hatten zwei Jahre zusammengelebt, doch hatte Betty wegen Todds Unreife und seines übermäßigen Trinkens entschieden, daß sie sich für ein paar Monate trennen sollten. Nach einigem Gejammer darüber, daß er aus seinem Heim geworfen werde, und Drohungen, daß er mit ihr noch abrechnen werde, zog Todd wieder zu seiner Mutter (er hatte die Adresse in seinen Papieren nie geändert). Die Verhältnisse schienen sich zu beruhigen, und nach einer Weile fingen Betty und er an, wieder miteinander auszugehen.

Vor einer ihrer Verabredungen bat Betty ihn, zeitiger herüberzukommen, um bei der Reparatur einer defekten Rohrleitung in ihrer Wohnung zu helfen, aber er kam nicht zu der Zeit, die er für sein Kommen genannt hatte. Als er später anrief, beantwortete er ihre Fragen über seinen Verbleib mit der Erklärung: »Nun, du sagtest mir, ich solle lernen, mich zu entspannen. Also war ich so entspannt, als ich bei meinem Freund war und wir uns unterhielten, daß ich entschied, mich nicht um deine Rohrleitung zu sorgen.« Sobald er merkte, daß Betty zornig war, entschuldigte er sich in seiner vertrauten Babystimme, einer Mischung von in hoher Tonlage vorgetragenem Winseln und albernen Silben, die er an die Wortendungen hängte. »Todd-icum viel traurig, daß Betty-pu böse mit ihm.« Diese Redeweise brachte Betty immer zum Lachen, denn sie war ein Zeichen, daß ihre Klagen von Todd ohne Verärgerung hingenommen wurden.

Als er mit drei Flaschen Wein als Friedensgeschenk vor ihrer Tür stand, war Todd noch immer in seiner kindischen Stimmung. Betty erinnerte ihn, daß sie keinen Wein trinke, und Todd antwortete: »Ach Gottchen o je, ich Dummerlein. Todd-icum hat vergessen.«

Als Betty sich zum Ausgehen fertig gemacht hatte, hängte er sich ihr an den Hals und bekannte in seiner albernen Art sein Bedauern. Er legte ihr den Kopf an die Schulter und sagte: »Du mußt armem Todd-icum verzeihen.«

Betty wurde ungeduldig mit seiner Albernheit und sagte ihm immer wieder, daß sie ihm nicht mehr böse sei. Sie wollte nur ein gutes Abendessen in angenehmer Atmosphäre. Wie es ihrer Gewohnheit entsprach, fragte Todd sie, wohin sie gehen wolle, und Betty wählte ein Restaurant. Unterwegs wurde Todd zunehmend mürrisch. Sie versuchte ihn in eine lebhafte Unterhaltung zu ziehen, aber er wollte über Werte, Moral und Philosophie sprechen. Diese Art von Gespräch wollte wiederum Betty vermeiden, denn immer wenn Todd Streit suchte, steuerte er die Unterhaltung in die Richtung irgendeines subjektiven Gegenstands. Das Ergebnis waren stets Meinungsverschiedenheiten und Zornesausbrüche.

Als sie im Restaurant saßen, war Todd verdrossen über Bettys Ausweichmanöver. Sie dachte, ein kurzer Besuch der Damentoilette würde ihnen beiden Gelegenheit geben, eine neue Unterhaltung anzuknüpfen. Als sie zurückkam, zog sich Todd gerade den Mantel an und sah aus, als wolle er jemanden umbringen. Als sie ihn fragte, was passiert sei, versetzte er kurz: »Wir gehen. Die setzen ein gutaussehendes Paar wie uns an einen lausigen Tisch und haben nicht genug Verstand, ihren Fehler zu berichtigen.« Bettys Vorschlag, daß sie einfach einen anderen Tisch verlangen sollten, begegnete er mit der scharfen Antwort: »Wenn diese Trottel nicht wissen, was sich gehört, ist es nicht meine Sache, sie aufzuklären.«

Wieder im Auto, fragte Todd, wohin sie als nächstes wolle. Aus Furcht, ihn noch mehr in Erregung zu bringen, versuchte sie einer Antwort auszuweichen. Schließlich erwähnte sie ein anderes Lokal, aber Todd schlug auf das Lenkrad und scholt sie wegen ihrer Dummheit. »Die Leute dort sind noch schlimmer als im letzten Lokal.« Seine Fahrweise wurde zunehmend unkonzentriert, und er beschimpfte sie wegen ihrer Gleichgültigkeit gegenüber seinen Empfindungen. Ohne Warnung machte er ein Wendemanöver mitten auf einer vielbefahrenen vierspurigen Straße und entging nur knapp einem entgegenkommenden Fahrzeug. Betty hielt sich am Türgriff fest, überzeugt, daß es zum Zusammenstoß kommen werde. Sie preßte die Lippen zusammen, um nichts zu sagen. Sie befürchtete, daß er sie schlagen und die Herrschaft über den Wagen vollständig verlieren würde.

Todd ereiferte sich weiter darüber, daß es den Leuten Freude zu bereiten scheine, ihn leiden zu machen. Betty sagte nichts, weil sie Angst hatte, daß ein falsches Wort einen Unfall verursachen könnte. Nachdem er verstummt war und eine Minute in verdrießlichem Schweigen vergangen war, schlug sie ruhig vor, daß sie eine Pizza besorgen und mit nach Hause nehmen sollten. Todd stimmte zu und fragte, ob sie unterwegs bei der Bank anhalten wolle, wie sie vorher gesagt hatte. Betty bejahte.

Als die Schlange vor dem Autoschalter immer langsamer vorrückte, schlug Todd wieder auf das Lenkrad. »Das ist die dümmste, beschissenste Bank auf der Welt. Warum zum Teufel hast du hier dein Konto? Weißt du nicht, daß nur Blödmänner zu dieser Bank gehen?« Betty murmelte: »Laß uns nach Hause fahren«, und wünschte, sie wäre schon dort.

Todd fuhr rückwärts, verfehlte um Haaresbreite einen anderen Wagen und raste zurück die Straße hinunter. Plötzlich fiel ihm auf, daß er in die falsche Richtung fuhr. Er schrie Betty an: »Du hast mich so auf die Palme gebracht, daß ich nicht mehr weiß, was ich tue!« Damit vollführte er ein weiteres Wendemanöver und schnitt einen Lastwagen, der abbiegen sollte. Mit knapper Not an diesem vorbei, zog er den Wagen auf die rechte Fahrspur, wo er einem anderen Wagen den Weg blockierte. Der Fahrer hupte und trat auf die Bremse. Todd schrie ihm obszöne Beschimpfungen zu und begann ihn zu jagen.

Betty fürchtete um ihr Leben. Todd schrie und hupte, während er versuchte, den anderen Fahrer von der Straße zu drängen. Betty glaubte, daß alles, was sie sagen könnte, die Dinge nur verschlimmern würden, so schloß sie die Augen und betete. Gott mußte sie erhört haben, denn sie langte sicher zu Hause an, war aber so verschreckt, daß sie die Pizza vergaß. Sie zog sich um und hoffte, Todd werde gehen, fand ihn aber auf dem Wohnzimmersofa. Sie setzte sich, ihr fehlten die Worte. Todd schmiegte sich an sie und sagte: »Todd-icum viel traurig, daß er böse geworden.« Diesmal konnte Betty nicht darüber lachen.

Als Betty mich fragte, was sie hätte tun sollen, als Todd versuchte, den anderen Fahrer von der Straße zu drängen, war ich um eine Antwort verlegen. »Es war zu spät, etwas zu tun. Sie waren gefangen. Sie taten, was möglich war, um Ihre Überlebenschancen zu wahren. Ihr eigentliches Problem ist, aus der Situation zu lernen, so daß Sie nicht wieder in solch eine Lage geraten.«

Es gab viele Hinweise darauf, daß Betty in Schwierigkeiten kommen würde. Der erste war die übermäßige Albernheit. Andere waren die Art und Weise, wie er sie für seine Schwierigkeiten verantwortlich machte, die Bösartigkeit seiner Beschimpfungen, seine egozentrische Annahme, die Kellnerin habe zu wissen, daß er mit dem Tisch nicht zufrieden war, sein ausgeprägter, jeglichen Verstand ausschaltender Jähzorn, so daß Betty sich aus Angst, ihn gegen sich aufzubringen, mehrere Male in Stillschweigen flüchtete. Sie fühlte, daß er sie brauchte, vielleicht um so mehr, als er durch sein gewollt kindisches Verhalten an ihren Mutterinstinkt appellierte, aber sie zahlte einen hohen Preis für ihre Gutmütigkeit. Schließlich suchte sie Hilfe, als sie begriff, daß der Preis eines Tages ihr Leben sein konnte.

Betty ging bis zum äußersten, um jede Klage oder Kritik an dem Mann in ihrem Leben zu vermeiden. Fürsorglichkeit verlangte, daß die Frau besänftige und ohne Streit diene. Eine Frau, deren Beziehung bei weitem weniger turbulent war, schien mit ihrem Leben zufrieden.

»Ich würde nicht im Traum daran denken, mich zu beklagen. Ich habe ein gutes Leben mit ihm. Er arbeitet fünfzehn Stunden am Tag und liefert jedesmal seine Lohntüte bei mir ab. Solange ich ihm sein Taschengeld gebe, kümmert er sich um nichts und macht keinen Ärger, wenn ich den Kindern ein bißchen was extra kaufe.«

Diese Frau hat ein Recht, ihr Leben zu führen, wie sie es angemessen findet. Wenn sie gern Mutter und Vormund ihres Mannes sein will und er keine Einwände hat, ist es nicht an mir oder irgendeinem anderen ›Analytiker‹ zu sagen, sie habe Probleme und brauche Hilfe. Ich diagnostiziere nicht gern Probleme, wenn die betroffene Person denkt, es gebe keine. Aber wenn es eine Basis für Einwände gibt, so ist es die Tatsache, daß den Kindern ein ungutes

Beispiel vorgelegt wird. Die meisten Wendys und Peter Pans unserer Tage wachsen in Haushalten wie diesem auf.

Bevormundung ist in der letzten Analyse fehlgeleitete Liebe. Schützt eine Frau, die ihren Mann bevormundet, bei allen guten Absichten nicht auch sich selbst? Versucht sie nicht, indem sie ihren Mann gegen die Realität abschirmt, sich selbst von ihrer Stärke, ihrer Tüchtigkeit zu überzeugen? Tatsächlich sagt sie: »Seht, ich bin liebenswert! Seht, wie mutig ich bin!«

Aber sie überzeugt nur sich selbst. Sie liegt im Kampf mit dem Minderwertigkeitsgefühl und der Furcht vor Ablehnung - mit emotionalen Zuständen von machtvoller Wirksamkeit, selbst wenn ihnen keine andere Realität als die innewohnt, daß sie an ihre Existenz glaubt. Sie wird ihre Tapferkeit und ihren Einsatzwillen brauchen, solange sie fortfährt, ihrem Mann Mutter und Beschützerin zu sein, aber nicht länger als bis sie sich den Ängsten stellt, die das Geistesprodukt eines furchtsamen kleinen Mädchens sind.

KAPITEL 9

Selbstsüchtige Liebe

»Ich fühle mich nicht ganz, wenn mein Mann nicht bei mir ist. Das Alleinsein ist mir wirklich verhaßt.«

Frauen, die ihre Männer selbstsüchtig lieben, haben eine einzigartige Lösung gefunden, mit Gefühlen von Minderwertigkeit und Furcht vor Ablehnung fertigzuwerden. Ihr Verhalten ist insofern mütterlich, als sie ihr möglichstes tun, ihren kleinen Jungen immer bei sich zu halten, sorgsam darauf bedacht, ihn nicht allzuweit streunen zu lassen. Sie bedienen sich oft der Bevormundung als einer Strategie, um ihren Mann unter Aufsicht zu halten. Ist es schließlich nicht logisch, daß er unter ständiger Aufsicht sein muß, wenn er schwach und unfähig ist, für sich selbst zu sorgen?

Die von selbstsüchtiger Liebe beseelte Wendy fürchtet das Alleinsein. Stille ist erfüllt von den Geräuschen negativer Selbsteinschätzung. Deswegen ist sie selten fähig, allein zu sein, ohne sich einsam zu fühlen. Sie wird sogar die entnervenden Possen eines Peter Pan ertragen, nur um nicht unter ihrer Einsamkeit zu leiden. Mit selbstsüchtiger Liebe verbinden sich verschiedene Wendy-Reaktionen:

Sie drängt ihren Mann zu Terminfestlegungen, die weit in die Zukunft reichen. »Ich muß wissen, ob wir zu der Weihnachtsgesellschaft gehen. Vielleicht brauche ich Monate, um das richtige Kleid zu finden.«

Sie findet kein Vergnügen an einer Aktivität, solange ihr Mann nicht bei ihr ist. »Das Picknick und die Spiele machten mir einfach keinen Spaß mehr, als ich wußte, daß du nicht kommen würdest.«

Sie ist eifersüchtig, wenn er sich mit anderen amüsiert. »Du scheinst dich mit deinem Vetter großartig unterhalten zu haben. Warum kannst du mich nicht unterhalten, wie du es bei ihm machst?«

Sie verlangt, daß ihr Mann mehr Zeit mit ihr verbringe. »Du mußt unbeding mehr Zeit für unser Zusammensein erübrigen. Ich weiß nicht, wie unsere Beziehung weitergehen kann, wenn du es nicht tust.«

Sie wünscht ständig der zärtlichen Gefühle ihres Mannes versichert zu sein. »Nenne mich albern, aber ich brauche es wirklich, daß du mir jeden Tag sagst, wie sehr du mich liebst.«

Man kann richtig argumentieren, daß zwischen diesen Beispielen selbstsüchtiger Wendy-Reaktionen und den rationalen Erwartungen, die eine reife Frau (eine Tinker) in bezug auf die gleichen Fragen hegen mag, eine bestenfalls sehr dünne Trennungslinie verläuft. In den meisten Fällen ist die Unterscheidung eine Sache des Nachdrucks beziehungsweise des Übermaßes. Betrachten wir, wie eine Tinker ihre Bedürfnisse in diesen Bereichen ausdrücken könnte:

»Die Weihnachtsgesellschaft ist in eineinhalb Monaten. Ich werde nächste Woche ein neues Kleid kaufen und möchte gern möglichst wissen, ob wir hingehen werden oder nicht. Für den Fall, daß du es nicht schaffen kannst oder dich später dagegen entscheidest, sollst du wissen, daß ich Lust habe hinzugehen, und es dann wahrscheinlich allein tun werde.«

»Beim Picknick war es sehr lustig. Aber es hätte mir noch besser gefallen, wenn du hättest kommen können.«

»Was für einen Scherz hat dein Vetter dir erzählt, daß du so lachen mußtest? Ich werde ihn mir merken und davon Gebrauch machen müssen, wenn du wieder einmal niedergeschlagen bist.«

»Ich möchte mit dir darüber reden, wie wir mehr Zeit zusammen verbringen können. Wir sollten etwas an unserer Beziehung tun.«

»Komm her und gib mir einen Kuß, du Herzensbrecher.«

Die selbstsüchtig liebende Wendy ist so in Anspruch genommen von dem Bemühen, Stille und Alleinsein zu vermeiden, daß sie sich nicht genug entspannen kann, um die Früchte von Spontaneität und Aufrichtigkeit zu genießen. Sie tarnt ihre Furcht vor dem Alleinsein, indem sie sich an ihren Mann klammert. Wenn er vor seinen eigenen Ängsten davonläuft, wird er entweder widerwillig auf ihre Forderungen eingehen und die Rolle des zufriedenen Gatten spielen oder sich zugunsten seiner Freunde und Kameraden, mit denen er erfolgreich seiner eigenen negativen Selbsteinschätzung entfliehen kann, von ihr losreißen.

In der Falle selbstsüchtiger Liebe gefangen, stellt eine Wendy ihre eigene Art von Narzißmus zur Schau. Eine kurzgefaßte Definition des Narzißmus berücksichtigt mehrere Elemente, darunter übertriebene Beschäftigung mit sich selbst, Fixierung auf den Besitz von Dingen (ich, mein, mir), Einschätzung anderer Menschen lediglich als weitere ›Dinge‹, die man besitzen kann, Umwandlung aller gesellschaftlichen Situationen in Spiegelungen des eigenen Selbst.

Eine ausführlichere Untersuchung hat Otto Kernberg in der Januarausgabe 1982 des *American Psychiatric Journal* vorgelegt. Narzißten, schreibt er, leben wie in einer durchsichtigen Plastikblase. In ihrem Inneren konstruieren sie eine Welt, die ihren Wahnvorstellungen entspricht, wobei sie sich nach Belieben der Realität oder der Phantasie bedienen. Rationales vermischt sich mit magischem Denken, so daß die daraus folgende Logik schwierig zu begreifen ist. Ich habe über die Gedankenprozesse einiger Narzißten gestaunt und war immer wieder verblüfft, daß sie argumentieren können, wie sie es tun, ohne die Trugschlüsse herauszuhören, von denen ihre Feststellungen reichlich durchsetzt sind.

Der Narzißmus, den ich in der im Wendy-Dilemma gefangenen Frau gesehen habe, konzentriert sich auf die Erhaltung der eigenen Gemütsruhe durch die Manipulation ihres Mannes. Aufreizende Kleidung und verführerische Geziertheit des Benehmens sind nur ein Teil dieser Manipulation. Sie sucht ihn zu besitzen, indem sie von der Annahme ausgeht, sein männliches Ego sei so ungeheuer, daß er auf jedes Verhalten hereinfallen müsse, das seine übertriebene Beschäftigung mit sich selbst ausnützt (oftmals ist dies mehr Tatsache als Phantasie). Sie ist imstande, ihn in ihre Plastikblase zu locken, wo er unwissentlich gezwungen ist, nach ihren Regeln zu spielen.

Ein Blick in eine Ausgabe unserer zeitgenössischen Frauenzeitschriften gibt eine Vorstellung von den Werkzeugen des Narzißmus, die einer nach Wegen zur Vermeidung des Alleinseins suchenden Frau angeboten werden. Sie fühlt sich nicht liebenswert, hungert nach Zuneigung, und in diesem Augenblick kommen folgende magische Botschaften daher:

- Gestreckte Muskeln sind sexy.
- Ein bestimmtes Badegel ist eine Notwendigkeit für die Haut.
- Ein neues Kosmetiksortiment unterstreicht ihre natürliche Schönheit.
- Ein bestimmtes Parfüm wirkt anziehend auf Männer.
- Herren bevorzugen eine bestimmte Strumpfhose.
- Es gibt eine Art Seide, die weiblich ist.
- Ein bestimmtes Shampoo schimmert.
- Es gibt Präparate, deren Anwendung Ihre Haut vor dem Altern schützt.

Jede dieser Botschaften enthält ein Element magischen Denkens, einen Schlüssel zur Erhaltung der narzißtischen Plastikblase. Ich habe keine Ahnung, was eine ›Notwendigkeit für die Haut‹ ist, oder wie Parfüm Männer ›anzieht‹, wie Seide ein Geschlecht haben, ein Shampoo ›schimmern‹ oder Kosmetika mit ›natürlich‹ gleichgesetzt werden können. Ich kann mir nicht vorstellen, daß ein Mann eine Strumpfhosenmarke bevorzugt, und bin überzeugt, daß einige ungestreckte Muskeln auch sexy sind. Während diese Botschaften eine gewisse vergiftete Logik enthalten, ist die Suggestion, daß es eine Möglichkeit gebe, älter zu werden, aber die Haut nicht altern zu lassen, eine ausgesprochene Lüge.

Die selbstsüchtig liebende Frau versucht ihre Welt um diese Versprechen zu organisieren, weil sie glaubt, ihren Mann festhalten zu können, wenn sie den Regeln folgt. Wenn er ein Peter Pan ist, der in seiner eigenen Blase lebt, würde die Wechselwirkung komische Züge annehmen, wäre nicht die Tragödie inbegriffen.

Ihr Parfüm wird ihn anziehen, und sein Rasierwasser wird sie um den Verstand bringen. Ihre Seide bringt ihre Weiblichkeit zur Geltung, und sein Wildleder verströmt Männlichkeit. Ihr Shampoo schimmert, und sein Duftwasser strahlt. Ihre gestreckten Muskeln sind so sexy wie seine hervortretenden. Diese absurde Wechselwirkung ließe sich beliebig fortsetzen. Kein Wunder, daß die in diese Art von geistiger Masturbation verwickelten Männer und Frauen einander niemals wirklich anrühren.

Eine Wendy dieses Typs glaubt aufrichtig, daß sie ihren Mann in ihrer persönlichen Plastikblase festhalten kann, sofern es ihr gelingt, ihre verführerischen Fähigkeiten zu vervollkommnen. Sie unterhält eine möglichst straffe Kontrolle über Zeit und Zuneigung ihres Mannes, und sie tut es in dem Glauben, daß er in den Mann umgewandelt wird, den sie sich immer gewünscht hat, sofern es ihr gelingt, ihn längere Zeit im Pferch ihrer Einwirkungsmöglichkeit zu halten. Hier wird deutlich, warum ich Wendy mit ihrem Peter Pan im Niemalsland bemüht habe.

Eine weitere wesentliche Eigenschaft der selbstsüchtig liebenden Wendy ist Eifersucht. Obwohl sie sich darüber hinwegtäuschen mag, kennt sie irgendwo tief in ihrem Inneren die Wahrheit: daß der Besitz ihres Mannes bestenfalls einem Zustand labilen Gleichgewichts entspricht. Sie ist geplagt von unaufhörlichen Gedanken an drohendes Versagen. Setzt man ihre innere Unsicherheit als gegeben voraus, ist Eifersucht unvermeidlich. Hören Sie die Aussage einer Frau, die verzweifelt nach den Gründen sucht, die ihren Freund bewogen haben, sich einer anderen Frau zuzuwenden.

»Ich begreife nicht, was er in ihr sieht. Sie war verheiratet und hat zwei Kinder. Ich weiß, daß er Kinder nicht mag. Warum tut er mir dies an? Was habe ich falsch gemacht? Wenn ich ihn frage, warum er das tut, sagt er bloß, er sei sich seiner Gefühle nicht sicher. Ich bin überzeugt, daß er mich nicht mehr liebt. Aber er sagt, ich ziehe übereilte Schlußfolgerungen. Was soll ich sonst denken? Er geht zu ihr, und dann will er mich sehen. Ich halte es nicht aus, die zweite Frau zu sein. Aber ich halte es auch nicht aus, ihn zu verlieren. Was soll ich nur machen?«

Die Eifersucht wird diese Frau verfolgen, ihren Schlaf und ihre Arbeit stören und alles andere beeinträchtigen, was ihr wichtig ist. Und sie wird niemals eine Antwort finden, weil sie die falsche Frage stellt. Sie ringt mit Minderwertigkeitsgefühlen und Angst vor Ablehnung und fragt: »Was stimmt nicht mit mir?« Hätte sie ein positiveres Selbstbildnis, so würde sie sich auf die wirkliche Frage konzentrieren: »Was stimmt nicht mit unserem Liebesleben?« Aber sie ist überzeugt, daß er die andere Frau ihr vorzieht, und widersetzt sich der stillschweigenden Folgerung daraus (›Ich bin eine minderwertige Person‹) mit aller Macht. Eifersucht ist das Ergebnis.

Auch eine verheiratete Frau kann von Eifersucht geplagt sein. Sie wird sich auf einer Gesellschaft an ihren Mann klammern, bestürzt über die Blicke, die er einer anderen Frau zuwirft. Ihre Phantasie malt ihr einen Alptraum von Möglichkeiten aus, wenn er sich eine Stunde verspätet. Sie wird nervös, wenn er von ihr fort ist und sie nicht weiß, wo er sich aufhält und was er tut. Ihre selbstsüchtige Liebe wird jede vernünftige Diskussion, die auf eine Auflösung ihrer Besorgnisse zielt, verhindern.

In dem Maße, wie sie ihre Kräfte zusammennimmt, um sich mit den Folgen ihrer Eifersucht auseinanderzusetzen, wird ihre Persönlichkeitsentwicklung leiden. Sie betrachtet alle persönlichen Ziele als ein Anhängsel des Lebens mit ihrem Mann. Eine Frau schilderte die Beschränkungen, die ihr von den eigenen Befürchtungen auferlegt wurden, folgendermaßen:

»Mein Mann sagt, ich solle mir nicht die Mühe machen, zu arbeiten, weil das Geld, das ich verdienen könne, nicht soviel ausmache. Er sagt, er sei derjenige, der arbeiten sollte, um unsere Rechnungen zu bezahlen. Er sagt, es habe keinen Sinn, daß ich meine Collegeausbildung beende, weil ich niemals genug Geld verdienen würde, den Zeitaufwand und die Ausgaben zu rechtfertigen. Ich glaube, ich würde gern eine Zeitlang arbeiten, aber er sagt, ich sollte ein Kind haben.«

Er sagt. Er sagt. Die Frau lebte ihr Leben als Anhängsel ihres Mannes. Sie war in ihrer Handlungsfähigkeit durch Eifersucht gelähmt, jedesmal wenn er zur Tür hinausging, voller Angst, daß er nicht zurückkommen würde. Sie erstickte jeden Funken von Individualität in sich selbst und zog es vor, ihre Wünsche seinen Gesichtspunkten unterzuordnen, ganz gleich, wie kurzsichtig oder chauvinistisch sie waren. Man stellt sich die Frage, wer wen besaß.

Nachfolgend einige weitere Merkmale, die von der selbstsüchtigen Liebe einer Frau herrühren.

Prahlerei

Jede Frau ist stolz auf den Mann, den sie liebt, geradeso wie ein Mann auf seine Frau stolz ist. Aber die selbstsüchtig liebende Wendy neigt dazu, ihren Mann vorzuführen, ihn zur Schau zu stellen, als wäre er ein Stier auf der

Zuchtviehausstellung. Sie geht kaum ohne ihn zu gesellschaftlichen Veranstaltungen, und wenn sie es doch tut, bezieht sie sich wiederholt auf ihn, seine Arbeit, seine Vorlieben, Abneigungen und Stimmungen. Sie kann kaum eine Meinungsäußerung über irgend etwas abgeben, ohne seine Gedanken ins Spiel zu bringen.

»Harry würde sagen, daß dieses Essen lausig ist« wäre etwa die Art und Weise, wie sie ein Restaurant kritisiert. Auf die Frage, was sie am Samstagabend vorhabe, antwortet sie: »Ihr wißt, wie Harry ist: nur das Beste. Also nehme ich an, daß wir zum Abendessen ins Kasino des Golfclubs gehen werden.« Wenn eine Freundin ihr ein Kompliment zu ihrem Wagen macht, sagt sie: »Harry würde sterben, wenn seine Frau nicht einen Mercedes fahren würde.«

Unterdrückte Sexualität

Eine Wendy hat Schwierigkeiten, ihre Sexualität zu akzeptieren. Ihr Verlangen nach Geschlechtsgenuß wird oft von ihrem Minderwertigkeitsgefühl durchkreuzt.

In manchen Fällen wird selbstsüchtige Liebe zu einem Mittel, unterdrückte Sexualität auszudrücken. Ein Beispiel ist die Frau, die ein außereheliches Verhältnis in Erwägung zieht, aber von Schuldgefühl überwältigt wird und sich bemüht, ihre Ehe durch selbstsüchtige Liebe von neuem zu festigen.

Selbstsüchtige Liebe und Eifersucht sind zu erwarten, wann immer eine Frau von Schuldgefühlen und Furcht vor Ablehnung gequält ist. Fühlen Sie sich von Reaktionen dieser Art gefangen, fragen Sie sich, wovor Sie sich fürchten. Es mag schwierig sein, die Ursachen zu identifizieren, aber es ist ein lohnender Anfang.

KAPITEL 10

Klagen

»Ich sage ihm, was an unserer Ehe faul ist. Ich rede mir den Mund fransig, aber er schenkt mir keine Beachtung.«

Wir alle klagen über den Mann oder die Frau in unserem Leben. Einem Verdruß Luft zu machen, gehört zum Leben. Es ist sogar Teil einer erfolgreichen Beziehung. Es ist gut, sich zu beklagen, vorausgesetzt, die Klage öffnet die Tür zu bedeutungsvoller Katharsis und/oder einer Lösung des anstehenden Problems. Die Klage kann der erste Schritt zu gesunder Kommunikation sein. Dies ist jedoch nicht der Typ von Klagen, der hier in Betracht gezogen wird.

Im folgenden einige Beispiele des verbalen Verhaltens, das im Mittelpunkt dieses Kapitels steht:

Eine Frau beklagt sich, daß ihr Mann seine Gefühle nicht mit ihr teile.
Sie klagt, daß er sie nicht liebe.
Sie kritisiert ihn, weil er zuviel trinkt (oder wegen anderer Fehler).
Sie beklagt sich, daß er sie ignoriere.
Sie nörgelt wegen seiner mangelnden Teilnahme an ihrer Beziehung.
Sie klagt, daß er niemals bei Hausarbeiten helfe.

Die Natur der Beziehung einer Wendy zu ihrem Mann ist so, daß ihre Klagen gewöhnlich auf taube Ohren stoßen. Frustriert formuliert sie ihre Beschwerde neu, in dem Glauben, daß ständige Wiederholung die Aussicht auf sinnvolle Kommunikation irgendwie verbessern werde.

Statt dessen führt ihr Klagen zu fruchtlosem Streit oder verdrießlichem Stillschweigen, währenddessen die deprimierten Gefühle sich geometrisch vervielfältigen. Der Schlüssel zum Verstehen, wie Klagen zu einer Wendy-Reaktion wird, ist die Erkenntnis, daß Klagen in der Wendy-Falle niemals den beabsichtigten Zweck erfüllen kann.

Die Klagen einer Frau mögen in ihrem Mann Schuldgefühle wachrufen. Diese mögen ihn veranlassen, sein Verhalten zu ändern, aber indem er es tut, speichert er negative Empfindungen für die Frau. Und das nächste Mal vergißt er es wahrscheinlich wieder.

Schuld ist eine schlechte Motivation. Sie ist negative Verstärkung; das heißt, eine Person wird tätig, um etwas Negatives zu vermeiden. In diesem Fall ist das Negative ein Schuldgefühl. Untersuchungen zeigen, daß die unter negativer Verstärkung stehende Person sich über den Zwang zu einem bestimmten Verhalten ärgert. Kurzum, wenn eine Frau ihren Mann negativer Verstärkung aussetzt, mag er tun, was sie von ihm will, wird sich aber über sie ärgern, weil sie ihn ›dazu gebracht hat‹, es zu tun.

Für andere Frauen (zum Beispiel Betty in Kapitel 8) kann Klagen ein aufrührerisches Mittel sein. Wenn nicht sorgfältig formuliert und zur rechten Zeit vorgebracht, können ihre Klagen eine Explosion bösartiger Worte, drohender Gesten oder, im schlimmsten Fall, körperlicher Mißhandlung auslösen.

Es ist mir immer schwergefallen zu verstehen, warum eine Frau, deren Mann in der Vergangenheit schon oft gewalttätig auf ihre Klagen reagiert hat, sich dennoch beklagt (oder bei dem Mann bleibt). Wenn ich an so etwas glaubte, würde ich denken, sie folge einem Todeswunsch. Ich neige zu der Annahme, daß solche Klagen eine von zwei Absichten haben. Sie geben einer Frau die Gelegenheit, eine Märtyrerin zu sein und in den Schmerzen, die sie erträgt, Selbstbedeutung zu finden; oder sie verspürt ein verqueres Gefühl von Rechtfertigung, daß sie sich irgendwie revanchiert habe, indem sie ihren Mann dazu brachte, die Selbstbeherrschung zu verlieren (Siehe Kapitel 13 und 14).

Für die meisten in der Wendy-Falle gefangenen Frauen werden Klagen zu einem logischen Schritt in ihrem Bemühen, Probleme in der Beziehung zu ihrem Mann zu lösen. Die folgende Geschichte liefert ein ausgezeichnetes Anschauungsbeispiel.

Connie heiratete Lance, kurz nachdem sie beide ein betriebswirtschaftliches Studium beendet hatten. Sie arbeiteten in derselben Großstadt für verschiedene Unternehmen. Sie machten Gebrauch vom kulturellen und sportlichen Angebot der Großstadt und konnten sich als Doppelverdiener eine Hochhaus-Eigentumswohnung in der besten Gegend kaufen.

Sowohl Connie als auch Lance kamen aus traditionellen Familien und diskutierten oft über das Für und Wider hergebrachter beziehungsweise neuer Rollen für Männer und Frauen. Sie waren bereit, in ihrer Beziehung neue Wege zu gehen, und zuversichtlich, daß ihr Abenteuergeist und ihre gegenseitige Unterstützung jedes Hindernis in ihrer Ehe überwinden würden. Vor allem setzten sie Hoffnung in ihre Fähigkeit zur Kommunikation. Es schien, daß kein Problem ihnen zu kompliziert war, um ihm auf den Grund zu gehen und es zu lösen. Schließlich waren sie intelligent, verstanden ausgezeichnet, sich auszudrücken, und liebten einander sehr.

Es ist schwierig, den Punkt anzugeben, an dem die Probleme anfingen. Es hatte damit zu tun, daß Lances Vater starb, bevor Lance Gelegenheit hatte, sich mit ihm zu versöhnen. Es hatte auch damit zu tun, daß Connie beide Eltern innerhalb relativ kurzer Zeit verlor. Sie hatte immer das Gefühl gehabt, sie sei für ihre Eltern eine Enttäuschung gewesen, besonders für ihren Vater. Obwohl der Grund unklar war, hatte sie immer die Idee gehabt, ihr Vater hätte anstatt ihrer lieber einen Jungen gehabt. Indes hatte sie nie den Mut aufgebracht, ihn danach zu fragen, und nun verschüttete sein Tod die Möglichkeit zur Aufdeckung der Wahrheit.

Es war verständlich, daß Connie und Lance während der sechzehn Monate, in denen die Todesfälle ihrer nächsten Angehörigen aufeinanderfolgten, niedergeschlagen waren. Unglücklicherweise wollten sie sich nicht das Recht einräumen, niedergeschlagen oder während dieser Zeiten emotionaler Anspannung weniger gesprächig zu sein. Sie gaben vor, keine Probleme mit der Verarbeitung ihrer persönlichen Verluste zu haben.

Sie vergaben weder sich selbst noch einander das zeitweilige Nachlassen ihrer Mitteilsamkeit. Sie meinten, sie sollten in der Lage sein, *alle* strittigen Fragen aufzuklären, wenn sie genug sprachen. Es fehlte ihnen an der Reife der Jahre, zu wissen, daß bestimmte Probleme sich in dem Verständnis und dem zuversichtlichen Glauben »Wir werden es ein andermal durchsprechen« von selbst auflösen.

Lance begann sich zurückzuziehen. Er versuchte nicht, über seine Gedanken und Empfindungen zu sprechen, und schien Connie zu ignorieren. Er suchte und fand Vorwände, um abends fortzugehen. Wenn er zu Haus war, benahm er sich, als ob er in einer anderen Welt lebte. Connie verfiel ins andere Extrem. Sie redete mehr. Ihre Feststellungen und Erklärungen wiederholten sich und gewannen an Schärfe. Unbeabsichtigt begann sie zu klagen.

Anfangs waren es Kleinigkeiten wie: »Du hilfst mir nie beim Einholen« und: »Warum kannst du nicht aufräumen, wenn du deine Sachen herumliegen läßt?« Mit der Zahl ihrer Klagen nahm ihre Intensität zu. »Du redest überhaupt nicht mehr mit mir« und: »Warum gefällt es dir, mich leiden zu sehen?«, gehörten zur täglichen Kost am Essenstisch. Lance reagierte mit Stillschweigen und Gleichgültigkeit. Wurde er zu einer Antwort gedrängt, sagte er: »Ich weiß nicht« oder: »Was soll ich denn sagen?«

In Connie und Lance sammelten sich Verstimmung und Groll gegeneinander an. Lance fraß seine Gefühle in sich hinein, und Connie ließ sie an ihrem Mann aus. Keiner der beiden wollte sich der Verschlechterung ihrer einst so glücklichen Beziehung offen stellen.

Schließlich beschloß Connie, Hilfe zu suchen, als eine ihrer Freundinnen sie wegen ihrer Klagen ansprach. »Du warst nie eine Nörglerin«, sagte die Freundin beim Mittagessen, »aber jetzt scheinst du dich zu einem bösen Weib zu entwickeln.«

Das letzte war, als Connie sich selbst antworten hörte: »Klagen sind ungefähr die einzige Möglichkeit, Lance dazu zu bringen, daß er mir Aufmerksamkeit schenkt. Wenn ich etwas will, muß ich mich einfach beklagen, bis ich es bekomme.«

Connie und Lance mußten sich der Tatsache stellen, daß sie beide unaufgelöste Abhängigkeitsbedürfnisse aus ihrer Kindheit hatten. Der Tod ihrer jeweiligen Eltern hatte alte Enttäuschungen wiederbelebt und neue geschaffen. Lance hatte sich gegen die aus der Gegenwart dringenden Geräusche verschlossen und auf frühere Ereignisse und Erinnerungen konzentriert. Connie lief vor vergangenen Enttäuschungen fort, indem sie sich mit Gewalt einen Weg durch die Emotionen der Gegenwart bahnte. Es gab gute Gründe für die Annahme, daß sie mit objektiver Anleitung die bereits im Erlöschen begriffene Liebe wieder würden entfachen können.

Kurz bevor sie den Tiefpunkt erreichte, tat Connie etwas, das die Bitterkeit ihrer Wendy-Reaktion erkennen läßt. Sie fing an, ihre Klagen zeitlich so einzuteilen, daß sie Lance in den Augen ihrer gemeinsamen Freunde in ein schlechtes Licht zu setzen konnte. So machte sie ironische Bemerkungen über seinen Rückzug nach innen (›Lance wird mit den Beschwerden einer richtigen Frau nicht fertig‹) und nutzte geringfügige gesellschaftliche Pannen und Versehen ihres Mannes in der Gegenwart anderer um ihn wegen der Vergangenheit zu kritisieren. (Als er ein Kartoffelchip fallen ließ und aufhob, sagte sie: »Judy, möchtest du Lance nicht für eine Woche nehmen? Vielleicht kannst du ihm beibringen, seine Sachen aufzuräumen.«)

Wenn eine Wendy ihre Klagen in Gesellschaft vorbringt, um ihren Mann in Verlegenheit zu bringen oder herabzusetzen, ist sie zur Bestrafungsreaktion übergegangen. Ihr Wunsch, die Verhältnisse zu bessern, verbindet sich mit ihrer Bitterkeit, daß sich nichts ändert, und führt zu Sticheleien und Bosheiten, die auf sein Ego zielen. Sie benutzt den Wunsch des Mannes nach einem positiven gesellschaftlichen Erscheinungsbild als Waffe gegen ihn. Ist sie besonders beunruhigt, kann sie zum Mittel der Heimtücke greifen und ihre Bosheiten loslassen, wenn der beste Freund oder gar der Chef ihres Mannes anwesend ist.

Dabei ist die Wendy, die ihre Klagen bei gesellschaftlichen Anlässen vorbringt, durchaus imstande, sich als Märtyrerin zu fühlen. »Seht nur, was ich mitmachen muß. Niemand hat so zu leiden wie ich.« Es ist auch möglich, daß die Frau Angst hat, sich bei ihrem Mann zu beklagen, wenn sie allein sind, so daß sie ihre Herabsetzungen für gesellschaftliche Situationen aufspart und ihre ›Belohnung‹ unter sicheren Bedingungen einheimst.

Das Vorbringen von Klagen in gesellschaftlichem Rahmen ist im allgemeinen nichts weiter als der Versuch der Frau, ihren kleinen Jungen zurechtzustutzen. Mit anderen Formen der Bemutterung ist sie erfolglos geblieben, also versucht sie es mit Peinlichkeit. Selbst wenn sie einen Scherz daraus macht, ist die Klage gewöhnlich schmerzhaft für ihn.

Ein Beispiel: Ozzie beklagte sich, daß er bei einer Partie Bridge nur schlechte Karten bekäme. Seine Frau hörte es und rief durch den Raum ihrer Freundin zu: »Ozzie ist ein großes Baby. Immer muß er über etwas jammern. Sag ihm einfach, er soll still sein. Das wirkt bei meinem Vierjährigen; es sollte auch bei Ehemännern wirken.«

Ich fragte einen seit sechsundzwanzig Jahren verheirateten Mann, ob seine Frau sich bei gesellschaftlichen Zusammenkünften über ihn beklage. Seine Antwort war ebenso traurig wie enthüllend: »Ich nehme es an. Jedenfalls tat sie es früher mit Vorliebe. Aber um die Wahrheit zu sagen, ich höre nie mehr hin, wenn sie was sagt, also weiß ich es wirklich nicht.«

Zu regelrechtem Klagesängen kommt es, wenn mehrere Wendys beisammensitzen. Sind sie alte Freundinnen, so werden die Klagen schneller fließen als der Wein. Druck wird erzeugt, und die Frauen geraten unversehens in eine nicht mehr zum Stillstand kommende Tretmühle von Klagen. Sie steigern sich gegenseitig in einen wahren Taumel von einander übertrumpfenden Klagegeschichten, ein Wettbewerb, der dem Versuch ihrer Männer, am anderen Ende der Stadt einen Racketball ins nächste Jahrhundert zu schlagen, gleichkommt. Die Erregung des Augenblicks gebiert Übertreibungen, Halbwahrheiten und den Drang, einander zu überbieten. (›Dein Mann kam um drei Uhr früh nach Haus? Das ist noch gar nichts. Mein Mann blieb die ganze Nacht weg und kam dann mit einer herzergreifenden Geschichte, wie er sich um seinen besten Freund habe kümmern müssen!‹)

Es ist möglich, daß eine Nicht-Wendy sich von solch einer Raserei mitreißen läßt. Da Männer und Frauen einander nicht immer erfreuen, ist es leicht, einen Grund zur Klage zu finden. Es ist einfach zu sagen: »Mein Mann kann solch ein Idiot sein«, aber diejenigen meiner Leserinnen, die unabsichtlich in diese Klagereaktion geraten sind, werden sich einer deutlichen inneren Stimme erinnern, die hinzufügte: »Aber er ist *mein* Idiot, und ich liebe ihn.« Die sich beklagende Wendy schließt in ihre Reaktion diese Liebesbotschaft nicht mit ein.

Klagen können auch in einer anderen Weise selbstverstärkend wirken. Erinnern wir uns, wie Connie in die Wendy-Reaktion hineingeriet. Sie meinte, daß zwei intelligente, wohlerzogene Menschen all ihre Probleme durch Aussprache lösen könnten. Sie tat das im Beruf und dachte, es würde auch zu Haus funktionieren. Als Lance anfing, seine Mauer aufzurichten, war Connie verwirrt. »Wo bin ich, und was geht vor?« Das Aussprechen ihrer Klagen mag ihr wichtiger gewesen sein als die Klagen selbst. Sie mußte sich reden hören, und sei es nur zur Bestätigung, daß sie war, für die sie sich hielt. Connie gab zu, daß sie sich laut beklagte, wenn Lance fort war. Sie sagte: »Ich ging in der Wohnung herum und jammerte und klagte über jede Kleinigkeit, die mir in den Sinn kommen wollte. Wenn ich es nicht besser gewußt hätte, ich wäre imstande gewesen, mich für verrückt zu halten. Ich glaube, in Wahrheit wollte ich nur jemandes Stimme hören.«

Connie hatte recht. Sie wollte jemanden reden hören, eine ›Jemandin‹, mit der sie sich wohl fühlte und der sie vertraute – sich selbst.

Mitunter schleicht sich Narzißmus in die Wendy-Klagen ein. Die Plastikblasen-Analogie aus dem vorausgegangenen Kapitel machte deutlich, daß die Narzißtin, eingeschlossen in ihre eigene kleine Welt, alles zu glauben geneigt ist, was sie denkt. Wenn Klagen eine bestimmte Ebene erreichen, beginnt die Wendy allen Klagen zu glauben, die sie sich ausdenkt, einfach weil sie daran gedacht hat. Dieser Realitätsverlust ist selten, kann aber vorkommen, vor allem bei Frauen, die unter starken Minderwertigkeitsgefühlen und Ablehnungsängsten zu leiden haben.

Im IV. Teil werden wir sehen, daß den Klagen der Wendys eine positive Seite abgewonnen werden kann. Ob sie das Ergebnis von Bitterkeit, Narzißmus, Märtyrertum oder Bestrafung ist, in jeder Klage liegt eine Botschaft. Ich ziehe es vor, sie als die Stimme eines ängstlichen kleinen Mädchens zu sehen, das etwas zu sagen versucht. Es sagt es in verschlüsselter Form, aber nichtsdestoweniger ist es da. Ihre Aufgabe ist es, die geheime Botschaft dieses ängstlichen Mädchens zu entziffern.

KAPITEL 11

Urteilen

»Mein Mann vergißt alles. Er ist ein guter Kerl, und sein Herz sitzt am rechten Fleck. Aber es gibt Zeiten, da muß ich einfach das Heft in die Hand nehmen.«

Die urteilende Wendy und ihr Mann haben eine einzigartige Beziehung. Sie funktioniert nach unausgesprochenen Regeln, die das Gleichgewicht der Macht steuern. Die Frau ist dominant (wenn auch nicht unbedingt herrisch), und der Mann ist passiv (wenn auch nicht unbedingt ein Waschlappen). Oft kommt es zwischen Ihnen zu gespannten Wortwechseln, ohne daß sie zornig sind. Man könnte sagen, daß sie übereingekommen sind, verschiedener Meinung zu sein.

Die urteilende Frau zeigt die folgenden Wendy-Reaktionen:

Sie sagt ihrem Mann, wie er denkt, und führt die Geschichte dieses Denkens zurück in eine Zeit, an die er sich nicht mehr erinnern kann.

Sie versucht ihm die Bedeutung seines Verhaltens zu erklären, meistens unter Verwendung eines negativen Verweises auf irgendeinen wichtigen Erwachsenen in seiner Kindheit.

Sie wird ihm sagen, was er *wirklich* denkt, wenn er einen Gedanken ausdrückt.

Statt ihn zu bitten, wird sie ihm befehlen, dies oder das zu tun.

Wenn sie ihm Anweisungen gibt, flicht sie oft Instruktionen wie für einen Dummen ein, zum Beispiel: »Du gehst zum dritten Haus links – eins, zwei, drei – und vergewisserst dich, daß es die Nummer 739 hat; denk daran, Nummer 739, auf der linken Seite«.

Die urteilende Wendy kann in ihrer Ehe bemerkenswert erfolgreich sein. Ihre Urteile über Schicklichkeit sind im allgemeinen scharfsinnig. Ihr Detailgedächtnis ist exakt. Sie kann dreierlei zugleich tun, und alles fehlerlos. Es ist nicht leicht, ihr etwas recht zu machen. Wenn Sie überlegen, wie es um ihre Kompetenz bestellt ist, brauchen Sie sie bloß zu fragen. Sie wird Ihnen alles darüber erzählen.

Aber sie ist nicht die Überfrau, wie wir sie in der bevormundenden Wendy angelegt finden. Sie ist nur äußerst tüchtig. Man wird sie abends nicht beim Hausputz ertappen; sie ist mittags fertig, und wenn danach etwas schmutzig wird, läßt sie es bis zum nächsten Tag sein. Aber sie ist auch keine Tinker. Sie urteilt, dirigiert und bewerkstelligt alles innerhalb der Grenzen von Minderwertigkeitsgefühlen und Ablehnungsfurcht. Sie ist sehr besorgt um ihr gesellschaftliches Erscheinungsbild und allzu oft motiviert von unbestimmten Schuldgefühlen. Sie ist nicht sicher, wessen sie schuldig ist, aber sie ist überzeugt, daß es etwas sein muß. Wenn eine Frau sich entscheidet, mit Minderwertigkeitsgefühlen fertigzuwerden, könnte sie es durch Urteilen wahrscheinlich am besten.

Die Frau wird sich einem bestimmten Männertyp anschließen, der in der Regel als ein guter Kerl angesehen wird, ziemlich schüchtern und zurückhaltend. Aber er versteht zu seiner Verteidigung eine Grenzlinie zu ziehen, wenn die Frau zu aufdringlich wird. Er behauptet sich durch passiven Widerstand. Wenn sie anmaßend wird, sagt er nur: »Ja, Liebes« und fährt entweder in seiner Beschäftigung fort oder zieht sich einfach in seinen bevorzugten Zeitvertreib zurück. Läßt die Frau nicht locker, kann es zu einem kurzen, relativ milden Aufbrausen kommen, indem er sie auffordert, endlich Ruhe zu geben.

In einer erfolgreichen Beziehung dieser Art treibt kein Teil den anderen zu weit; jeder hat gelernt, wann und wie er zurückstecken muß. Die Frau ist klug genug, den Grad der Bedrängnis ihres Mannes zu erkennen, und weicht zurück, ehe er sich zu versteckten Vergeltungsmanövern herausgefordert fühlt. Wie oben ausgeführt, sind diese Manöver von passiver Natur. Hat ein Mann das Gefühl, daß seine Frau am Morgen übermäßig herrisch gewesen ist, so mag er beispielsweise ›vergessen‹, die Lebensmittel mitzubringen, die einzukaufen sie ihm aufgetragen hat; oder er mag zehn Minuten nach Ankunft der erwarteten Gäste zu Hause anrufen und jammern, daß er noch zu arbeiten habe und später heimkommen werde. Dies ist seine passive Form der Aggressivität.

Ich möchte Ihnen nicht die Glanzlichter eines Gesprächs vorenthalten, das ich kürzlich mit einem gut angepaßten Ehepaar dieses Typs führte. Die beiden suchten meinen Rat wegen ihres zwanzigjährigen Sohnes Tom, der sich in Richtung auf das Peter-Pan-Syndrom zu entwickeln schien. Ich brauche die Wendung ›gut angepaßt‹, weil dieses Ehepaar in vierundzwanzig Jahren des Zusammenlebens gelernt hatte, mit den jeweiligen Eigentümlichkeiten des anderen umzugehen, und die beiderseitigen Schwächen zu berücksichtigen schien; wenn sie sprachen, war gegenseitige Achtung spürbar. Keiner der beiden Partner hatte ernste psychologische Probleme. Hätten sie keine Kinder zur Welt gebracht, so würden sie wahrscheinlich ein recht zufriedenes Leben gelebt haben.

Dee begann die Lebensgeschichte ihres Sohnes vorzutragen, noch ehe sie sich gesetzt hatte. Meine Fähigkeit, Notizen zu machen, war völlig überfordert. Sie las aus einem Heft vor, das sie vollgeschrieben hatte. In den ersten Minuten unterbrach sie sich mehrere Male, um auf bestimmte Seiten in meinem Buch *Das Peter-Pan-Syndrom* zu verweisen. Da ich zuversichtlich war, daß ich das geschilderte Problem kannte, konzentrierte ich meine Aufmerksamkeit auf die Wechselwirkung zwischen Dee und ihrem Ehemann Dick.

Dick sagte fünfzehn Minuten lang kein Wort. Ich bemerkte jedoch, daß er bisweilen in abweichender Meinung den Kopf schüttelte. Dee mußte es bemerkt haben, aber sie achtete nicht darauf. Sie berichtete von der unruhigen Vergangenheit ihres Sohnes, als hätte sie die ganze Geschichte auf Videoband festgehalten. Nur einmal widersprach Dick seiner Frau. Als sie sagte, daß Tom niemals mit der Polizei in Konflikt geraten sei, unterbrach Dick und sagte: »Er ist zweimal festgenommen worden, aber sie weiß nicht davon.«

Dee zögerte eine Sekunde oder zwei, dann fuhr sie in ihrer Beschreibung von Toms Lebenslauf fort, während ich erstaunt dasaß. Diese Frau erfährt, daß ihr Sohn zweimal festgenommen worden ist, und sie ist so sehr auf ihre Darstellung seines Lebens fixiert, daß sie kaum mit der Wimper zuckt! Für mich gab es keinen Zweifel, daß Dee, sobald sie im Wagen heimführen, ihrem Mann einiges würde zu sagen haben. (Ich hatte bemerkt, daß Dick seine überraschende Enthüllung mit einem halb verlegenen Lächeln vorgebracht hatte. Dieses Lächeln schien mehr ein Ausdruck der Furcht als der Freude zu sein.)

Die Fallbesprechung blieb klinisch, bis ich das Thema Geld anschnitt. Mit geschürzten Lippen, die Augen nach oben verdreht, zeigte sie mit dem Daumen zu Dick und sagte: »Der alte Geldsack hier gibt dem Jungen jedesmal was, wenn er was will. Er hat seinem Sohn niemals Zeit geopfert – was nach Ihrem Buch das Peter-Pan-Syndrom verursacht –, aber er gibt ihm Geld.«

Dick saß mit steinerner Miene da, als ich erklärte, daß das Peter-Pan-Syndrom ein kompliziertes Verhaltensmuster sei, dessen Ursachen von vielen aufeinander einwirkenden Faktoren bestimmt würden. Es war offensichtlich, daß Dee mir nicht zuhörte. Sie unterbrach meine theoretischen Erläuterungen mit einer eigenen Analyse. Dick unterbrach ihre Unterbrechung. »Der Doktor wollte dir etwas erzählen. Warum hörst du nicht zu?«

Sie schnitt ihm das Wort ab. »Ich habe gehört, was er sagte.« Sie war kurz angebunden, aber nicht sarkastisch.

»Wie ich sagte, Dick hatte niemals einen richtigen Vater, also ist es nicht überraschend, daß er nicht weiß, was er mit seinem Sohn anfangen soll. Seine Mutter war der Teufel in Person ...« Dick rückte auf seinem Stuhl hin und her, sagte aber nichts. »... und ich verstehe, warum er sich mit seinen schrecklichen Freunden herumtrieb. Er hatte jedenfalls keine Selbstachtung. Genau wie Tommy.«

»Ich habe dir gesagt, daß er nicht Tommy genannt werden will.« Dick hatte eine Gelegenheit zum Widerspruch gefunden und spielte die Karte aus, was immer sie wert sein mochte. Zu mir gewandt, sagte er: »Sie ist eine großartige Frau, Doktor, aber sie weiß nicht alles, was sie zu wissen glaubt. Tom hat mir hundertmal gesagt, daß es ihm verhaßt ist, Tommy genannt zu werden.«

»Mir hat er das nie gesagt«, sagte Dee.

Dick sah sie aus den Augenwinkeln an und sagte in herablassendem Ton: »Es gibt vieles, was du von Tom nicht weißt, Liebes. Er erzählt dir nicht alles, weißt du.« Darauf wandte er seine Aufmerksamkeit wieder mir zu, schenkte mir einen gequälten Ist-es-nicht-furchtbar-was-wir-Männer-ertragen-müssen-Blick und sagte: »Mutter hier glaubt, ihr Sohn erzählt ihr immer alles.« Sein Chauvinismus kam zum Vorschein. Er brachte Dee nicht einen Augenblick in Verlegenheit.

Sie rekapitulierte ihre Analyse, wie Dicks Kindheit die Ursache gewesen sei, daß sein Sohn Schwierigkeiten habe. Sie berichtete, wie sie das Trauma still ertragen und nach besten Kräften ausgeglichen habe, soweit die engen Grenzen, die das Schicksal ihr gesetzt habe, es zugelassen hätten. Sie offenbarte angeblich stürmische Jahre des Schmerzes und inneren Aufruhrs, aber was ich beobachtete, war nicht viel mehr als eine schauspielerische Darbietung.

Als ich eine Bemerkung zu ihrer dramatischen Begabung machte, konnte Dick sich kaum enthalten, in Applaus auszubrechen. Dee erklärte, daß sie einfach eine aufrichtige, offene Person sei. Als ich sagte, daß andere von ihrem Stil eingeschüchtert sein könnten, machte Dick große Augen und nickte. Doch als ich andeutete, daß er zu den Eingeschüchterten gehören könnte, widersprach Dee rasch, und Dick erklärte prahlerisch, daß immer noch er die Rechnungen bezahle.

Da die klinische Beziehung noch sehr am Anfang stand, behielt ich meinen ersten Gedanken – Was hat das Bezahlen von Rechnungen mit dem zu tun, was ich sagte? – für mich.

Es war offensichtlich, daß Dick und Dee ein System der Wechselwirkung entwickelt hatten. Beide wußten, wie sie stoßen und zurückstoßen konnten und wann es Zeit für einen Rückzieher war. Ihre emotionalen Gefechte waren ernst, aber sie wollten einander nicht verletzen. Sie gemahnten mich an zwei Schulfreunde, die wie Hund und Katze miteinander raufen, aber aus ihren Kämpfen niemals wirklich Ernst werden lassen, da ihre Beziehung auf einem soliden Fundament beiderseitiger Unreife ruht.

Dee beschäftigte sich wie alle urteilenden Wendys mit Gedankenlesen und Motiverraten. Sie neigte auch zur Bevormundung, aber nur bis zu einem bestimmten Grade. Sie wollte ihren Mann trotz allem stark sehen, selbst wenn diese Stärke von ihr selbst kam. Also machte sie ihm klar, wie er empfand, warum er so empfand und was er dagegen tun sollte. Da er nicht vollständig beherrscht sein wollte, fand er Mittel und Wege zur Selbstbehauptung, obwohl sie allgemein von reaktiver Natur waren.

Ich bin überzeugt davon, daß Dee anläßlich des einen oder anderen Streitgespräches sagte: »Ich weiß, daß du dich über deine Mutter ärgerst, weil sie so ein böses Weib ist.« Worauf Dick triumphierend erwidern würde: »Darin irrst du dich, Schatz. Versuch es noch mal.« Dee wäre kaum imstande, diesen Köder zu verschmähen. »Wenn du dich nicht über sie ärgerst, solltest du es tun. Nach der Art und Weise, wie sie dich ständig mit Bösartigkeit füttert, mußt du ärgerlich sein. Es muß in deinem Unterbewußtsein stecken.« Dick wiederum hätte versucht, seine Integrität zu wahren, indem er sagte: »Nun kommst du schon wieder mit diesem Blödsinn. Du hast wieder den Fernsehratgeber gesehen, stimmt's?«

Die Frau, die sich der Urteilsreaktion bedient, versteht ihre Rolle zu modifizieren. Sie überwacht sich selbst sehr genau und kann ihre Macht fein abstimmen. Die Rolle der Muttergestalt herrscht in ihrem Handeln vor, doch weiß sie, bei welchen Gelegenheiten sie auf das folgsame kleine Mädchen zurückgreifen muß. Sie spielt beide Rollen mit Sorgfalt, ohne wirklich zu wissen, wer sie ist, und ist zu ängstlich, es herauszufinden. Wenn Sie glauben, sie sei eine Meisterin der Täuschung, dann denken Sie noch mal darüber nach. Sie hat bloß eine ausgezeichnete Methode gefunden, mit ihrer Angst und Unsicherheit zurechtzukommen.

Und das gleiche gilt für ihren Mann. Deshalb fällt es schwer, zu sagen, daß sie einer Eheberatung bedürfen. Sie mögen sehr wohl davon profitieren, aber es würde Zeit erfordern und ihr Machtgleichgewicht, so labil es sein mag, durcheinanderbringen. Und viele Faktoren befinden sich in einem labilen Gleichgewicht.

Zum Beispiel:

Verantwortlichkeit

Die urteilende Frau nimmt eine schwere Bürde von Verantwortung auf sich. Sie trägt ihre eigenen Probleme und dazu diejenigen ihres Mannes und der Kinder. Gewiß ist diese übersteigerte Verantwortlichkeit selbst auferlegt, doch wird sie so zur Gewohnheit, daß es natürlich scheint. In jedem Fall die Antwort auf die Frage ›Wessen Problem ist dies?‹ zu finden, ist so verwirrend und zeitraubend, daß es ihr einfacher erscheint, die Verantwortung zu übernehmen und ihr Bestes zu tun, um das Problem zu lösen.

Sicherheit

Obwohl sie sich den Anschein von Mut gibt, fürchtet sie um ihre emotionale Sicherheit. Gedankenlesen fördert diese. Sie liest nur, was sie handhaben kann, und ihres Mannes Ego gebietet ihr Halt, wenn sie zu weit geht. Obwohl diese schwer zu erkennen ist, gibt es eine gegenseitige Schutzvorrichtung, die in die Beziehung zwischen der Frau und ihrem Mann eingebaut ist. Das emotionale Wohlbefinden jedes der beiden Teile hängt ab von der Fähigkeit des anderen, sich zu zügeln, bevor achtlos Schaden angerichtet werden kann.

Schuldgefühl

Beide Partner dieser Beziehung sind geplagt von Schuldgefühlen und Furcht vor Ablehnung. In dem Bemühen zu beweisen, daß sie nicht schlecht ist, wendet die Frau ihr Gedankenlese-Manöver an, um das Versagen ihres Mannes aufzuspießen. Seine Furcht vor Ablehnung hat seine emotionale Zuversicht anästhesiert, also erlaubt er ihr, seine Minderwertigkeit auszusprechen. Er ist Schuldgefühle so gewohnt, daß er nicht die Hälfte von dem hört, was seine Frau sagt. Sie verteidigt sich gegen ihre eigenen Schuldgefühle, indem sie ihrem Mann Schuld zuweist, und er verteidigt sich gegen diese Schuld, indem er die Ohren verschließt.

Verstimmung

Das prekäre Machtgleichgewicht, die Sinnlosigkeit des Gedankenlesens und das Fehlen wahrer Gefühlswärme tragen gemeinsam zu Verstimmungen bei. Der Mann drückt seine Verstimmung durch Mittel passiver Aggressivität aus, und die zurückhaltende Verurteilung ihres Mannes erlaubt der

Frau den Abbau angestauter Feindseligkeit. Aber wie wir zuvor gesehen haben, sind diese Menschen in einer Falle, in welcher die Kreisförmigkeit ihres Handelns sie zwingt, immer wieder zum Ausgangspunkt zurückzukehren. Sie drücken ihre Verstimmung in einer Art und Weise aus, die wiederum neue Verstimmung erzeugt.

Falsche Selbstachtung

Die Frau und ihr Mann sind stolz auf sich. Aber das Selbstvertrauen ist dünn und zerbrechlich, da es auf ihrer Fähigkeit beruht, zur rechten Zeit die angemessene Rolle zu inszenieren. Selbst die Tüchtigkeit der Frau ist nicht fest in ihrem wahren Fühlen verankert. Ich erinnere mich eines Augenblicks in meinem Gespräch mit Dick und Dee, als ich mich zu Dee wandte und sagte: »Wissen Sie, Sie errichten eine gute Fassade, aber in Wirklichkeit fühlen Sie sich innerlich schauerlich, nicht wahr?« Sie nickte zustimmend, mit Tränen in den Augen.

Dicks Stärke lag in seinem Schweigen. Solange er viele von Dees Schuldzuweisungen nicht beantwortete (oder nicht einmal hörte), gelang es ihm, seine Fassade von Selbstachtung zu erhalten.

Dick und Dee wußten, daß es zwischen ihnen nicht viel Selbstachtung gab, also waren sie besorgt, dem anderen nicht zuviel zu nehmen. Ihr emotionales Überleben hing von gegenseitigem Schutz ab.

Verschlüsselte Kommunikation

Es ist erstaunlich, wie die Frau und ihr Mann imstande sind, ihre Bedürfnisse ohne offene Gespräche deutlich zu machen. Ihre Fähigkeit, versteckte Bedeutungen zu verstehen, ist verblüffend. Entsteht jedoch eine Lücke in der Kommunikation, so ist es gewöhnlich eine riesige. Ohne ein wirksames Rückkopplungssystem, das die Gelegenheit zur Klarstellung der beabsichtigten Botschaft liefert, kann diese Lücke sich unentdeckt über Jahre erstrecken (zum Beispiel wußte Dee nicht, daß ihr Sohn zweimal festgenommen war).

Chauvinismus

Dicks Bemerkung, noch immer zahle er die Rechnungen, spiegelte seinen männlichen Chauvinismus wider. Aber im Fall der urteilenden Wendy-Reaktion gewinnt die Streitfrage des Chauvinismus eine weitere Dimension: diejenige des *weiblichen Chauvinismus*.

Hier ist die Frau (Dee ist ein gutes Beispiel) eine weibliche Chauvinistin. Sie läßt erkennen, daß sie als Frau die einzigartigen und überlegenen Kenntnisse des Gedankenlesens und Motivratens besitzt. Sie möchte einen gern glauben machen, daß die Weiblichkeit ihr eine besondere Fähigkeit verleihe, die absolute Wahrheit über das innere Wesen eines Mannes zu entziffern. Wird sie herausgefordert (insbesondere von einem Mann), reagiert sie mit einem Blick, der ausdrückt: »Gott, es ist wirklich erstaunlich, was Frauen ertragen müssen.« Dies ist ein Spiegelbild des Ist-es-nicht-furchtbar-was-wir-Männer-ertragen-müssen-Blickes, den ich von Dick empfing.

Chauvinismus gleich welcher Orientierung blockiert sinnvolle Kommunikation und bringt zwei Menschen gegeneinander auf. Er unterstützt einen zerstörerischen Machtkampf, der nur aufhören wird, wenn beide Teile übereinstimmen, daß keines von beiden Geschlechtern dem anderen von Natur überlegen ist.

KAPITEL 12

Märtyrertum

»Jemand sollte mir sagen, was mir entgeht. Ich weiß, ich mache etwas falsch, daß er mich so behandelt. Mir ist, als verblute ich, und er will mich nicht retten.«

Das Kennzeichen der Wendy-Reaktionen ist Märtyrertum. Symbolisch glaubt die Märtyrerin, daß sie eine Art emotionaler Wiederauferstehung erlangen wird, wenn sie in Sack und Asche geht und ihr Glück für andere opfert. Bleibt die erhoffte Verklärung aus, so widmet sie sich von neuem der Sache des Märtyrertums und tröstet sich durch Selbstmitleid.

Das Märtyrertum der Wendy besteht aus zwei Teilen: Selbstbezichtigung und Selbstaufopferung.

Selbstbezichtigung

Selbstbezichtigung ist ein eigenständiges Verhalten, aber als Vorläufer zur Selbstaufopferung betrachte ich sie als einen Teil des Märtyrertums. Die Selbstbezichtigerin steht fortwährend unter selbstauferlegter Nötigung. Die Stimme ihres Minderwertigkeitsgefühls veranlaßt sie, jeden Gedanken und jede Handlung einem Kreuzverhör zu unterziehen und nach Schuld zu suchen, ganz gleich, wie die Situation ist. Sie sagt in Wirklichkeit: »Ich bin kein guter Mensch, also muß ich etwas falsch gemacht haben. Ich brauche nur herauszufinden, was es war.«

Die Selbstbezichtigerin wird:

- sich vorwerfen, überempfindlich zu sein, weil sie glaubt, sie wär ein besserer Mensch, wenn sie ihre Gefühle beherrschen könnte;

- sagen: »Was habe ich falsch gemacht, daß er mich so behandelt?«;
- sich sorgen, sie könne etwas Falsches gesagt haben, das von jemandem fehlinterpretiert werden könnte;
- sich entschuldigen, wenn sie weint;
- alle Schuld an einer verpfuschten Sache auf sich nehmen, auch wenn andere dazu beigetragen haben;
- sich selbst die Schuld geben, um einen Streit mit ihrem Mann zu vermeiden.

Frauen, die sich selbst bezichtigen, während sie ihre Männer bemuttern, tun dies, um Antworten auf Beziehungsprobleme zu finden. Sie meinen, wenn sie herausbringen, was sie falsch gemacht haben, können sie es berichtigen und so das Dilemma auflösen. Selbstbezichtigerinnen tadeln sich selbst, damit sie ihren Mann nicht tadeln müssen. Sie schützen ihn vor Schuld und sich selbst vor Furcht. Zwar fürchten sie Ablehnung, doch kann auch der Jähzorn des Mannes Ursache der Furcht sein. Selbstbezichtigerinnen sind oft mit aggressiven Männern ›verbunden‹.

Meghan war in Selbstbezichtigung gefangen. Sie war ein höfliches, gehorsames, unterwürfiges Mädchen, wohlgeübt darin, sich in stummer Demut an die Brust zu schlagen. Als sich Probleme in ihre Ehe einschlichen und ihr Mann jegliche Verantwortung leugnete, war Meghan schnell bereit, sich selbst die Schuld zuzuweisen.

Nach Meghans Beschreibung war Patrick, ihr Ehemann, ziemlich anspruchsvoll. Er hatte sie niemals bedroht, aber sie fühlte sich von ihm eingeschüchtert. Angeblich hatte er an allem, was seine Frau tat, etwas auszusetzen. Die Küche war niemals sauber genug, die Kinder nicht diszipliniert genug, und die (von Meghan vorbereiteten) Einladungen und Gesellschaften waren nicht so erfolgreich, wie sie es hätten sein sollen. Es kam ihm nicht in den Sinn, bei diesen Aufgaben mit anzufassen; er beanstandete nur ihre Ausführung.

Wie es ihrer Erziehung entsprach, gab Meghan sich

selbst die Schuld, ohne weiter über die Dinge nachzudenken. Sie beklagte ihre Überempfindlichkeit. Sie verurteilte sich als zu fordernd. Sie war traurig, daß sie Patricks aushäusige Aktivitäten mit Eifersucht beobachtete. Kleine Regungen von Zorn auf Patrick, der es am sexuellen Vorspiel fehlen ließ, waren ihr ein Anlaß, sich selbst anzuschwärzen. Und immer wieder entschuldigte sie sich für ihre Klagen.

Ich fragte: »Meghan, ist Ihnen klar, daß Sie sich ständig herabsetzen?« Ohne einen Augenblick zu zögern, antwortete sie: »Tut mir leid.«

Als Patrick Meghan zu meiner Praxis begleitete, erwartete ich in ihm einen glatten, zurückhaltend auftretenden Mann, dessen Abwehrhaltung eine rücksichtslose Natur tarnte. Statt dessen fand ich in Patrick einen Mann, der offen und geradeaus war. Er sagte, er sei froh, in das Gespräch einbezogen zu werden, und hätte gern schon früher daran teilgenommen. (Meghan hatte ihn nicht dazu einladen wollen, weil sie überzeugt gewesen war, er werde sich wegen solch eines Vorschlages über sie lustig machen.)

Als seine angebliche Gefühllosigkeit zur Sprache kam, war er ehrlich verblüfft. Ich forderte ihn auf, zu Meghans Sorgen Stellung zu nehmen: daß er ihren Reinlichkeitsstandard kritisiere (›Ich glaube wirklich, daß sie ihre Zeit besser einteilen muß‹); daß er sich nicht mit ihr um die Kinder kümmere (›Sie sagt, sie will nicht, daß ich es tue. Wahrscheinlich weiß ich nicht, wie ich ihnen Disziplin beibringen kann‹); daß er an der Organisation ihrer Gesellschaften und Einladungen etwas auszusetzen habe (›Ich sage ihr, sie soll sich nicht so abarbeiten und sich weniger Sorgen machen, daß etwas schiefgehen könnte‹); daß er ein rücksichtsloser Liebhaber sei (›Sie hat mir nie ein Wort gesagt, außer, daß sie es mag‹).

Um ihre Stellungnahme gebeten, begann Meghan sich sofort zu entschuldigen, daß sie aus einer Mücke einen Elefanten gemacht habe. »Ich hätte nichts sagen sollen. Es ist alles mein Fehler.«

Bevor ich etwas sagen konnte, sprang Patrick ein. »Siehst du, schon fängst du wieder damit an, setzt dich selbst herab. Ich will gern versuchen, mich zu ändern, aber du mußt mir sagen, was du willst.«

Meghan wurde sarkastisch. »Eine gewaltige Hilfe wäre mir das.«

Dies war die erste Andeutung von Zorn, die Meghan bis dahin gezeigt hatte. Sie wollte sich dafür entschuldigen, aber ich unterbrach sie. »Laufen Sie vor Ihrem Ärger nicht davon. Es ist nichts dagegen einzuwenden.«

»Ich sollte nicht zornig auf Patrick sein. Was er sagt, meint er nicht so.«

»Es kommt nicht darauf an, was seine Motivation ist. Sie haben ein Recht auf Ihren Ärger und sollten ihm nachgeben. Sie können daraus lernen.«

Nach einigem guten Zureden war Meghan in der Lage, über die Fragen zu sprechen, die ihr an ihrer Ehe mißfielen. Es kam sie hart an, davon zu sprechen, ohne sich zu entschuldigen oder ihre Gefühle zu rechtfertigen. Das geringste bißchen Zorn schien sie aus der Fassung zu bringen. Sie fürchtete sich davor.

Meghan erzählte, daß sie ihren Vater gefürchtet hatte, nicht weil sie Angst vor Schlägen hätte haben müssen, sondern gefühlsmäßig. »Als Kind wußte ich nie, wie ich mit ihm stand. Er war nicht fürs Anfassen. Ich glaube nicht, daß ich ihn jemals meine Mutter umarmen oder küssen sah. Wenn ich mich auf seinen Schoß setzte, schien er in Verwirrung zu geraten. Dann fragte er mich, ob ich auch keine schmutzigen Hände hätte oder ob Erde an meinen Kleidern sei. Er wollte nicht, daß ich mit ihm spielte. Wenn ich auf seinem Schoß saß, mußte ich ganz still sein. Bis auf den heutigen Tag ist es so, daß ich mir die Hände wasche und ein sauberes Kleid anziehe, wenn ich weiß, daß er und Mutter zu Besuch kommen. Das ist eine andere Sache – er mochte keine Jeans an Mädchen. Bevor ich mich auf seinen Schoß setzen durfte, mußte ich ein Kleid anziehen.«

Meghan hatte daraus eine starke Befangenheit in Gegenwart von Männern gelernt. In dem Bemühen, sich vor Ablehnung zu schützen, hatte sie ihre Rettung in äußerster Gewissenhaftigkeit gesehen. Selbstbezichtigung war der Grundpfeiler dieser rigorosen Selbstüberwachung.

Meghan war typisch für Selbstbezichtiger. Sie hatte jedoch noch nicht das zweite Stadium des Märtyrertums erreicht, die Selbstaufopferung. Innere Leere machte sie aufmerksam auf ihr Problem. Sie litt des öfteren an scheinbar grundlosen Depressionen, die bei einer Frau oft als ›erwartet‹ betrachtet werden. Glücklicherweise nahm sie die Leere und Depression nicht als normal hin. Offenbar war ein Funke gesunden Widerstandsgeistes in ihr, der sie drängte, sich mit ihren Schwierigkeiten auseinanderzusetzen, bevor alles nur noch schlimmer würde.

Selbstbezichtigerinnen dulden Probleme, die sie ändern sollten, und schaffen Probleme, wo keine existieren. So hätte Meghan ihren Mann wegen seiner Kritik, seiner Freizeitgewohnheiten und seiner gefühllosen Beischlafgewohnheiten zur Rede stellen sollen. Es gelang ihr nicht, diese Probleme aufzulösen, und gleichzeitig schuf sie sich neue Probleme, indem sie Patrick sagte, er solle nicht bei der Kindererziehung helfen. Er wiederum hatte Anteil an dieser Situation, indem er auf Meghans Torheit einging, ohne ihren Gedankengang in Frage zu stellen.

Selbstbezichtiger leiden überdurchschnittlich oft an sexuellen Ängsten. Weil sie sich ständig ausschelten, fällt es ihnen schwer, ihren Körper zu größtmöglichen Lustgewinn die Zügel schießen zu lassen. In der Mehrzahl der Fälle sehen sie den Geschlechtsverkehr als etwas, was sie einem Mann ›geben‹. Aus Furcht vor der Spontaneität im sexuellen Bereich verstecken sie sich hinter der Rolle, die sie höchstwahrscheinlich von ihren Müttern gelernt haben.

Die selbstbezichtigende Wendy-Reaktion ist nur erfolgreich, wenn sie von einer bedeutsamen Person in der Umgebung der Frau unterstützt wird. Obwohl diese Person gewöhnlich der Mann der betreffenden Frau ist, könnte sie auch ihre Mutter oder ihr Vater sein (wenn sie die Eltern regelmäßig sieht), eine enge Freundin oder ein Mann, mit dem sie sich regelmäßig trifft und dem sie vertrauen kann. Patrick unterstützte Meghans Selbstbezichtigung, indem er sie *nicht eher* zur Rede stellte. Er hätte sie drängen können, eine Therapie anzufangen, um Anleitung in der Arbeit mit den Kindern bitten können und ihr liebevoll klarmachen können, daß ihre Selbstbezichtigungen unnütz seien. In einer Hinsicht war Patrick nicht nur seinen eigenen Ängsten und Unsicherheiten erlegen, sondern auch dem von seiner Frau festgesetzten Rollenmodell. Sie gab sich selbst die Schuld, und es mag sein, daß Teil von ihm ihr einfach glaubte.

Der Hang zur Selbstbezichtigung wird in einem weiteren Merkmal sichtbar, das ich in Meghan jedoch nicht feststellte. Es ist meist in fortgeschrittenen Fällen aktiv, die nur noch einen kurzen Schritt von der Selbstaufopferung entfernt sind. Es ist die Hoffnung, Selbstbezichtigung werde dazu führen, daß jemand etwas Nettes sagt. »Du solltest dir deswegen keine Vorwürfe machen. Du bist eine großartige Frau. Du hast nichts falsch gemacht.«

Man könnte dies ›umgekehrte Psychologie‹ nennen, worin jemand mit der Hoffnung, daß es die gegenteilige Wirkung haben werde, zu einem Extrem geht. Selbstbezichtigung gewinnt in diesem Fall eine manipulative Qualität, weil die betroffene Person Minderwertigkeitsgefühle zum Ausdruck bringt, um ein Selbstwertgefühl zu gewinnen. Meghan gewann nichts aus ihren Selbstbezichtigungen; das war vermutlich der Grund, daß sie Hilfe suchte.

Selbstaufopferung

Selbstaufopferung ist das Salz des Märtyrertums. Selbstbezichtigung dient gleichsam nur dem Aufwärmen für die eigentliche Sache. Es ist unmöglich, dem Märtyrertum in einem Kapitel gerecht zu werden. Da Märtyrertum eine große Zahl von Menschen quält, hat jeder seine eigene Definition dessen, was eine Märtyrerin ausmacht. Wir werden auf derselben Wellenlänge bleiben, wenn Sie meine Definition einfach Ihrer eigenen hinzufügen.

Die volkstümliche Meinung geht dahin, daß Frauen bei weitem die Meister des Märtyrertums sind. Der Umstand, daß ich mich diesmal auf Frauen konzentriere, sollte nicht als Zustimmung zu dieser Behauptung ausgelegt werden. In meinen zwanzig Jahren beruflicher Arbeit habe ich mehr als nur ein paar isolierte Fälle männlichen Märtyrertums erlebt.

Man könnte erfolgreich argumentieren, daß Selbstaufopferung die zentrale Wendy-Reaktion sei, *der* Hinweis auf unangemessene Bemutterung. Die Selbstaufopfernde drückt die Abhängigkeitsbedürfnisse ihrer unaufgearbeiteten Kindheit aus, ihre Furcht vor Ablehnung, ihr Minderwertigkeitsgefühl, ihre Furcht vor Mißbilligung und nicht zuletzt ihr Bedürfnis, ein Gefühl von Herrschaft über ihre Umgebung zu erlangen. Es ist die Suche der Wendy-Frau nach Herrschaft, *ohne ihr Dilemma aufzulösen,* das ihrer Opferhaltung Leben einhaucht.

Die selbstaufopfernde Frau mag folgende Verhaltensweisen zeigen:

- Sie räumt ein, daß sie im Irrtum sei, selbst wenn sie es nicht ist.
- Sie beklagt sich über die viele Arbeit, die sie zu tun hat, will aber keine Schritte zur Abhilfe unternehmen.
- Sie bringt sich selbst in die Klemme, wobei sie durchaus weiß, daß emotionaler Aufruhr die Folge sein wird.
- Wenn alles andere mißlingt, bemitleidet sie sich selbst (in extremen Fällen wollte sie in erster Linie Mitleid).
- Sie manövriert sich in die Mitte von Streitigkeiten oder Meinungsverschiedenheiten, zum Beispiel zwischen ihrem Mann und seiner Mutter.
- Sie verrichtet die Schmutzarbeit für ihren Mann, zum Beispiel indem sie fehlerhafte Ware, die er gekauft hat, zurückbringt.

- Sie unterwirft sich dem sexuellen Begehren des Mannes, auch wenn sie es nicht will.
- Sie leistet den Freunden ihres Mannes Gesellschaft, obwohl er sich nicht erkenntlich zeigen wird.

Joan konnte sich nicht genug strafen. Sie erzählte ihre Probleme der größten Klatschbase der ganzen Nachbarschaft, trug ihre Niederlagen wie eine Ordensspange an der Brust und ermutigte ihre wichtigtuerisch-emsige Schwiegermutter, ihr zu sagen, wie sie ihr Leben einzurichten habe. Ihr Mann zeigte einige Symptome des Peter-Pan-Syndroms, doch wann immer er versuchte, sie wegen ihrer Selbstaufopferung zur Rede zu stellen, kritisierte sie ihn, daß er ihren Schmerz nicht verstehen könne.

Joan war naiv. Sie war von einer Mutter bevormundet worden, die ihrerseits von ihrer Mutter für das Märtyrertum ausgebildet worden war. Joan erlebte, wie ihre Mutter allen Männern den Vorrang ließ. Sie selbst heiratete mit neunzehn in dem Glauben, daß Gefügigkeit und Opfer der Rolle einer Frau gemäß seien. Sie war glücklich, einen Mann zu finden, der sie zu erhalten bereit war. Sie war so beschäftigt mit ihrer Märtyrerinnenrolle, daß ihr die Bereitschaft ihres Mannes Hank, sich zu ändern, völlig entging.

Ich habe Joans Geschichte stichwortartig dargestellt, weil sie der klassischen Märtyrerin näher war als die meisten anderen Fälle, die ich erlebt habe. Meine Strategie, Joan zur Befreiung aus der Wendy-Falle zu verhelfen, bestand darin, daß ich ihr zunächst half, die wesentlichen Verhaltensmuster der Selbstaufopferung, die in ihrem Leben evident waren, zu Bewußtsein zu bringen. Dies geschah, indem ich sie nach Situationen suchen ließ, in denen sie sich den Spielen einer Märtyrerin hingab. Obwohl ihr Verhalten repräsentativ für ernste interpersonale Strategien war, brachte der Begriff der ›Spiele‹ einen Schuß Humor und sportlichen Spaß in ihre Suche nach Freiheit. Im folgenden seien einige der hauptsächlichen ›Spiele‹ angeführt, die wir bestimmen konnten.

›Ach, ich Arme‹

Von sich selbst und anderen empfangenes Mitleid ist der Treibstoff, der die Selbstaufopferung in Bewegung hält. Mitleid ist eine Form von Verstärkung und hat als solche die gleichen Qualitäten der Verhaltensstabilisierung wie der Leckerbissen, den man einem Hund gibt, nachdem er ein Kunststück vorgeführt hat. Wenn jemand zu Ihnen sagt: »Ach, Sie armes Ding. Sie haben es so schwer. Niemand hat es schwerer als Sie«, verspüren Sie ein Gefühl von Befriedigung. Sie denken bei sich: »Siehst du, ich wußte, daß ich kein schlechter Mensch bin. Ich bin schätzenswert.« Selbstmitleid ist der einfachste Weg, Mitleid zu empfangen, weil man es sich selbst jederzeit und in jeder gewünschten Dosierung verabreichen kann.

Nachdem ich Selbstmitleid bei jungen und alten, reifen und unreifen Menschen beobachtet habe, bin ich überzeugt, daß etwas Natürliches daran ist. Es ist beinahe so, als ob sich irgendwo in unserer entwicklungsgeschichtlichen Vergangenheit ein Teil entwickelt hätte, der den Zweck hat, uns zu trösten, wenn wir uns übermäßigen und überwältigenden Entbehrungen, Schmerzen und Unannehmlichkeiten ausgesetzt sehen. Dieser selbstbeschwichtigende, biokulturelle Faktor hilft uns, harte Zeiten zu überleben. Das Kind, das am Daumen lutscht und sich das Gesicht an einer weichen Decke reibt, scheint diesen Faktor zu demonstrieren. Das gleiche tut der Erwachsene, der sich selbst mit Mitleid überhäuft (ich nenne Selbstmitleid ›geistiges Daumenlutschen‹).

Selbstmitleid kann geradeso wie Daumenlutschen ein Anpassungsmangel werden. Ein wenig Mitleid mit sich selbst kann inmitten einer ungewöhnlich angespannten Situation beruhigend sein. Wenn eine Person das Selbstmitleid jedoch benutzt, um dem Problem auszuweichen oder das Selbst zu beschwichtigen, während es in ein problemlösendes Verhalten eingebettet sein sollte, wird Selbstmitleid an sich zum Problem. Es verschafft ein falsches Sicherheitsgefühl und verschlingt Zuversicht und Selbstachtung. Dadurch entsteht mehr Anspannung, die wiederum zu dem Bedürfnis nach weiterem Selbstmitleid führt. Selbstmitleid lähmt die Motivation und beraubt einen Menschen der Freiheit. Es ist ein psychologisches Narkotikum.

Joan hatte dem Selbstmitleid gestattet, sie auf wichtigen Gebieten ihres Lebens zu betäuben. ›Ach, ich Arme‹ wurde zum Leitmotiv ihrer Bewältigungsversuche, wenn die Kinder ihre Anweisungen mißachteten, ihr Mann sich gefühllos zeigte und ihre Freundinnen sie enttäuschten. Das Ertragen von Kummer schien ihr Schicksal zu sein. Selbstmitleid wurde so zur Gewohnheit, daß Joan sich seiner kaum noch bewußt war. Aber sie erkannte den Umstand, daß sie, wenn andere sie enttäuschten, sie nicht zur Rede stellte. Sie ging fort und speiste sich mit verschiedenen Entschuldigungen ab. »Sie meinten es nicht so«, »Sie ist bloß ein Kind«, »In Wirklichkeit tut es ihm leid« waren Einzeiler, mit denen Joan sich zu überzeugen pflegte, daß an der jeweiligen Situation nichts zu machen war. Doch wenn sie wegging, besänftigte sie die vertraute Stimme des Selbstmitleids. »Du armes Ding, niemand schätzt dich genug, um zu sehen, daß du leidest. Warum ich? Es ist einfach unrecht.«

Das destruktivste Element am Selbstmitleid ist, daß in dem schmerzlindernden ›Ach, ich Arme‹ die Feststellung steckt: »Ich bin nicht so verdienstvoll wie andere. Ich bin ein armes Kind.« Nachdem Joan gelernt hatte, die Stimme des Selbstmitleids herauszuhören und sich ihr zu stellen, führte es sie tiefer in ihre Persönlichkeit, und sie deckte den zerstörerischen Einfluß auf, den die stille Stimme des Minderwertigkeitsgefühls ausübte.

»Ja, aber ...«

Wenn die Stimme der Vernunft der gewohnheitsmäßigen Selbstaufopferung entgegentritt, ist gewöhnlich Widerstand die Folge. Als ich Joan das erste Mal wegen ihrer Kinder zur Rede stellte, hörte unser Gespräch sich so an:

»Warum sagen Sie Ihren Kindern nicht, sie sollen sich in Bewegung setzen, oder es wird am Abend kein Fernsehen geben?«

»Gewiß, aber was soll ich tun, wenn es ihnen gleich ist?«

»Dann entziehen Sie ihnen etwas, woran ihnen liegt.«

»Gut, wie aber, wenn das nicht wirkt?«

»Dann experimentieren Sie weiter, bis Sie etwas finden, was wirkt.«

»Aber das wird meine ganze Zeit in Anspruch nehmen, und mir wird keine Zeit übrigbleiben, eine Mutter zu sein.«

»Aber sicher werden Sie dafür Zeit genug behalten. Im Gegenteil, wenn Sie die richtige Kombination von erzieherischen Strategien finden, werden Sie mehr Zeit haben, Ihren Kindern Mutter zu sein.«

»Ja, aber ich muß auch für mich selbst Zeit haben.«

Joan klammerte sich an ihre Identität, als ginge es um ihr Leben. Das ist das größte Hemmnis des verfestigten Selbstmitleids. Joan befürchtete einen großen Teil ihrer selbst zu verlieren, wenn sie dem Selbstmitleid entsagte. ›Ja, aber‹ wurde ihre zentrale Argumentationsweise. Es ist unmöglich, erfolgreich mit ›Ja, aber‹ zu argumentieren. Ein Mensch klammert sich daran als Abwehrmittel gegen die Furcht, sich der Wahrheit zu stellen und sich ändern zu müssen. Wie ich zu Joan sagte - und zu allen sagen werde, deren Selbstaufopferung mit Selbstmitleid zusammenhängt: »Sie werden sich niemals von Ihrem Selbstmitleid befreien, solange Sie sich nicht der Wahrheit stellen.«

»Wenn nicht ..., wäre«

Die zur Selbstaufopferung neigende Frau gibt an allem, was geschieht, sich selbst die Schuld. Diese Bürde wird jedoch unerträglich, also geht sie relativ frühzeitig dazu über, möglichst andere Leute verantwortlich zu machen. Ist diese Haltung einmal verinnerlicht, bemitleidet sie sich selbst, daß sie gezwungen ist, so viele Menschen zu ertragen, denen es Freude zu bereiten scheint, ihr das Leben sauer zu machen.

»Wenn nicht diese Kinder aus der Nachbarschaft wären, wäre mein Junge nicht so ungezogen. Die Lehrer verlangen keinen Respekt mehr; wie soll ich das schaffen? Die Männer im Büro sind allesamt Schürzenjäger, und das färbt auf meinen Mann ab. Wenn wir nicht eine Regierung hätten, die alles treiben läßt und dem Sittenverfall gleichgültig gegenübersteht, wäre der Zusammenhalt der Familien stärker.«

Derartige Schuldzuweisungen sind das unmittelbare Ergebnis der Überzeugung einer Frau, daß sie keinen Einfluß auf die Ereignisse hat, die zu dem Problem geführt haben, mit dem sie sich konfrontiert sieht. Gefühle von Ablehnung, Minderwertigkeit und Selbstmitleid haben ihre Kräfte geschwächt. Das Bemuttern ihres Mannes und die Bewahrung ihres gesellschaftlichen Erscheinungsbildes haben sie gelehrt, daß Herrschaft auf der Fähigkeit gründet, andere zu einem bestimmten Verhalten zu veranlassen. Da dies unmöglich ist, erlangt sie keine Herrschaft. Schuldzuweisungen sind ein verzweifelter Versuch, den von Gefühlen der Machtlosigkeit geschaffenen Aufruhr zu besänftigen.

»Heilen Sie mich, ich wette, es geht nicht«

Geht eine selbstaufopfernde Märtyrerin zur Beratung, so nimmt sie oftmals Zuflucht zu einem Spiel, das den Zweck hat, Hilfe zu vereiteln. Sie möchte an dem Schutz vor Risiken und Zurückweisung festhalten, aber sie möchte die Verzweiflung und Depression loswerden. So nähert sie sich professioneller Hilfe mit einer Haltung, die besagt: »Helfen Sie mir, aber ich will nicht, daß es weh tut.«

Kommt der Berater auf ein heikles Thema oder einen Gegenstand zu sprechen, der die Frau ängstigt, wird sie zu einer der hundert Strategien Zuflucht nehmen, die den Zweck haben, zu sagen: »Heilen Sie mich, ich wette, es geht nicht.«

Die Logik (wenn man es so nennen kann) hinter ›Heilen Sie mich, ich wette, es geht nicht‹ ist ungefähr so: »Die Art, wie ich lebe, ist sehr schmerzlich für mich, und ich würde mich gern ändern. Aber Änderung ist auch schmerzlich und beängstigend. Ich werde zu einer Beratung gehen, und wenn sie etwas sagt, was mir Angst macht, werde ich einen Grund finden, daß es nicht klappen kann. Wenn meine Gründe stärker sind als ihr Rat, kann ich bleiben, wo ich bin, sicher in dem Wissen, daß eine sachverständige Person unfähig war, mein Verhalten zu erschüttern. Darum kann mein Verhalten nicht so schlecht sein, wie ich geglaubt hatte, und da es so stabil ist, sollte es besser werden.«

Joan bat um Hausaufgaben, Aufträge, die ihr helfen sollten, mit den Kindern fertigzuwerden. Doch jedesmal, wenn ich ihr in der Praxis erprobte und bewährte Anregungen gab, kam sie vom Mißerfolg frustriert zurück und war etwas verwirrt und beunruhigt über mich, daß ich ihr nicht etwas gab, was wirkte. Obwohl kein Vorschlag zur Kindererziehung hundertprozentig narrensicher ist, wurde rasch deutlich, daß Joan jeden Ratschlag, den ich ihr gab sabotierte. Es war unbewußte Sabotage, aber nichtsdestoweniger Sabotage.

Es gibt viele Spielarten von Ausflüchten, mit denen Märtyrerinnen arbeiten. Ich habe vier der wichtigsten Strategien angeführt, die zum Einsatz kommen, wenn Märtyrerinnen an ihren Einstellungen festhalten, als hinge ihr Leben davon ab. Trotz ihrer Verschiedenartigkeit enthalten alle Spielarten dieselbe Lüge, nämlich: »Ich bin nicht stark genug, mich meinen Problemen zu stellen und mit ihnen fertigzuwerden.«

Sobald Joan erkannte, wie die Selbstaufopferung jeden

bedeutsamen Aspekt ihres Lebens durchdrungen hatte, fand sie eine humorvolle und doch wirksame Methode, sich an die Notwendigkeit der Änderung zu erinnern. Sie fand ein altes Stück Filz in ihrem Nähkasten, schnitt zwei Buchstaben heraus und nähte sie auf ein altes T-Shirt, das sie so in den Kleiderschrank hängte, daß ihr Blick jeden Morgen darauf fallen mußte.

Zu einer ihrer Sitzungen brachte sie das T-Shirt mit. Als sie es herauszog, waren rot auf blau die Buchstaben FM zu sehen. »Das steht für Fußmatte«, sagte Joan, »etwas, das ich nie wieder sein werde.«

KAPITEL 13

Bestrafung

»Er kann davon ausgehen, daß ich etwas Selbstverständliches für ihn bin, und er ist es für mich.«

Die bestrafende Frau befindet sich im Kriegszustand mit ihrem Mann. Ihre kriegerischen Strategien zielen darauf ab, dem Ärger in solch einer Weise Luft zu machen, daß er gezwungen ist, sich zu ändern. Aber wie ein unartiges Kind widersteht er dem Zwang und widmet sich neuerlich dem Versuch, von seiner angemaßten Mama freizukommen. Weil sie in der Wendy-Falle gefangen ist, kann die bestrafende Frau nicht verstehen, warum ihr Mann an seiner Rebellion noch Vergnügen zu finden scheint, und Bitterkeit ist ihre ständige Begleiterin.

Hier einige Beispiele von Bestrafung als Wendy-Reaktion:

Eine Frau schreit ihren Mann wegen der Art und Weise an, wie er sie verletzt.
Sie gibt Haushaltsgeld aus Rache statt zur Befriedigung von Bedürfnissen aus.
In seiner Anwesenheit vergleicht sie ihren Mann negativ mit einem anderen.
Sie wirft ihm mißbilligende Blicke zu, wenn er sich albern benimmt.
Sie stößt oder tritt ihn insgeheim, wenn er sich in Gesellschaft danebenbenimmt.
Sie beschimpft oder tadelt ihn, keine Gefühle zu haben.
Sie macht vor anderen schneidende, herabsetzende Bemerkungen über ihn.
Sie verweigert sich ihm zur Bestrafung, oder um ihn zu frustrieren.

Während eines Streites hält sie ihm zur Stützung ihrer Behauptungen einen seiner Fehler aus der fernen Vergangenheit vor.

In Erzieherkreisen hat Bestrafung einen schlechten Ruf. Das liegt daran, daß sie mißbraucht und manchmal im Übermaß angewendet wird. Bestrafung kann eine wirkungsvolle erzieherische Erfahrung für Kinder sein, wenn sie im Einklang mit bestimmten Parametern erfolgt. Ich sage gern, daß ›in der Bestrafung eine Belohnung‹ liegt; das heißt, wenn sie richtig verabreicht wird, braucht sie nicht sehr oft zu erfolgen.

Es liegt keine Belohnung in einer Bestrafung, wenn sie von einer Wendy kommt, die ihren Mann zurechtstutzen möchte. Es ist unrealistisch, wenn eine Frau einem Mann gegenüber die Rolle der Mutter annimmt, ihn bestraft und dann erwartet, daß die resultierende Wechselwirkung dem Verhalten zweier Erwachsener ähnele, die einander lieben. Tatsächlich ist es das arg verzerrte Abbild einer Mutterfigur, die einen streunenden kleinen Jungen bestrafen will. Sehen wir uns ein paar kennzeichnende Vergleiche zwischen gängigen Strategien der Kindererziehung und dem Gebrauch an, den die Wendy davon macht, um ihren Mann zu bestrafen.

Verbale Prügel

Der wirksamste Aspekt des Prügelns ist sein Schockwert. Die jähe Unterbrechung der jeweiligen Beschäftigung durch einen gefährlich aufgebrachten Elternteil bringt eine Schreckerfahrung mit sich, die in zukünftigen Situationen abschreckend, daß heißt tatverhindernd fortwirken kann. Nach dem Lexikon ist Geschrei verbales Prügeln.

Frauen, die ihren Mann anschreien, machen angestauten Frustrationen Luft. Wenn es alle zwei Monate einmal passiert, ist es wahrscheinlich nichts weiter als Katharsis.

Wenn es zwei- oder dreimal die Woche geschieht, liegt der Gedanke nahe, daß die Frau versucht, durch Geschrei ein Problem zu lösen. Die bestrafende Frau, die schimpft und schreit, lebt höchstwahrscheinlich mit einem passiven Mann zusammen. Sie hängt dem Irrglauben an, daß Geschrei ihn motivieren werde, sich zu bessern. In Wahrheit bewirkt es in ihm lediglich ein Gefühl von Unzulänglichkeit und stimuliert dadurch vermehrte Passivität.

Eine Frau sprach davon, daß Schimpfen und Schreien genauso viel Frustration schuf wie es freisetzte. »Ich weiß, daß Schreien nichts nützt. Er starrt mich bloß mit diesem gekränkten Ausdruck an. Wenn er etwas sagt, dann ungefähr dies: ›Mit Geschrei kommst du nicht weiter. Warum sprichst du nicht wie ein zivilisierter Mensch?‹ Er bleibt so ruhig, daß ich noch wütender werde. Ihm liegt so wenig daran, daß er sich nicht mal aufregt.«

Nichtverbale Prügel

Eine weitere Wendy-Reaktion ist die Bestrafung des Mannes in einer nichtverbalen Art und Weise. Diese vollzieht sich typischerweise in der Form, daß die Frau Geld für Dinge ausgibt, die sie eigentlich nicht will. Der Schockwert der nichtverbalen Prügel erscheint in der Gestalt einer Rechnung. Dies kommt am häufigsten in Familien der Mittel- oder oberen Mittelklasse vor, wo die Frau weitgehend abhängig von überdurchschnittlichen Einkommen ihres Mannes ist.

Einen zusätzlichen Reiz findet die Frau in der Teilhabe von Freundinnen an ihren verdeckten Aktivitäten. Eine bestrafende Wendy erläuterte den Nebenvorteil folgendermaßen: »Jeden zweiten Dienstag treffen wir uns zum Gabelfrühstück. Einige von uns gehen vorher einkaufen, andere danach, und die meisten von uns vorher und nachher. Das Hauptthema ist, was wir gekauft haben und wie es auf unsere Männer wirken wird. Wir vergleichen Reaktionen und sehen, welcher Mann am komischsten ist. Wir lachen uns halbtot. Einige legen die Rechnung einfach zu den übrigen, die zu überweisen sind, andere werden gleich erwischt. Es macht keinen Unterschied. Allein der Schock in ihren Gesichtern ist schon der Mühe wert.«

Der böse Blick

Viele Mütter verstehen sich darauf, im Umgang mit ihren Sprößlingen den Blickkontakt als wirksames Mittel einzusetzen. Ein durchdringender Blick, ein leicht auf die Seite gelegter Kopf und verschiedene Gesichtsausdrücke sagen dem Kind, daß es gut beraten ist zu unterlassen, was es gerade tut. Viele Erwachsene bezeichnen diese Strategie als den ›bösen Blick‹ zur Besinnung oder zum Schweigen bringen könne, fragte ich sie, warum ein derartiges nichtverbales Signal wirkungsvoll sei. Sie hatte sich die Frage nie vorgelegt.

Ich beantwortete meine eigene Frage. »Er muß die Bedeutung des ›bösen Blickes‹ irgendwo gelernt haben. Ich denke mir, daß Sie ihn nicht gelehrt haben, sein Verhalten zu überprüfen, wenn er einen bestimmten zurechtweisenden Blick von einer Frau bekommt. Er muß es von seiner Mutter haben. Und wenn Sie sich ihm gegenüber des bösen Blickes bedienen und er darauf reagiert, was hat es zu bedeuten? Daß Sie seine Mutter sind, und er Ihr unartiger kleiner Junge.«

Instrumentale Konditionierung

Die klassische Definition intrumentaler Konditionierung rührt von Laboratoriumsstudien mit Ratten her. Wenn die arme Ratte auf ihrer Suche nach dem Käse in die falsche Richtung lief, erhielt sie einen elektrischen Schlag. Das lehrte sie angeblich, diesen Fehler nicht wieder zu begehen.

Instrumentale Konditionierung dieser Art wurde in zahlreichen frühen Experimenten mit Schimpansen angewendet. Dabei zeigte sich, daß Bestrafung zwar das Verhalten formte, die Schimpansen aber sehr aufgeregt wurden, wenn der Experimentator versuchte, sie wieder in den Käfig zu bringen, wo die Experimente stattgefunden hatten. Mit anderen Worten, negative instrumentale Konditionierung formte das Verhalten, aber es erzeugte eine sehr schlechte Einstellung zum Experiment.

Wenn eine bestrafende Frau Techniken der negativen instrumentalen Konditionierung gebraucht, mag sie in der Tat das Verhalten ihres Mannes formen, doch wird er eine sehr negative Einstellung zu ihr entwickeln. In künftigen Fällen wird er Ausschau halten, wie er die Scharte auswetzen kann.

Der von der Frau angewandte psychologische Blattschuß kommt in allen Spielarten vor. Jede trifft die schwächste Stelle des Mannes. Diejenige, der die bestrafende Frau den größten Reiz abzugewinnen scheint, ist der ›Party-Schuß‹. Eine Gastgeberin faßte das Verhalten einer solchen ›Party-Schützin‹ folgendermaßen zusammen:

»Ich glaube nicht, daß ich sie wieder einladen werde. Sie muß die Niedertracht in Person sein. Letzten Samstag hatten wir ein paar Leute zum Abendessen eingeladen. Nach dem ersten Glas fing sie an, über ihn herzuziehen. Ganz gleich, was zur Sprache kam, sie fand Mittel und Wege, das Gespräch auf den armen alten Harry zu bringen.

Jemand sagte etwas über das Tennisturnier, und sie hakte sofort ein: ›Ich bin nicht gut genug, daß Harry mit mir spielt. Er glaubt, er sei immer noch achtzehn. Aber du brauchst bloß eine Nacht mit ihm zu verbringen, und du merkst, daß er es nicht ist.‹

Später saßen wir im Wohnzimmer beisammen, und ich erwähnte, daß wir Frauen nächste Woche zusammen essen gehen sollten. Ohne einen Augenblick zu zögern, sagte sie: ›Ich nehme an, Harry wird einen Anfall bekommen, wenn ich ausgehe und mich amüsiere. Er erträgt es nicht, wenn ich an etwas Vergnügen habe‹. Und dies alles sagte sie in Harrys Anwesenheit.«

Diese Schüsse aus dem Hinterhalt erfolgen meistenteils in gemischter Gesellschaft und haben in der Mehrzahl der Fälle Obertöne sexueller Fehlfunktionen. Die Frau wird später für diese Bemerkungen bezahlen, am wahrscheinlichsten durch passiv-aggressive Aktivitäten ihres Mannes.

Ein Beispiel häuslicher Stichelei ist der negative Vergleich, den eine Frau zwischen ihrem und einem anderen Mann anstellt. Dies kann indirekt geschehen: »Hast du gesehen, wie gut dieser Anzug Bill paßt? Ich wünschte, mehr Männer würden auf ihre Bäuche achten.« Ober direkt: »Warum kannst du nicht so aufmerksam zu mir sein, wie Bill es zu seiner Frau ist?«

Beachten Sie die Form der Stichelei. Die Kritik ist durch die scheinbare Harmlosigkeit einer Frage verhüllt. In vielen Fällen mildert dieses verdeckte Verfahren die Reaktion des Mannes. Er ist so beschäftigt mit dem Versuch, die Frage (die in Wirklichkeit keine ist) zu beantworten, daß er versäumt, sich der in der Frage enthaltenen Spitze entgegenzustellen.

Verweigerung von Vorrechten

Einem Kind Fernsehen, Musik, Süßigkeiten oder die Telefonbenutzung zu entziehen, kann eine wirksame Formung des Verhaltens sein. Häufig wird das Kind den Erwartungen entsprechen, um die entzogenen Vorrechte zurückzugewinnen.

Wenn eine Frau ihren Mann bemuttert, sieht sie sich dem Problem gegenüber, etwas zu finden, was ihrem Mann wichtig ist, zugleich aber ihrer Kontrolle unterliegt. Manche Frauen verwalten das Haushaltsgeld und teilen ihrem Mann Taschengeld zu, oder sie haben Kontrolle über die Verfügbarkeit von Lebens- und Genußmittel, aber die meisten Männer sind nicht so abhängig von ihrer Frau, daß Genußmittel und Geld sie zwingen können, sich ihren Anweisungen zu unterwerfen. So ist es wohl unausweichlich, daß Frauen, die nach etwas Ausschau halten, was sie ihrem Mann vorenthalten können, sich für Sex entscheiden.

Wenn eine Frau beschließt, Sex als Herrschaftsinstrument einzusetzen, hat sie das Wachstum von Zwietracht und Entfremdung sichergestellt. Sie hat auch ihre Einstellung zu ihrem Körper deutlich gemacht. Er ist ein Werkzeug, frei von Verlangen und Wärme, das in verdeckten Aktivitäten in einem Krieg um die Vorherrschaft gebraucht wird.

Ist das Wedeln mit dem sexuellen ›Leckerchen‹ als Lockmittel erfolgreich, wird ihr Mann auf verschiedene Wege reagieren: Er wird neuerlich seine Frau durch heimliche Aktivitäten zu manipulieren versuchen; in dem Bemühen, sein Ego zu retten, wird er seinen Glauben an Chauvinismus vertiefen; sein Zorn wird gestärkt, ebenso wie dessen Ausdruck; und er wird mit größerer Wahrscheinlichkeit eine Affäre anfangen, nicht so sehr in der Suche nach geschlechtlicher Befriedigung, als vielmehr in dem Streben nach einer Person, die er dominieren kann, um zu beweisen, daß er auf seine Ersatzmutter nicht angewiesen ist und frei von ihr sein kann.

Am anderen Ende des baumelnden ›Leckerchens‹ vollzieht sich gleichermaßen ein Zerfall: Die Selbsteinschätzung der Frau als wertloses sexuelles Geschöpf wird bekräftigt; ihre Fähigkeit, Freude am Sex zu empfinden, nimmt ab; hingegen nehmen Rastlosigkeit und Unzufriedenheit ebenso zu wie ihre Verärgerung; und ihre Bitterkeit dem Leben gegenüber konzentriert sich auf ihren Mann und in manchen Fällen auf Männer im allgemeinen, so daß sie in einer pessimistischen Betrachtungsweise der Liebe gefangen wird.

Die in dieser sexuellen Falle gefangene Wendy ist eine ausgezeichnete Kandidatin für ein außereheliches Verhältnis. Ihre Lust ist höchstwahrscheinlich unter Gefühlen von Schuld und Minderwertigkeit begraben. Sie ist sich ihres Bedürfnisses nach Wärme, Fürsorge und Geborgenheit bewußt. Wenn sie einen Mann findet, der ihr auf dieser Ebene Wärme geben kann, und wenn sie die Kraft ihrer eigenen Leidenschaft entdeckt, wird sie sich danach sehnen, einem Mann Frau zu sein, nicht Mutter. Sie kann nicht mehr vorgeben, Freude am Sex zu haben oder stolz auf sich zu sein, weil sie ihren Mann manipuliert. Sie wird auf Änderung drängen, und wenn sie und ihr Mann zusammenarbeiten, hat sie die Chance, den Kreis zu durchbrechen. Andernfalls wird sie sich auf die Suche nach einem Mann machen, der ihr geben kann, was sie wünscht.

Die Bitterkeit, die eine Frau dazu treibt, den einst geliebten Mann zu bestrafen, liegt tief in ihrer Psyche. Sie verflüchtigt sich nicht in der Hitze eines Gerangels im Bett. Sex ist eine kortikale Erfahrung (80 Prozent des Prozesses läuft über den Schultern ab). Wenn eine Frau Freude an ihrem Körper sucht, tut sie gut daran, ihren Kopf in Ordnung zu bringen. Die Bitterkeit zu identifizieren, zu beherrschen und schließlich abzustoßen, sind die ersten Schritte zum Glück.

Wenn eine Frau, deren Bitterkeit in der Bestrafung ihres Mannes Ausdruck gefunden hat, sich zu ändern wünscht, muß sie sehr bedachtsam vorgehen. Bitterkeit ist eine unbequeme und verwirrende Gemütsbewegung. Für eine Frau ist es natürlich, sie im Handumdrehen wegzuwünschen. Da die Wendy es versteht, sich selbst zu täuschen, fällt es ihr auch von Natur aus leicht vorzugeben, daß die Bitterkeit verschwunden sei. Sie wird ihre Bitterkeit mit reifen Worten (Tinker-Reaktionen) und überlegenen Gesten verdecken. Sehen wir uns solch eine Frau durch die Augen ihrer besten Freundin an.

»Meine Freundin führt eine schreckliche Ehe. Sie hat es jahrelang geleugnet. Kürzlich hat sie einen neuen Anlauf unternommen. Sie sagt: ›Es ist mir gleich, was er tut. Ich kann ihn nicht retten. Ich kann nur mich selbst retten.‹

Wenn sie so redet, hat sie wirklich eine Wut auf ihn, aber ich glaube nicht, daß sie ihre eigenen Worte ernst nimmt. Man sieht es, wenn die beiden zusammen sind. Egal, was er sagt, sie trieft von dieser klebrigen Süßigkeit. Neulich erwähnte er beim Essen, daß er die Lampe im Hausgang richten wolle. Darauf sagte sie in diesem überdrüssigen, müden Ton: ›Aber hör mal, Schatz, du weißt, daß du nichts richten kannst; gib nicht an.‹

Wäre es ihr mit dem, was sie gesagt hatte, wirklich ernst, dann hätte sie etwas so Boshaftes nicht zu sagen brauchen. Dann hätte sie ihn einfach abgeschrieben. Aber sie kann ihn nicht mal ignorieren, wenn er sich albern aufführt. Er geht ihr unter die Haut, und sie will es nicht wahrhaben. Ich sage Ihnen, daraus kann nichts werden.«

Die Wendy-Reaktion der Bestrafung ist das Resultat übermäßigen Klagens, Selbstmitleids, nach außen gerichteter Verärgerung und einer letzten Hoffnung auf Besserung. Wie immer, wird die Frau nicht erkennen, daß sie in einer Falle gefangen ist. Sie mag sich eines seltsamen Machtgefühls bewußt sein, wenn es ihr gelingt, an ihrem Mann Rache zu nehmen. Doch sobald das Machtgefühl verfliegt, bleiben ihr nur Empfindungen von Verlegenheit und Scham.

Die bestrafende Frau redet sich selbst ein, daß ihre Art zu strafen das Ergebnis von Weisheit und Welterfahrenheit sei. »Ich lasse mich von keinem Mann ausnutzen. Wenn er Sex will, muß er sich klarmachen, daß ich nichts verschenken werde.« Diese Frau ist gelassen, selbstbeherrscht und weltklug, nicht wahr? Falsch. Diese Frau hat ihre Gefühle von Minderwertigkeit und Einsamkeit mit einem Kernsatz aus dem Handbuch für männliche Chauvinisten überdeckt. Indem sie sich selbst über ihre ungestillten Bedürfnisse belügt, öffnet sie sich dem gleichen alten Fehler. Sie wird sich so sehr nach Wärme und Zuneigung sehnen, daß sie auf eine schnelle Reise ins Niemalsland mit dem nächstbesten glattzüngigen, modisch herausgeputzten Kerl hereinfallen wird. Sie wird nichts verschenken; sie wird bestohlen werden.

KAPITEL 14

Am Tiefpunkt

»Ich habe nichts mehr zu geben. Ich bin empfindungslos. Ich glaube, er wird gewinnen.«

Eine Frau erreicht den Tiefpunkt in ihrer Beziehung, wenn ihre Bewältigungsstrategien erschöpft sind. Erkennt sie schließlich, daß ihre Bemutterungsrolle nicht wirkt, überkommt sie Niedergeschlagenheit. Doch selbst in dieser durch Empfindungen des Schmerzes und des Kummers gekennzeichneten Lage gibt es einen Silberstreif am Horizont; das heißt, die Frau hat jetzt die Gelegenheit zu erkennen, daß sie durch das Wendy-Dilemma gelähmt ist. Das Erreichen des Tiefpunkts kann der erste Schritt zu konstruktiver Veränderung sein, *vorausgesetzt, die Frau versteht die Dynamik der Tür, die aus der Falle hinausführt.*

Das Verhalten in dieser Situation faßt das Leben der Frau zusammen, ist widersprüchlich, depressiv, verwirrend und ungeordnet. Um daraus schlau zu werden, muß sie oft ihr ganzes Leben Revue passieren lassen. Sie mag bis in die Kindheit zurückgehen müssen, nicht zu dem Zweck, alte, längst abgeschriebene Erinnerungen auszugraben, sondern um die versteckten Bedeutungen in ihrem täglichen Verhalten zu entschleiern; einem Verhalten, das voll von verschlüsselten Botschaften ist, die in dem Maße, wie die Geschichte sich selbst wiederholt, täglich aktiviert werden.

In den meisten Fällen begann der Abstieg einer Frau zum Tiefpunkt lange bevor sie einen erwachsenen Mann kennenlernte. Ihr Ego war errichtet auf dem schwankenden Boden von Selbstablehnung, Minderwertigkeitsgefühl und dem Druck, immer anderen zu gefallen. Einem Mann zu begegnen, der sie brauchte, war für sie Fluch und Segen zugleich. Seine Unreife gab ihr die Chance, über ihre bemutternde Rolle Selbstwertgefühl zu erfahren, während sein Herrschaftsbedürfnis das in ihr verborgene ängstliche kleine Mädchen beschützte.

Statten wir Cindy (Kapitel 1) einen neuen Besuch ab. Wie Sie sich erinnern werden, war sie die Frau, die den Tiefpunkt erreichte, als ihr klar wurde, daß sie sich auf die Geschäftsreisen ihres Mannes freute. Cindy, siebenunddreißig Jahre alt, hat drei Kinder und einen guten Teil des Lebens vor sich. Dennoch liegt ihr nicht viel am Leben. Sie hat keine selbstmörderischen Neigungen – jedenfalls noch nicht. Ich traf sie kurz nach ihrer Entlassung aus dem Krankenhaus, wo sie einer Serie von Untersuchungen zur Ermittlung der Ursachen ihrer Depression unterzogen war. Die Tests waren alle negativ verlaufen. Ihr Arzt sagte, es müßten die Nerven sein. Die Flucht vor Ablehnung und Mißbilligung hatte schließlich ihren Tribut gefordert.

»Ihr Eheproblem ist nur die Spitze des Eisbergs«, sagte ich. »Sie müssen unter die Oberfläche schauen und nach der Ursache des Problems suchen.«

Cindy zog meine Gedanken sorgfältig in Erwägung. »Aber wo finde ich die Ursache meiner Probleme? Ich kann nicht in meine Kindheit zurück; ich erinnere mich kaum an etwas vor dem Alter von sechs oder sieben Jahren.«

»Zuerst kommt es darauf an, daß Sie sich nicht so unter Druck setzen. Fangen Sie an, sich Zeit zu lassen und die innere Spannung zu lösen.«

»Wie wird mir das helfen, vom Tiefpunkt wegzukommen?«

»Nun, woran haben Sie gemerkt, daß Sie und Ed unglücklich waren?« sagte ich. »Sie entspannten sich, wenn er verreiste, nicht wahr? Und Sie merkten, daß dieses entspannte Gefühl sich stark von den Gefühlen unterschied, die Sie die meiste Zeit hatten. Es war das entspannte Gefühl, das Ihnen ermöglichte, die Perspektive zu gewinnen.

Sie waren lange genug ruhig, um klar zu denken. Und dann wußten Sie Bescheid. Ich sage nur, daß Sie bei Ihrem Bemühen, von Ihrem Tiefpunkt wegzukommen, genauso vorzugehen haben.«

»Soll das heißen, daß ich mir selbst vertrauen sollte?«

»Genau.«

»Aber ich weiß nicht, wie!«

»Trauen Sie sich, einen Gymnastikkurs zu besuchen? In die Bibliothek zu gehen? Sich einen Babysitter zu besorgen und mit einer Freundin oder allein ins Kino zu gehen? Nach der Arbeit irgendwo auf ein Glas einzukehren?« Nach jeder Frage zögerte ich, um ihr Gelegenheit zu geben, meinem Gedankengang zu folgen. »Diese Dinge werden Ihnen ermöglichen, für eine Weile Ihre Sorgen zu vergessen. Sich zu entkrampfen und zu unterhalten.«

»Aber das heißt egozentrisch sein.« Sie sagte es, als ob damit das Urteil gesprochen wäre.

Meine Antwort überraschte sie. »Das ist absolut richtig. Wenn Sie egozentrisch sind, nehmen Sie Ihre Angelegenheiten selbst in die Hand. Das ist etwas, was Sie in letzter Zeit vernachlässigt haben.«

»Ich weiß nicht, wie ich das alles anfangen soll.«

»Dann ist es an der Zeit, daß Sie es lernen.«

Cindy schien die Rückkehr zur Therapie positiv zu sehen und bat mich um ›Hausaufgaben‹, aber ich schlug vor, daß wir warten sollten. Sie mußte erst lernen, sich zu entspannen und Selbstvertrauen zu finden, bevor die Arbeit auf bestimmten Gebieten der Veränderung beginnen konnte. Ging sie zu rasch voran, lief sie Gefahr zu scheitern und ihre pessimistische Einstellung zum Leben zu verstärken.

Solange sie die Realität ihrer Wendy-Falle nicht leugnete, würde die Zeit sich günstig auf Cindy auswirken. Sie würde ihr helfen, das eigene Erwachen in die richtige Perspektive zu bringen. Cindys Erkenntnis, daß sie mehr in Frieden mit sich und der Welt war, wenn Ed ein paar Tage verreiste, war ein Schlüsselerlebnis. Es mag über sie gekommen sein, während sie Kleider bügelte, das Essen für die Kinder bereitete oder die Treppe hinaufging, um ein Bad zu nehmen. Etwas in ihrem Kopf rastete ein. Manche sagen: »Plötzlich ging mir ein Licht auf«, während andere es als einen Gedanken beschreiben, der einfach *da* ist und an dessen Wahrheit sie keinen Augenblick zweifeln. Die Einsicht kann sich auch als Erfahrung im Sinne des ›Das fehlte mir gerade noch‹ einstellen. Aber ausnahmslos hat die plötzliche Einsicht einen unübersehbar positiven Aspekt. Aus all der Verwirrung schält sich etwas heraus, was vollkommen klar ist.

Dieses Schlüsselerlebnis wird die Frau zu einem besseren Verstehen ihres Lebens führen, wenn sie es ohne Furcht oder Bedauern annimmt. Es stellt ein Fundament dar, auf dem sie andere Stücke der Realität zusammenfügen kann. Es wird ihr sogar helfen, den Ausweg aus der Bemutterungsfalle zu finden.

Bei unserem nächsten Therapiegespräch schien Cindy von neuen Einsichten geradezu zu platzen. »Mein Leben ist wie ein Buch. Ich habe Seiten darin, die alles beschreiben, was ich sage oder tue. Es gibt Kapitel in meinem Buch, jedes mit seiner eigenen Überschrift. Die Überschriften sind Sprüche, die ich mir ausdenke, damit ich neuen Mut fasse. Diese Hilfsmittel sind für eine Weile brauchbar. Wissen Sie, ich spreche dies alles sogar laut aus. Es ist wirklich seltsam, sich selbst reden zu hören. Meine Kinder müssen glauben, ich sei verrückt, wirklich. Die ganze Woche habe ich Selbstgespräche geführt. Ist das normal?«

Ich ließ ihre Frage absichtlich unbeantwortet, da ich wußte, daß sie wieder darauf zurückkommen würde. »Wie lauten die Kapitelüberschriften im Buch Ihres Lebens?«

»Nun, ich weiß nicht, in welcher Reihenfolge sie kommen, aber eine der größten ist: ›Alles wird gut‹. Das sage ich mir, wenn ich niedergeschlagen bin und alles schiefgeht. Das gibt mir ein wenig Auftrieb. Aber die positive Wirkung läßt nach, sobald mir klar wird, daß sich nichts geändert hat. Alles wiederholt sich bloß. Alles bleibt wie es ist und wird nicht gut, wenn ich es nicht ändere.«

»Hört sich an, als brauchten Sie in Wirklichkeit jemanden, der Sie in die Arme nimmt.«

Cindy schaute weg, verlegen wegen der Tränen in ihren Augen. »Ja, aber ich kann nicht darum bitten.«

»Warum nicht?«

»Ich weiß nicht, wie.«

»Vielleicht meinen Sie, Sie verdienten es nicht.«

Sie griff zu einem Papiertaschentuch und sagte: »Wissen Sie, das ist wirklich dumm. Ich meine, da bin ich, eine erwachsene Frau, und glaube nicht, daß ich es verdiene, in den Arm genommen zu werden.«

»Ich mache Ihnen einen Vorschlag«, sagte ich mit erhobener Stimme. »Wir werden die Kapitel Ihres Lebens durchgehen, sofern Sie sich nicht ›dumm‹ nennen oder sonstwie schlechtmachen. Abgemacht?«

Sie lachte und fuhr fort: »Ein anderes Kapitel trägt die Überschrift: ›Es wird sich alles finden‹. Die gebrauche ich nach einer dieser entsetzlichen Szenen mit Ed. Ich kreische und schreie ihn an, beschuldige ihn der schlimmsten Dinge, und dann, wenn er weggeht, sage ich mir: ›Laß gut sein, es wird sich alles finden.‹ Aber es ist genau wie im anderen Kapitel, nichts ändert sich. Nichts findet sich.«

»Was ist ›es‹?«

»Ach, Eds Mangel an Wärme und Zärtlichkeit, unser mieses Geschlechtsleben, die Kinder mit ihren ewigen Wünschen, meine Niedergeschlagenheit – suchen Sie sich etwas davon aus.«

»Keine von diesen Kapitelüberschriften ist schlecht. Sobald Sie ein paar Änderungen in Ihrem Leben vornehmen, werden Sie sie vielleicht benötigen. Werfen wir sie noch nicht weg.«

»Wie wäre es mit dieser: ›Sei dankbar für das, was du hast‹? Ich gebrauche sie, um zu vergessen, was in meinem Leben schiefgegangen ist.«

»Klingt nach Verleugnung der Wahrheit.«

»Das ist es auch.«

»Es klingt auch wie der Beginn eines Kapitels, das besagt, daß Sie kein Recht haben, vom Leben Glück zu erwarten. Sie sollen sich mit einem Mann zufriedengeben, der den Inhalt der Lohntüte als die Gesamtsumme der Verantwortung betrachtet, die er für seine Familie trägt?«

»Aber ich sollte wirklich für das, was ich habe, dankbar sein. Vergessen Sie nicht, ich sagte Ihnen, daß Ed kein schlechter Mensch ist. Er versucht gut zu mir zu sein. Es ist bloß nicht genug.«

»In Ordnung. Seien Sie dankbar für das, was Sie haben. Aber unterscheiden Sie es von dem, was Sie wollen.«

»Das ist das Problem. Ich weiß nicht, was ich will.«

»Woher wissen Sie dann, daß Sie Ed nicht wollen?«

»Ich weiß es nicht.« Cindy war frustriert. »Wir scheinen uns im Kreis zu drehen. Vielleicht sollte ich die Versuche aufgeben, dahinterzukommen.«

Ich ließ nicht locker. »Machen Sie es auch so, wenn Sie sich mit Ed im Kreis drehen – daß Sie aufgeben?«

»Nein. Ich richte mich nach der Überschrift meines Lieblingskapitels: ›Mach keinen Wind‹. Wenn ich keinen Wind mache, scheine ich keine Schwierigkeiten zu haben. Und jedesmal, wenn ich Wind mache, gerate ich in Verwirrung oder Aufregung. Vielleicht ist der Ausweg ein Schwindel, aber er ist einfacher.«

Ich schenkte ihr ein vorwurfsvolles Lächeln. »Nannten sie sich eben eine Schwindlerin?«

Wie eine Sechsjährige, die mit der Hand im Bonbonglas erwischt wird, antwortete Cindy: »Wer? Ich doch nicht!«

Ich nahm den letzten Gedanken auf. »Wenn Sie ›keinen Wind machen‹, handeln Sie wie eine nachsichtige Mutter, die dem möglichen Jähzornesausbruch ihres kleinen Jungen nicht entgegentreten will. Aber Sie setzen sich damit der Nichtachtung und Erpressung aus. Vielleicht sollten Sie den Wind der Unzufriedenheit nicht beruhigen. Vielleicht sollten Sie ihm freien Lauf lassen und abwarten, was für ein Sturm daraus wird.«

Cindy machte eine Pause, sammelte Mut und kam dann mit etwas heraus, was sie offensichtlich stark beschäftigt hatte. »Wenn ich herkomme, um mit Ihnen zu sprechen, ist mir, als ob Sie auf mich einschlügen.«

Ich war gefesselt. »Ich? Auf Sie einschlagen?«

»Ja. Es ist, als hätten sie mich in eine Ecke gedrängt und trommelten auf mir herum. Sie lassen nicht nach.«

»Wie tue ich das?«

»Sie fordern mich heraus, haken nach, bedrängen mich. Manchmal kriege ich kaum Luft.«

»Tut es weh?«

»Ja. Nun eigentlich nicht. Sie nehmen mir all meine Abwehrmöglichkeiten. Und das tut weh, aber es ist zugleich ein gutes Gefühl. Ergibt das einen Sinn?«

»Gewiß.«

»Ich werde so wütend auf Sie, daß ich nicht mehr richtig sehen kann. Am liebsten würde ich Ihnen meine Tasse an den Kopf werfen, hinausgehen und nie wiederkommen.«

»Warum tun Sie es nicht?«

»Weil Sie mir helfen können, diese Gefühle loszuwerden.«

»Welche Gefühle?«

»Kommen Sie, Sie wissen es. Angst, Zorn, Schuld.«

»Ich habe nie gesagt, daß ich Ihnen helfen würde, diese Gefühle loszuwerden.«

Cindy geriet in Aufregung. »Aber deshalb bin ich doch hier, nicht wahr? Ich möchte diese Gefühle loswerden. Ich möchte mich fühlen, wie ich mich fühlen sollte.«

»Und wie ist das?«

»Glücklich, zufrieden.« Sie wurde ungeduldig. »Sie nennen es: eine Tinker sein. Ich möchte Wendy loswerden und eine Tinker sein.«

»Mit dieser Einstellung werden Sie es nie schaffen.«

»Welcher Einstellung?«

»Der Einstellung, die sagt, daß Sie schlechte Gefühle loswerden wollen.«

»Was ist falsch an dieser Einstellung?«

Ich sprach langsam und mit sanfter Stimme, denn ich wollte, daß sie den Schlüssel zum Entkommen aus ihrer Falle ganz und gar verstehe. »Die Einstellung ist falsch, weil es so etwas wie ein schlechtes Gefühl nicht gibt. Gäbe es das, dann wären Sie schlecht, weil Sie ein bestimmtes Gefühl hätten. Und wenn Sie schlecht wären, gäbe es keinen Grund für den Versuch, sich zu ändern, weil Sie es nicht könnten.«

»Augenblick.« Wie alle in der Wendy-Falle gefangenen Frauen hatte Cindy Schwierigkeiten, vor lauter Bäumen den Wald zu sehen. »Wenn ein Gefühl negativ ist und schmerzt, ist es nicht schlecht?«

»Es mag unerwünscht oder unangenehm sein, aber es ist nicht schlecht. Tatsächlich ist es sogar gut.«

»Nun bin ich wirklich verwirrt! Sie wollen mir erzählen, meine Bitterkeit sei gut? Machen Sie keine Witze.«

»Es ist mehr als gut. Es ist wichtig, und Sie sollten froh sein, das Gefühl zu haben.«

Cindy kicherte. »Ich glaube, Sie sollten einmal mit einem guten Psychiater sprechen.«

Ich fuhr fort auf etwas hinzuweisen, das wegen seiner Offensichtlichkeit schwierig zu sehen ist. »All Ihre Gefühle sind gut, einfach weil Sie gut sind und alles, was Sie fühlen, auch gut ist. Ihre Bitterkeit ist wichtig, weil Sie daraus lernen können. Das ängstliche kleine Mädchen in Ihnen – ich nenne es Wendy – versucht Ihnen etwas zu sagen. Und wenn Sie es, ›schlecht‹ nennen und versuchen, es zu vertreiben, wird es sich einfach weiter verstecken, aber es wird nicht verschwinden. Es ist ein Teil von Ihnen. Vielleicht können Sie ihm helfen aufzuwachen und nicht mehr ängstlich zu sein. Aber das wird Ihnen bestimmt nicht gelingen, indem Sie es schlecht nennen und zu verjagen suchen.«

»Sie sagen also, daß ich, um diese Gefühle loszuwerden, aufhören muß, sie zu vertreiben. Das ergibt keinen Sinn.«

»Lassen Sie es mich anders ausdrücken. Sie möchten der Rolle einer Wendy entwachsen und eine Tinker werden, nicht wahr?«

»Richtig.«

»Nun, wie können Sie sich bewegen, wenn Sie nicht von irgendwo ausgehen?«

Sie blickte mich wie gebannt an.

»Sie suchen meine Hilfe, damit ich die Schlechtigkeit aus Ihnen vertreibe – die Wendy – und Sie in etwas Gutes umwandle – eine Tinker. Das wird niemals gehen. Und wenn ich es könnte, würde ich es nicht tun.«

Ich fuhr fort: »Würde ich zustimmen, daß ich Ihnen helfen werde, sogenannte ›schlechte Gefühle‹ loszuwerden, würde ich dann nicht zugleich Ihrer Einschätzung von sich selbst als ›schlecht‹ zustimmen?«

»Sie sagen mir, daß ich mich akzeptieren müsse, wie ich bin, um mich zu ändern.«

»Genau! Sie sind in einem Dilemma gefangen. Sie möchten mit der Bemutterung aufhören, wollen aber nicht auf Liebe und Fürsorge verzichten. Statt zu lernen, wie man auf einem schmalen Grat wandert, haben Sie einfach aufgegeben, es zu versuchen. Das ist unglücklich und nicht wünschenswert, aber es ist nicht schlecht. Es ist sogar gut, wenn Sie es akzeptieren. Denn sobald Sie es akzeptieren, können Sie darangehen, das Dilemma aufzulösen.«

»Das alles hört sich so einfach an.«

»Es ist einfach. Tatsächlich ist es so einfach, daß es schwierig auszuführen ist. Stellen Sie sich Wendy als ein ängstliches kleines Mädchen vor. Strecken Sie ihr beide Hände entgegen, helfen Sie ihr, aber verdammen Sie sie nicht. Sie ist nicht verdammenswert. Sie ist eingeschüchtert und braucht eine Freundin. Sie können ihre Freundin sein.«

Cindy lächelte. Sie verspürte die Wärme der Erkenntnis, daß Wendy ein Teil von ihr war, ein guter Teil. Diese Erkenntnis wies ihr den Weg aus der Falle. Solange sie Wendy nicht verdammte, konnte sie ihr aus der Falle helfen.

Vorausgesetzt, sie verdammte nicht einen Teil ihrer selbst, war Cindy bereit zu lernen, wie sie der Falle der Bemutterung entkommen und das Wendy-Dilemma auflösen konnte. Mit anderen Worten: Sie war bereit, eine Tinker zu werden.

TEIL IV

Ausweg: Eine Tinkerbell werden

Eine Tinker zu werden, ist beängstigend. Es bedeutet die Konfrontation mit Ihren Wendy-Reaktionen und das Niederreißen des Walles von Abwehrmechanismen, die Sie vor Minderwertigkeitsgefühlen und der Furcht vor Ablehnung schützen. Es bedeutet ein Experimentieren mit Ihrem gesellschaftlichen Erscheinungsbild, das Sie kontrollieren, weil Sie wollen, nicht weil Sie es müssen. Vor allem bedeutet es die Konfrontation mit dem Wendy-Dilemma, die Änderung Ihrer Lebensweise, und das ist der vielleicht am stärksten beängstigende Aspekt.

Veränderung stellt Ihre Hoffnung auf die Probe. Solange Sie die Hoffnung in Ihrem Herzen und fern von der Realität bewahren, haben Sie sie immer. Aber wenn Sie nach Ihrer Hoffnung handeln und es sich als vergeblich erweist, haben Sie Ihre Trumpfkarte verloren. In den folgenden Kapiteln gibt es viel Hoffnung. Wenn eine Strategie versagt, werden Sie eine andere und noch eine dritte finden. Eine davon wird Ihnen Erfolg und einen Zuwachs an Hoffnung bringen.

Die nächsten Kapitel fassen meine Arbeit mit Frauen zusammen, die in dem einen oder dem anderen Stadium waren, Tinker zu werden. Sie wollten selbst die Verantwortung für ihre Probleme übernehmen und ihr Leben besser gestalten. Sie alle hatten eins gemeinsam: Sie wollten das Wendy-Dilemma auflösen. Wenn Sie diesen Abschnitt lesen, halten Sie nicht nach der Landkarte mit Goldrand Ausschau, auf der ein riesiges X den Schatz kennzeichnet – vollkommene Gemütsruhe. Eine solche Karte gibt es nicht. Sollten Sie erwarten, sie zu finden, werden Sie bitter enttäuscht sein – nicht zu reden von Ihrer Verärgerung über mich.

Wenn Sie eine absolute Antwort außerhalb Ihrer selbst suchen, begehen Sie zwei Fehler: Sie geben die Herrschaft über ihr eigenes Geschick auf, und Sie geben zu verstehen, daß Sie nicht das Recht haben, sich zu irren. Aber Sie haben es! Sie haben das Recht, eine Wendy zu sein. Sobald Sie sich dieses Recht eingeräumt haben, haben Sie angefangen, Ihr Leben und schließlich Ihr Geschick in die eigenen Hände zu nehmen. Wenn Sie Ihre Wendy-Reaktionen ohne Schuld oder Verlegenheit akzeptieren und je nach Vermögen ein wenig Humor hinzufügen, werden Sie finden, daß eine Naturkraft in Ihnen ist, die Sie drängen wird, Ihre Antwort zu suchen. Ich kann bei diesem Prozeß nur helfen.

KAPITEL 15

Wendy akzeptieren lernen

»Ein Teil von mir ist beunruhigt. Es zu akzeptieren, ist schwieriger als ich jemals geglaubt hätte.«

Die Persönlichkeit einer Wendy hat zwei Seiten. Die erste ist ein ängstliches kleines Mädchen. Es ist liebenswürdig, naiv und furchtsam. Die zweite ist eine Pseudomutter. Die Pseudomutter beschützt das furchtsame kleine Mädchen, indem sie scharfsinnig, urteilend und von selbstsüchtiger Liebe ist, wodurch sie alles tut, andere Leute fernzuhalten. Sie versucht, das kleine Mädchen vor Schaden zu bewahren. Es ist ein Bündnis, das geschlossen wurde, als Wendy noch ganz jung war.

Das kleine Mädchen möchte aufwachsen und einen Mann lieben; die Mutter weiß, daß das kleine Mädchen Abweisung und Enttäuschung erleben mag, also hält sie den Mann auf Distanz. Ein Weg, wie die Pseudomutter die Sicherheit des kleinen Mädchens gewährleistet, ist der, daß sie einen Mann findet, der auch nicht erwachsen ist. Er wird zum Mann-Kind, das Wendy eine Möglichkeit gibt, jemanden zu lieben, während das Risiko der Ablehnung so gering wie möglich gehalten wird.

Alle Frauen haben eine bißchen von Wendy in dem vielschichtigen psychischen Geflecht, das ihre Persönlichkeit genannt wird. Wendy mag eine unbedeutende Rolle im Leben einer Frau spielen und nur in seltenen Augenblicken an die Oberfläche kommen; oder eine bedeutende, die ihr tägliches Verhalten beherrscht. Wie unterschiedlich der Grad ihrer Gegenwart auch ist, der erste Schritt, sich mit Wendy zu befassen, besteht darin, daß man sie akzeptieren lernt.

Wendy hat Stärken und Schwächen. Sie hat einen empfindsamen Geist und ein robustes Äußeres. Sollten Sie versuchen, sie aus Ihrem Leben zu verbannen, so wird sie mit aller Macht Widerstand leisten. Vergessen Sie nicht, sie ist erfahren im Umgang mit Ablehnung. Tatsächlich erwartet sie nichts anderes. Wenn Sie also die Wendy in Ihnen zurückweisen, ist sie darauf vorbereitet. Die Pseudomutter errichtet sofort eine Abwehr und greift alles an, was ihr in den Weg kommt, um das kleine Mädchen zu schützen. Angesichts seiner Unfähigkeit, sich selbst zu schützen, wird das kleine Mädchen schwächer und unsicherer. Wenn Sie die Wendy in Ihnen ablehnen, machen Sie sie schwächer, die Pseudomutter stärker, und beide widerstandsfähiger gegen Veränderung.

Das Geheimnis der Auflösung des Wendy-Dilemmas ist die Akzeptanz der Wendy in Ihnen. (Für Männer ist das Geheimnis zur Überwindung des Peter-Pan-Syndroms die Akzeptanz des ängstlichen kleinen Jungen in ihnen.) Wendy zu akzeptieren, erfordert die Kenntnis, wer sie ist und wie sie sich zum Rest Ihrer Persönlichkeit verhält. Es ist leicht, die Wendy in anderen Frauen zu sehen; schwieriger ist es, sie in sich selbst zu sehen. Aber sie kann gefunden, gehört und verstanden werden. Dazu müssen Sie eine einfache Tatsache erkennen: Persönlichkeit ist zusammengesetzt aus vielen Teilen, und diese Teile kommunizieren miteinander durch ein System innerer Sprache. Es ist nicht überraschend, daß wir alle Selbstgespräche führen. Wenn Sie eine Möglichkeit finden, dieses Gespräch zu belauschen, können Sie dem Geheimnis, wie Sie diesem furchtsamen kleinen Mädchen helfen können, erwachsen zu werden, auf die Spur kommen.

In seinem Buch *Ich bin OK – Du bist OK* popularisierte Dr. Thomas Harris die Vorstellung von Teilen unserer selbst, die miteinander kommunizieren. Er identifizierte drei Teile – Elternteil, Erwachsener und Kind – und nannte sie ›Ego-Zustände‹. Das Elternteil sagt dem Kind, was zu tun ist, das Kind versucht, den Elternteil zu ignorieren und zu tun, was es selbst für richtig hält, und der Erwachsene bemüht sich, alle auftretenden Kräfte zu überwachen, damit sie nicht zur Selbstzerstörung führen.

Angesichts der fröhlichen Erregung einer Silvestergesellschaft könnten die drei Teile etwa das folgende Gespräch führen.

KIND: »Ich will mehr trinken, mehr essen, mehr tanzen, mehr.«

ELTERNTEIL: »Du hast von allem genug gehabt. Beruhige dich, komm zur Besinnung und geh nach Haus.«

KIND: »Ich will nicht, und du kannst mich nicht zwingen.«

ELTERNTEIL: »O doch, ich kann.«

KIND: »O nein, du kannst nicht.«

ELTERNTEIL: »Paß nur auf, du ungezogener kleiner Teufel.«

ERWACHSENER: »Genug jetzt, ihr zwei. Laßt gut sein. Kind, der Elternteil hat recht. Wenn du noch mehr ißt und trinkst, wirst du dir schaden. Elternteil, verstehe, daß das Kind etwas Spaß haben möchte. Gib ein wenig nach.«

Es ist die Aufgabe des Erwachsenen, Kind und Elternteil zu überwachen und die Kräfte ungezügelter Vergnügungssucht und strikter Moral auszugleichen. Der Erwachsene ist die Stimme der Logik und des Wissens. In den meisten Menschen fungiert der Erwachsene als eine Art Vorsitzender, der allen hilft, ihre Gesichtspunkte nach ihrer besten Fähigkeit auszudrücken. Wenn die Dinge sich so entwickeln, wie sie es sollen, entscheiden Logik und Wissen des Erwachsenen, welche Handlungsweise angenommen wird.

Ich lehrte Cindy (Kapitel 1 und 14), wie sie ihr inneres Selbstgespräch belauschen könne. Wir begannen mit der Elternteil-Erwachsener-Kind-Dreiheit und bauten von da aus auf. Sobald sie geübt war, konnte sie ihren bewußten Erwachsenen gebrauchen, den Hilferuf des ängstlichen kleinen Mädchens zu hören, zu verstehen, warum Wendy ein Elternbild projizierte, und beiden helfen: der Mutter, sich zu entspannen, dem kleinen Mädchen, heranzuwachsen.

Die von Cindy angewandte Technik hat das Ziel, das innere Gespräch zu veräußerlichen. Sie wird das Gestalt-Psychodrama genannt. ›Gestalt‹, weil sie etwas über die individuellen Teile ihres Selbst lernte und daran arbeitete, sie zu einem bedeutungsvollen Ganzen zusammenzufügen ›Psychodrama‹, weil sie eine veräußerlichte Darstellung neurologischer Information durch Rollenspiel gab. Sie trug ihre inneren Konflikte schauspielerisch aus.

Gestalt-Psychodrama wurde für den Gebrauch in der Gruppenpsychotherapie entwickelt. Mit geringfügigen Abänderungen kann es jedoch von einem Individuum allein, das ein Verlangen nach Selbsterkenntnis und eine Neigung zum Dramatischen hat, angewendet werden. Wenn Sie mit meiner Version des Gestalt-Psychodramas erfolglos bleiben, haben Sie zwei Wahlmöglichkeiten. Studieren Sie zuerst Cindys Erfahrung, und sehen Sie selbst, ob etwas darin auf Ihr Leben anwendbar ist; oder suchen Sie einen Psychtherapeuten auf, der sich mit Gruppentherapie befaßt und Ihnen helfen wird, Ihre dramatische Untersuchung schauspielerisch umzusetzen. Die erste Option mag ausreichend sein, da die Forschung auf dem Gebiet der Gruppenpsychotherapie den Schluß zuläßt, daß viele Menschen davon profitieren können, daß sie ›aktive Beobachter‹ sind.

Cindy nahm am Psychodrama teil, weil sie ihre Wendy hören und verstehen wollte. Hätte sie ernste psychologische Probleme gehabt, so hätte ich ihr individuelle Psychotherapie als Teil des Psychodramas empfohlen. Aber sie war eine im Grunde gut angepaßte Person, so daß sie die Technik mit großer Wahrscheinlichkeit als Teil ihres laufenden Prozesses der Selbstentdeckung würde anwenden können.

Ich empfahl ihr, ihr Psychodrama in der Abgeschlossenheit eines Zimmers aufzuführen, das wenigstens vier Stühle haben sollte. Während unserer Übung in meiner Praxis gebrauchte ich drei Sessel und einen Liegestuhl. Außerdem verwendeten wir mehrere Blätter Papier und einen Bleistift.

Da Cindy die Fähigkeit zur Spontaneität hatte und ich sie nicht mit längeren Erläuterungen langweilen wollte, stürzte sie sich in ihr individuelles Psychodrama und lernte dabei.

»Fangen wir an, indem wir herumgehen; lockern Sie Ihre Muskeln und gewöhnen Sie sich an die Bewegung. Im Psychodrama müssen Sie Handlung erzeugen.«

Während wir gingen, instruierte ich sie. »Als erstes müssen wir uns aufwärmen. Am besten beginnt man ein Psychodrama damit, daß man ein Gefühl für das bekommt, was man tun wird. In dieser Aufwärmphase werde ich Sie auffordern, ein wenig zu schauspielern. Haben Sie schon mal eine gebührenpflichtige Verwarnung bekommen?«

Sie kicherte. »Gewiß. Ich fuhr siebzig, wo nur fünfzig erlaubt waren.«

»Spielen wir diese Situation mit verteilten Rollen. Erinnern Sie sich daran, was der Polizist als erstes zu Ihnen sagte?«

»Ja. ›Wissen Sie, daß Sie zu schnell gefahren sind?‹ Ich sagte nein, und dann fing ich an zu weinen. Ich glaube, ich fürchtete mich.«

»Erinnern Sie sich, wie wir über die Dreiheit von Elternteil-Erwachsenem-Kind in uns sprachen?«

»Ja.«

»Welcher Teil von Ihnen antwortete dem Polizisten zuerst – der Elternteil, der Erwachsene oder das Kind?«

»Ich nehme an, es wird das Kind gewesen sein. Schließlich fürchtete ich mich und weinte. Das muß das Kind gewesen sein, nicht?«

»Richtig. Nun lassen Sie uns die Szene nachspielen, und Sie können zeigen, wie der Elternteil reagieren würde. Vergessen Sie nicht, der Elternteil urteilt, bestimmt und sagt den Leuten, was Recht und Unrecht ist. Verstehen Sie mich?«

»O ja, ich weiß, wie der Elternteil reagiert.«

»Gut. Setzen Sie sich in diesen Sessel. Wenn Sie sitzen, möchte ich, daß Sie der Elternteil sind, der dem Verkehrspolizisten antwortet.«

Als Cindy sich gesetzt hatte, skizzierte ich die Szene. »Ich bin der Beamte und habe Sie an den Straßenrand gewinkt. Ich komme jetzt auf Sie zu.«

Im Gedenken an den Streifenbeamten, der mich das letzte Mal angehalten hatte, bemühte ich mich um die Nachahmung eines ernstzunehmenden Gesetzeshüters. »Guten Tag, Madam. Darf ich Ihren Führerschein sehen?«

Ich nahm Cindy den imaginären Führerschein aus der Hand und sagte: »Wissen Sie, daß Sie zu schnell gefahren sind?«

Cindy als Elternteil antwortete: »Sie irren sich, Sir, ich fuhr nicht zu schnell. Schließlich hätte ich es gemerkt, wenn ich mit überhöhter Geschwindigkeit gefahren wäre. Und ich tue das nie. Ihr Meßgerät muß defekt sein.«

»Sie fuhren siebzig in einer Zone mit fünfzig Kilometern Geschwindigkeitsbegrenzung.«

Cindy sagte: »Nun, Sir, es tut mir leid, das zu sagen, aber Ihr hübsches kleines Meßgerät ist nicht in Ordnung. Ich fahre nicht zu schnell. Wie oft soll ich es noch sagen?« Cindy war kratzbürstig.

Ich brach die Szene ab. »Junge, Junge, Sie haben wirklich in diese Rolle hineingefunden.«

»Wirklich. Ich war sogar zornig auf Sie.«

»Das bedeutet einfach, daß Ihnen die dramatische Darstellung einer Situation des wirklichen Lebens erfolgreich gelungen ist.«

Ich ging zur anderen Seite des Raumes und gab ihr neue Anweisungen. »Nun versuchen wir es noch einmal. Diesmal aber reagieren Sie, wie der Erwachsene es tun würde. Denken Sie daran, der Erwachsene gibt und fragt nach Information, gebraucht Logik als Richtschnur. Um Ihnen die Vorstellung von Veränderung zu geben, möchte ich, daß Sie den Platz wechseln.«

»Fein.« Sie stand auf und setzte sich in einen anderen Sessel.

Ich wiederholte meine Darstellung wortgetreu. Diesmal hatte Cindy Schwierigkeiten mit der Rolle, spielte sie aber leidlich gut.

»Wachtmeister, ich weiß nicht, was Sie meinen. Ich glaube nicht, daß ich zu schnell gefahren bin. Darf ich Ihre Radarmessung sehen?«

Ich willigte ein.

»Könnte es sein, daß Ihr Meßgerät falsch anzeigt?«

»Nein, Madam«, sagte ich.

»Nun, das ist wirklich seltsam. Ich fahre nie zu schnell. Sind Sie sicher, daß ich in einer Zone mit Geschwindigkeitsbegrenzung war?«

Ich unterbrach die Szene und sagte: »Gut so. Haben Sie die Vorstellung gewonnen, daß die verschiedenen Rollen innerhalb derselben Situation zu spielen sind?«

»Ja, ich denke schon.«

»Gut. Nun wollen wir auf ein kompliziertes Gebiet übergehen. In Ihrem Kopf sind viele Persönlichkeiten, nicht bloß Elternteil, Erwachsener und Kind. Alle repräsentieren einen Teil Ihrer wirklichen Person. Die erste Person, die Sie aus Ihrem Kopf ziehen sollen, ist Wendy. Ich möchte, daß Sie sie in diesen Sessel setzen. Wenn Sie sich in diesen Sessel setzen, werden Sie der Teil von Cindy sein, der eine Wendy ist. Aber bevor Sie Ihren Platz einnehmen, möchte ich, daß Sie sich an das letzte Mal erinnern, als Wendy zum Vorschein kam. Wo waren Sie, wer war bei Ihnen, was taten Sie?«

»Also, ich weiß nicht genau; ich glaube, Wendy kam gestern abend zum Vorschein. Es war Essenszeit, und die Kinder stritten, wer an der Reihe sei, den Tisch zu decken. Ich schrie sie an, sie sollten ruhig sein, und dann sagte ich, glaube ich, zu Ed, er solle mir helfen. Ich weiß nicht genau, was als nächstes geschah. Ich erinnere mich, daß die Kinder weiterstritten, und Ed blieb im Wohnzimmer und las seine Zeitung. Ach ja, ich weiß, wir gerieten wegen der Kinder in Streit. So war es.«

»Ich möchte, daß Sie den letzten Abend wie einen Film betrachten. Versuchen Sie sich auf eine Stelle in dem Film zu besinnen, wo es richtig brenzlig wurde. Erinnern Sie sich, wenn möglich, an die Aussage oder Antwort, die in Ihnen die Bereitschaft zum Streit auslöste.«

Cindy erzählte die Szene und wiederholte nach bestem Wissen die Worte und Handlungen der Beteiligten. Als sie in dieser Weise langsam die Ereignisse des Abends rekapitulierte, stieß sie auf den kritischen Satz. »Ich bat Ed, mir zu helfen, damit ich mit den Kindern fertig würde, und er sagte: ›Du läßt diesen Bälgern auch alles durchgehen‹. Das brachte mich auf. Ich versuchte ruhig zu bleiben und ...«

»Halt. Wir wollen die Szene nachspielen. Setzen Sie sich in Ihren Wendy-Sessel hier, und lassen Sie uns wiederholen, was geschah. Ich werde Ed sein, und Sie bleiben Sie selbst. Fangen Sie an, indem Sie meine Hilfe erbitten, und ich werde sagen, was Ed sagte. Wir werden sehen, was geschieht.«

Ich ging zur anderen Seite des Zimmers und erklärte, daß ich im Wohnzimmer Zeitung lese. »Gut so. Setzen Sie sich, und ich werde meine Ed-Nachahmung spielen.« Ich zog mein Notizbuch hervor und hielt es wie eine Zeitung vor mir in die Höhe. »Fangen wir an!« Ich begann zu summen, als fände ich in meiner Lektüre die größte Zufriedenheit.

Cindy sagte: »Ed, komm und hilf mir, mit den Kindern fertigzuwerden.«

Ich erwiderte in verdrießlichem Ton: »Verdammt, Cindy, du läßt diesen Bälgern auch alles durchgehen.«

Sie zog die Brauen hoch, als die Erinnerung sie aus der Praxis nach Haus entführte. »Das tue ich nicht. Die Kinder sind in Ordnung. Es müssen ihnen nur Manieren beigebracht werden.«

Cindy hatte abwehrend reagiert, also stieß ich nach. »Ich würde ihnen schon Manieren beibringen, und zwar mit der Hand.«

»Das ist deine Antwort auf alles. Wenn du Gefühle hättest, wüßtest du, wie weh das gut.« Cindy sprach in einem weinerlichen Ton.

»Gefühle haben damit nichts zu tun. Du sagtest, du brauchtest Hilfe bei den Kindern, und ich sagte dir, wie ich helfen würde. Aber du läßt mich nicht.« Ich hatte eine Kleine-Jungen-Reaktion von Ed eingeschoben.

Cindy ging zu gemäßigtem Märtyrertum über. »Ich versuche, eine gute Frau und Mutter zu sein, und habe keine Hilfe an dir. Zuletzt muß ich mich ganz allein um *deine* Kinder kümmern.« Die Betonung auf *deine* signalisierte den Beginn der Bestrafung.

Obwohl ich eine Rolle spielte, war ich verblüfft. Mir war, als hätte ich einen Klaps auf die Finger bekommen. Ich blieb bei dem, was Ed meiner Einschätzung nach sagen könnte. »Es macht dir Spaß, auf mir herumzuhacken, wenn ich einen schweren Tag hinter mir habe, nicht?« Ed würde wahrscheinlich eine Schuldzuweisung als passiv-aggressives Manöver benutzen, um Cindy abzuschütteln.

Diese letzte Bemerkung tat ihre Wirkung. Cindy verlor ihre Konzentration und sagte: »Gott, immer das gleiche alte Zeug! Das Ende ist immer das gleiche.«

Auch ich kehrte ins Hier und Jetzt zurück. »Haben wir diese Szene richtig gespielt?«

»Und ob! Allzu richtig. Ich hätte rüberkommen und Ihnen eine langen können.«

»Gut. Drücken Sie das aus!«

»Was?«

»Fahren wir fort, Teile von Cindy aus Ihrem Kopf zu ziehen. Ich vernahm gerade einen weiteren Teil: Zorn. Setzen Sie sich in einen anderen Sessel und machen Sie dem Zorn Luft. Nur zu! Wenn Sie dort sitzen, sind Sie der Teil von Cindy, der zornig ist. Setzen Sie sich und seien Sie zornig.«

Cindy nahm ihren neuen Platz ein und saß bewegungslos da. »Ich weiß nicht, was ich sagen soll.«

»Reden Sie einfach so, wie Ihnen zumute ist.« Ich stieß sie ein wenig an. »Sie waren bereit, Ed dort drüben eine zu langen. Nun, tun Sie es, aber tun Sie es mit Worten.«

»Ich habe es wirklich nicht gern, wenn Sie so zu mir sprechen.« Ihre Feststellung klang gestellt und trocken, als hätte sie sie aus einem Drehbuch.

»Es fällt Ihnen schwer, zornig zu sein, nicht?«

»Wenn ich hier sitze, kann ich es nicht fühlen.«

»Aber auf dem anderen Platz, als Sie gerade Wendy waren, konnten Sie es fühlen.«

»Ja.«

»Also, wechseln Sie wieder den Platz, und versuchen Sie es noch einmal.«

Cindy ging zurück zu ihrem Wendy-Sessel, setzte sich und fing nach kurzem Soufflieren an, Ed zu quälen. »Du bist ein kleiner Junge, ein ängstlicher kleiner Junge. Du hast nicht den Schneid, dich mit einer richtigen Frau einzulassen. Du hast Mitleid mit dir selbst, du läufst herum und tust so, als wärst du ein toller Typ, aber die Leute, die an erster Stelle kommen sollten – deine Familie – ignorierst du einfach. Und du erwartest von mir, daß ich alles tue, was *du* willst, denkst aber nicht daran zu tun, was ich will.«

Sie hielt inne, und ich kam ihr zu Hilfe. »Wie fühlt sich das an?«

»Gut und schlecht. Gut, weil es meine Gefühle ausdrückt. Schlecht, weil ... Ich weiß nicht, es ist irgendwie ein ungutes Gefühl dabei.«

Cindy stieß auf eine zeitweilige Blockierung, ein Zeichen, daß wir uns entspannen und das Geschehene unbefangen betrachten sollten.

»Gehen wir im Zimmer herum und besprechen wir, was wir hier haben. Als Sie Wendy waren, machten Sie mehrere Reaktionen durch. Zuerst nahmen Sie die Kinder in Schutz, dann fingen Sie an zu winseln, dann gingen Sie zu Selbstmitleid über und stichelten wegen *seiner* Kinder.«

»Oh! Das klingt übel. Was für eine miese Tour.«

Ich brach meine Analyse ab, schaute Cindy schweigend an und legte besondere Betonung auf meine folgende Bemerkung: »Wer belegt Sie mit Schimpfnamen?«

»Ich weiß es nicht.«

Ich ergriff die Gelegenheit, wies auf einen anderen Sessel und sagte: »Setzen Sie sich dorthin, und wiederholen Sie, was Sie gerade über die miese Tour sagten.«

Cindy tat wie geheißen, ohne ihre Konzentration zu unterbrechen. »Es ist wahr. Wenn ich ... ich meine, wenn Cindy sich so benimmt, ist es eine miese Tour, und es ist einfach übel. Sie läßt zu, daß dieser Mann sie dazu bringt, blöd daherzureden. Er rennt sie über den Haufen, und sie tut nichts dagegen, außer zu jammern und zu versuchen, es ihm heimzuzahlen. Sie sollte wirklich erwachsen werden.«

Ich faßte Cindy leicht bei der Schulter, ging mit ihr zur anderen Seite des Zimmers und wandte mich in einem verschwörerischen Ton an ihre Stimme erwachsener Logik, indem ich sagte: »Nun, Doktor Cindy, was ist nach Ihrer Meinung als frischgebackene Nachwuchstherapeutin an dem, was diese Dame sagt?«

Der Rollentausch machte Cindy Spaß. »Ich würde sagen, sie ist ein schrecklicher Fall von fehlender Selbstachtung. Sie geht mit sich selbst viel zu hart ins Gericht.«

Ich setze meine Konsultation fort. »Vielleicht sollte jemand es ihr sagen; jemand, dem sie vertraut. Es muß eine andere Person im Kopf dieser Patientin sein, die zu ihr sprechen kann, so daß sie darauf hören wird.«

Der Abstand von der Szene half Cindy, eine zusätzliche Perspektive zu gewinnen. »Es gibt eine. Es gibt eine andere Seite, in ihr, die nicht sehr stark ist. Aber sie ist da.«

»Sehen wir zu, ob wir sie zum Vorschein bringen können.« Cindy und ich gingen zurück zum wachsenden Kreis der Sessel und Stühle, und ich zeigte auf den, wo ihr Zorn Schwierigkeiten gehabt hatte, sich zu artikulieren. »Als wir letztes Mal versuchten, den Zorn in diesen Sessel zu setzen, klappte es nicht. Versuchen wir, etwas Positiveres hineinzubringen. Setzen Sie sich in den Sessel und sprechen Sie zu Wendy ...«, ich zeigte zu Wendys Platz, »... darüber, was Sie von ihrem Verhalten denken.«

»Wendy, du mußt dich wirklich zusammenreißen, das weißt du.« Cindys Stimme klang heiter. »Du bist ein nettes

Mädchen, wirklich. Aber du läßt dich in alle möglichen dummen Dinge hineinziehen. Streite nicht mit Ed. Er ist bloß kindisch. Wenn du mit ihm streitest, benimmst du dich auch kindisch.«

Es war an der Zeit, daß Cindy die Verfeinerungen des Psychodramas auszuführen lernte und die Persönlichkeiten in ihr den Dialog miteinander führen ließ. Ich stand neben Cindy und machte eine einladende Handbewegung. »Setzen Sie sich in Wendys Sessel, und antworten Sie der Stimme, die wir gerade gehört haben.«

Cindy wechselte den Platz, überlegte einen Moment und sagte: »Wie soll ich ihn ändern? Ich will ihn nicht verlieren. Aber ich will ihn nicht so, wie er ist. Wissen Sie darauf eine Antwort?«

Cindys Konzentration war momentan unterbrochen. Aber sie fand wieder hinein und bewies, daß sie sich an die Technik des Psychodramas gewöhnte. »Ich möchte es dumm nennen, was Wendy sagte. Ich glaube, ich sollte an diesem Platz sitzen.« Sie zeigte zu dem Platz, von dem die Stimme der Selbstverurteilung gekommen war.

»Tun Sie es.« Sie brauchte nur minimale Anleitung.

Cindy wechselte wieder den Platz und sagte: »Du redest so kindisch.« In ihrer Stimme war jetzt ein feindseliges Knurren. »Warum kannst du nicht erwachsen werden und die Welt sehen, wie sie ist? Hör auf, so ein Baby zu sein.«

Mit der plötzlichen Erleuchtung einer Einsicht unterbrach sich Cindy und sagte: »Das ist meine Mutter. Das ist meine Mutter, die so redet. Verstehen Sie das? Es ist meine Mutter, die hier sitzt. Sie kann Wendy nicht leiden. Sie findet Wendy einfältig, weil sie mehr will, als sie hat.«

Ich drängte weiter. »Nun, gibt es jemanden, der ihr widersprechen kann?«

»Wendy bestimmt nicht. Aber dieser Stuhl.« Cindy stand auf und setzte sich auf den noch nicht vergebenen Stuhl. Sie wandte sich dem Sessel der Mutter zu und sagte: »Laß das Mädchen in Ruhe. Du hast ihr lange genug gesagt, was sie zu denken hat. Sie muß ihr eigenes Leben leben, und sie kann es nicht nach deiner Art tun.«

Die Pause signalisierte das Ende einer Wechselwirkung. Ich winkte Cindy zu mir in die Konsultationsecke. Ich brauchte sie nicht aufzufordern, die Erwachsene in ihr analysieren zu lassen, was vorgefallen war.

»Da ist die Erwachsene, der Elternteil und das Kind. Wendy ist das Kind, Mutter ist der Elternteil, und der andere Stuhl ist die Erwachsene.«

»Es ist ein bißchen komplizierter. Wendy ist ein furchtsames kleines Mädchen, aber sie hat auch einen sarkastischen, scharfen elterlichen Teil, der sie selbst quält und andere bestraft. Die Mutter ist verbittert von ihrem eigenen Leben und läßt ihre Bitterkeit auf Wendy ab. Und der andere Stuhl ist in Wirklichkeit nicht die reine Erwachsene, weil sie starke vorgefaßte Meinungen in bestimmten Richtungen hat.«

Cindy paßte sich rasch an. »Die Mutter ist in Wirklichkeit auch eine Wendy, nicht wahr?«

Ihr Rollenspiel machte zusätzlicher Einsicht Platz. »Meine Mutter ist bloß ein trauriges, ängstliches kleines Mädchen, das nie erwachsen geworden ist, nicht wahr? Das ist genau die Art und Weise, wie ich auf meine Tochter wirken werde, ist es nicht so?«

»Nicht, wenn Sie so, wie Sie es jetzt tun, arbeiten und wachsen.«

»Aber wie soll ich das machen? Ich kann nicht den Rest meines Lebens zur Therapie gehen.«

»Selbstverständlich nicht. Glauben Sie, daß nichts in Ihnen ist, was Ihnen helfen kann?«

»Ich nehme an, dieser eine Platz könnte helfen. Aber ich weiß nicht, was das ist.«

»Lassen Sie sich von mir einen Hinweis geben. Es ist eine Stimme des Selbstvertrauens, von einer Person, die keine Angst hat auszusprechen, was sie auf dem Herzen hat. Sie kann lachen und sich vergnügen, ohne von dem kindischen Getue anderer Leute angesteckt zu werden. Sie existiert in Ihrem Kopf, aber sie ist nicht sehr stark. Das liegt daran, daß sie gewöhnlich von Wendy und Ihrer Mutter übertönt wird.« Ich beschloß, sie raten zu lassen.

»Das hört sich großartig an. Ich möchte nur wissen, wer sie ist.«

»Nun, stellen Sie sich vor, Ihr Ed kommt auf diese Frau zu und sagt: ›Du läßt den Bälgern auch alles durchgehen.‹ Können Sie sie sagen hören: ›Du dummer Kerl‹?«

Cindy ging ein Licht auf. Sie zwinkerte und lächelte mir zu. »Das ist Tinker, nicht wahr? Ja, das muß Tinker sein.«

Ich nickte.

Mit einem Ausdruck von Spontaneität schritt Cindy zu dem Tinkerstuhl, setzte sich darauf und erklärte triumphierend: »Hier bleibe ich für immer.«

»Wollen wir wetten?« sagte ich.

»Klar. Ich muß bloß noch diese anderen Sitzgelegenheiten loswerden. Ich werde sie in Ihr Wartezimmer stellen.« Sie sagte es halb im Spaß, halb im Ernst.

»Wir wissen beide, daß es so nicht gehen wird. Wendy ist ein großer Teil von Ihnen. Sie können sie nicht einfach verbannen. Sie müssen ihr helfen.«

»Erwachsen zu werden, nicht?«

»Richtig. Und nicht furchtsam zu sein. Und Sie müssen lernen, ihr ein paar Nettigkeiten zu sagen, statt sie nur herunterzumachen.«

»Was mache ich mit Mutter hier?«

»Ja, was machen Sie?«

»Ich nehme an, auch sie muß erwachsen werden. Aber wenn das nicht geht, ich weiß nicht ...«

»Es wird viel zu lernen geben. Aber wenn Sie sich selbst vertrauen, wird es Ihnen gelingen.« Ich erinnerte sie an eine ihrer eigenen Erklärungen. »Es wird sich alles finden. Vorausgesetzt, Sie arbeiten daran.«

»Wie soll ich daran arbeiten?«

»Genauso wie Sie es heute getan haben. Indem Sie alle Teile Ihrer selbst ans Tageslicht bringen und zueinander sprechen lassen.«

»Aber Wendy ist solch eine Heulsuse.«

Ich warf ihr einen aufmerksamen, stirnrunzelnden Blick zu, und sie besann sich.

»Ich weiß, ich weiß; ich soll sie nicht heruntermachen. Ich meinte es auch nicht so, wie meine Mutter es sagen würde. Ich meinte vielmehr, sie ist in Ordnung, aber sie ist eine Heulsuse.« Cindy lachte.

»Im Ernst, Cindy, Sie werden Wendy niemals helfen, erwachsen zu werden, wenn Sie sie herabsetzen, sich über sie lustig machen oder versuchen, sie aus Ihrem Leben hinauszuwerfen. Darum sagte ich, Sie sollten Wendy nicht verdammen. Wenn Sie unsere heutige Therapie überblicken, wird Ihnen auffallen, daß harte Worte in Ihrem Leben gang und gäbe sind. Wenn Sie Wendy verdammen, verdammen Sie tatsächlich sich selbst. Wendy wird sich hinter der Mutterfassade verbergen, und Sie werden niemals in der Lage sein, ihr zu helfen, daß sie mit ihren Ängsten fertig wird. Aber wenn Sie sie nehmen, wie sie ist, haben Sie eine Chance, ihr zu helfen.

Wenn Wendy ein ängstliches kleines Mädchen bleibt, werden Ihre Ängste stärker sein als Tinkers Stimme. Tinker wird im Hintergrund bleiben, und ich glaube nicht, daß dies in Ihrem Sinne wäre.«

»Absolut nicht. Aber ich bin nicht sicher, was Tinker will. Vielleicht ist sie auch nicht erwachsen.«

»Das mag wahr sein, aber sie wird rasch lernen. Wenn Wendy lernt, sich selbst zu akzeptieren, wird sie erwachsen werden und Tinker Platz machen. Und Tinker wird den Weg finden.«

»Wo fange ich an?«

»Genau da, wo Sie sind «

KAPITEL 16

Die Bedürfnisse der Abhängigkeit auflösen

»Es fiel mir außerordentlich schwer zuzugeben, daß meine Mutter mich oft benutzte, um ihrem eigenen Schmerz zu entkommen, und daß mein Vater nicht verstand, mir seine Zuneigung zu zeigen. Nun, da ich das gelten lasse, habe ich ihnen vergeben. Es ist leichter geworden, mit mir selbst zu leben.«

Hat eine Frau einmal ihre Wendy akzeptiert (auch wenn sie lächeln und sie ›ein dummes Ding‹ nennen mag), gilt ihr nächster Schritt der Auflösung ihrer Abhängigkeitsbedürfnisse. Wie Sie sich aus dem 3. Kapitel erinnern werden, sind dies die Bedürfnisse nach Bequemlichkeit, Sicherheit und Geborgenheit, Dinge, die ein Kind von seinen Eltern erwartet. Wenn diese Bedürfnisse nicht befriedigt werden, kann das Kind die Furcht erfahren, verlassen zu werden. (Beim Erwachsenen wird daraus bezeichnenderweise Furcht vor Ablehnung).

Als kleines Mädchen mag eine Wendy dieser Furcht begegnet sein, indem sie sich bemühte, ihrer Mutter eine vollkommene Tochter zu sein. Dies mag bis zur Mithilfe bei der Bemutterung ihres Vaters geführt haben. Dort begann sie eine Wendy zu werden.

Eine Frau, die ihre Furcht, verlassen zu werden, bewältigt, indem sie den ersten Mann, den sie liebt, bemuttert, wird von da an gegenüber allen Männern in einem mehr oder weniger stark ausgeprägten Zustand der Knechtschaft leben. Wenn dies auf Sie zutrifft, haben Sie wahrscheinlich eine voreingenommene Betrachtungsweise, was die Männer in Ihrem Leben betrifft. Immer wenn Sie einen Mann liebgewinnen, erfahren Sie eine Rückblendung zu der Furcht vor dem Verlassenwerden, die Sie veranlaßt, vor einem reifen Liebesverhältnis davonzulaufen und sich in der Geborgenheit des Bemutterns zu verstecken. Ungeachtet dessen, was die Erwachsene in Ihnen will, wird das furchtsame kleine Mädchen Sie zwingen, alles Nötige zu tun, um die Möglichkeit der Ablehnung zu vermeiden.

Wenn Sie eine Tinker werden und sich der Freiheit des Liebens erfreuen wollen, werden Sie sich Ihrer Furcht vor Ablehnung stellen müssen. Sie werden eine Reise zurück in Ihre Kindheit machen müssen, nicht, um nutzlose alte Erinnerungen auszugraben, sondern um die Vergangenheit ein für allemal hinter sich zu bringen. Die Wendy in Ihnen muß die Vergangenheit fahren lassen, um Ihrer Tinker eine Chance zu geben, in der Gegenwart zu leben. Doch ist das Fahrenlassen der Vergangenheit leichter gesagt als getan. Viele Hindernisse sind zu überwinden.

In Ihrem Bemühen, die Vergangenheit zu erklären, ist das Gefühl, soviel Zeit vergeudet zu haben, das größte Hindernis. Ereignisse, Zeiten, Orte und Daten gehen Ihnen durch den Kopf. Sie möchten nicht Ihr ganzes Leben noch einmal Revue passieren lassen, nur ein paar kritische Situationen. Sie hätten eine andere Entscheidung treffen und vieles von dem inneren Aufruhr vermeiden können, mit dem zu leben Sie jetzt gezwungen sind. Eine Frau fand es schwierig, sich mit den ›vergeudeten Jahren‹ auseinanderzusetzen.

»Das Schlimmste ist die Erkenntnis, daß ich aus meinen Fehlern nicht lernte. Ich machte es jedesmal wieder genauso, bei einem Mann nach dem anderen. Wissen Sie, ich glaube, ich hätte aus meiner ersten Ehe etwas machen können, wenn ich damals gewußt hätte, was ich heute weiß. Und die Kinder hätten nicht den Schmerz durchmachen müssen, den sie erlitten. Das war ihnen gegenüber nicht recht - sie in eine Familie zu bringen, in der keiner der beiden Elternteile für die Aufgabe reif genug war.«

Wenn Sie das Bedauern dieser Frau teilen, werden Sie Ihre Einstellung berichtigen wollen, so daß Reue und Gewissensbisse nicht zu einer Lebensweise werden. Sie werden eine grundlegende Fertigkeit erlernen müssen: zu trauern. Seien Sie vorsichtig, bevor Sie diesen Vorschlag als zu vereinfachend abtun. Er ist kritischer, als Sie denken mögen.

Die meisten Leute räumen sich selbst nicht das Recht ein, sich unbelastet der Traurigkeit hinzugeben. Mit unbelastet meine ich, Trauer zu erfahren, ohne Selbstmitleid, Verleugnung, Rachegefühle und andere Emotionen hinzuzufügen, die den Schmerz dämpfen sollen. Die Erkenntnis, daß frühere Fehler wiederholt worden sind, schmerzt unnötig. Geben Sie der Traurigkeit Raum in dem Kreis der imaginären Stühle. Wenn Sie auf diesem Stuhl sitzen, weinen Sie und seien Sie traurig. Mehr ist nicht zu tun. Wenn Sie der Traurigkeit keinen eigenen Platz einräumen, werden Sie die Fehler zwangsläufig wiederholen und noch mehr Zeit vergeuden. Sobald Sie verstehen, traurig zu sein, werden alte Wunden langsam heilen, und Sie werden der Traurigkeit weniger Zeit geben. Sie werden mehr Energie für andere Aktivitäten haben, die auf die Auflösung von Abhängigkeitsbedürfnissen gerichtet sind. Dies ist der Zeitpunkt, zu dem ein weiteres größeres Hindernis aus dem Nichts auftauchen und drohen mag, Sie zu verzehren – der Zorn.

Wenn die Wendy in Ihnen erwachsen zu werden beginnt, wird sie negative Empfindungen freisetzen, die jahrzehntelang unterdrückt gewesen sein mögen. Scheinbar zusammenhanglose Ausbrüche von Jähzorn können Sie überschwemmen. Die Stimmen des Zornes können einander übertönen und gegenseitig auslöschen. Im einzelnen können sie sich etwa so anhören:

»Ich hasse dich, Mutter. Du hast dich von Vater überfahren lassen. Du warst ihm eine Sklavin. Als ich dich brauchte, damit du mir zeigtest, wie ich ein erwachsener Mensch sein kann, benahmst du dich wie ein eingeschüchtertes kleines Dienstmädchen. Und du lehrtest mich, das gleiche zu tun.

Hol dich der Teufel, Vater. Du warst so egoistisch, daß du nicht die Arme ausstrecken und mich umarmen konntest. Du kamst immer zuerst. Du gabst mir das Gefühl, daß etwas mit mir nicht stimmte, dabei lag der Fehler bei dir. Du warst nicht Manns genug, deine Frau und deine Kinder von Herzen zu lieben. Du versuchtest es mit der Brieftasche zu tun. Das Schlimmste von allem aber war, du sagtest nie, daß du mich liebst. Dafür hasse ich dich am meisten.«

Der Zorn ist verständlicher, wenn Sie ihn als die Stimme eines kleinen Mädchens erkennen, das gegen die Furcht vor Verlassenheit ankämpft und sich um die Wiedergewinnung eines Selbstwertgefühls bemüht. (Vergessen Sie nicht, Zorn wird gewöhnlich als die Kehrseite der Furcht gesehen.) Auch Zorn sollte in Ihrer Gestalt einen Platz haben. Wenn Sie ihm eine Stimme geben und sich aussprechen lassen, kann Zorn tatsächlich eine unentbehrliche Hilfe in der Auflösung Ihrer Abhängigkeitsbedürfnisse sein. Solange Sie Ihren Zorn nicht legitimieren und in der richtigen Perspektive sehen, mögen Sie das Wendy-Dilemma niemals lösen.

Zorn kann Ihnen die Richtung zur Änderung weisen. Aber Sie müssen mehr tun als ihm einfach Luft zu machen, wann immer er Sie überkommt. Wenn Sie dem Zorn eine Stimme geben, schreiben Sie es auf ein Stück Papier und setzen Sie sich auf Ihren Tinkerstuhl, während Sie das Papier auf dem Zornstuhl liegenlassen. Dann antworten Sie aus Ihrer Tinkerposition dem Zorn mit Vorschlägen für eine Änderung der Lage.

Ich habe ungezählten Frauen geholfen, ihrem Zorn Luft zu machen. Nach ihrer Katharsis stelle ich ihnen jedoch immer die herausfordernde Frage: »Was werden Sie dagegen tun?« Von hier gibt es gewöhnlich zwei allgemeine Optionen, je nachdem, ob die Eltern der Frau noch leben oder nicht. Bevor wir Strategien für diese beiden Optionen besprechen, müssen wir zuerst die allgemeine Technik behandeln, die - gleichviel unter welchen Umständen - angewendet werden muß: Selbstbehauptung.

Selbstbehauptung ist ein verbales Verhalten mit dem Zweck, die eigenen Gedanken oder Empfindungen zu erklären, so daß sie von einer anderen Person verstanden und berücksichtigt werden können. Eine neuere Untersuchung berechnete fünf Skalen für die Einschätzung von Selbstbehauptung und reduzierte mittels der Technik der Faktorenanalyse Hunderte von selbstbehaupteten Verhaltensweisen auf die niedrigste mögliche Zahl. Die Untersuchung kam zu dem Schluß, daß beinahe die Hälfte aller Selbstbehauptungen auf zwei große Kategorien entfällt: erstens die Fähigkeit, in der Öffentlichkeit für die eigenen Rechte einzutreten; und zweitens, mit einer nicht näher bekannten Person Kontakt aufzunehmen. Da eine Frau, die Furcht und Zorn gegen ihre Eltern auflösen wünscht, nicht auf einer intimen Basis mit ihnen ist, sondern auf einer neuen Ebene mit ihnen Verbindung aufnehmen will, würde ihre Selbstbehauptung in die zweite Kategorie fallen.

Weitere Forschungen über die Selbstbehauptung lassen erkennen, daß eine Person, die auf einem unvertrauten Gebiet zuerst Verbindung aufnimmt, ein Risiko eingeht. Risiken erzeugen Ängste, und die beste Möglichkeit, Ängste zu verringern, ist ein langsames Vorgehen Schritt für Schritt und die Inangriffnahme einfacherer Probleme, bevor man sich den schwierigeren zuwendet.

Das Ergebnis dieser einleitenden Information ist, daß Sie in dem Bemühen, Ihre Abhängigkeitsbedürfnisse aufzulösen, die Risiken und Ängste verringern können, wenn Sie sich zuerst in einer Situation behaupten, die weniger emotionale Obertöne hat als eine Konfrontation mit Ihren Eltern. Darum mögen Sie den Wunsch haben, sich für eine solche Konfrontation aufzuwärmen, indem Sie Selbstbehauptung in der ersten der zwei oben erwähnten Kategorien üben. Treten Sie also einem Handelsvertreter oder einer Ladenverkäuferin entgegen, bevor Sie sich Ihre Mutter oder ihren Vater vornehmen. In Kapitel 18 ›Die Tinker-Reaktion einüben‹ werden Sie Vorschläge zum Aufwärmen finden.

Ganz gleich, wie Sie sich darauf vorbereiten, Ihren Eltern mutig zu begegnen, wird zum Fürchten sein. Ist der Elternteil, mit dem Sie sich gern ausgesprochen hätten, verstorben, so müssen Sie sich der Technik des Psychodramas bedienen. Zu diesem Zweck werden Sie die Hilfe einer Freundin oder eines Beraters brauchen; die Auseinandersetzung mit einer emotionalen Erinnerung ist zu kompliziert, um ohne Hilfe bewerkstelligt zu werden.

Angenommen, Sie wünschen eine Aussprache mit Ihrem verstorbenen Vater über seinen Mangel an Wärme.

Schreiben Sie zunächst einige seiner Aussagen nieder, an die Sie sich erinnern. Projizieren Sie Aussagen, die er über Sie gemacht haben mag, indem Sie Ihre Mutter oder eine andere lebende Person aus der Verwandtschaft konsultieren, die Ihren Vater gut kannte. Schreiben Sie auch diese Ergebnisse auf. Legen Sie die Niederschrift auf einen Stuhl Ihnen gegenüber. Wenn Sie einen Freund oder eine Freundin haben, der oder die helfen kann, erklären Sie, was er oder sie zu tun hat; das heißt, daß der oder die Betreffende die Rolle Ihres Vaters übernimmt, indem er oder sie die Aussagen der Niederschrift verliest. Ein vorausgehendes Gespräch über Ihren Vater mag ihm oder ihr helfen, die Rolle realistischer zu spielen. Wenn Sie mit einem Berater arbeiten, vergewissern Sie sich, daß er oder sie die Elemente des Psychodramas versteht.

Als nächstes bringen Sie mit klaren unmißverständlichen Worten Ihre wichtigsten Sorgen, Fragen oder Beschwerden vor. Schreiben Sie sie nieder, wenn das helfen kann. Sagen Sie es mehrere Male laut auf, bevor Sie Ihre Rolle spielen. Gebrauchen Sie diese Prozedur zum Aufwärmen.

Beginnen Sie das Rollenspiel mit der Feststellung Ihres Anliegens. Ihr Gegenüber sollte bei der Antwort von der vorbereiteten Niederschrift Gebrauch machen, ist aber frei, innerhalb der durch die Niederschrift gezogenen Grenzen zu improvisieren.

Ein typisches psychodramatisches Gespräch könnte sich folgendermaßen abspielen:

SIE: »Ich möchte wissen, warum du mir nie gesagt hast, daß du mich liebst.«

FREUND-ALS-VATER: »Du wußtest, daß ich dich immer geliebt habe.«

SIE: »Aber warum hast du es mir nicht gesagt oder gezeigt?«

F-A-V: »Ich dachte, du wüßtest es. Ich habe deiner Mutter gesagt, wieviel du mir bedeutest.«

SIE: »Aber du hast es nicht mir gesagt. Das tat sehr weh.«

F-A-V: »Ich hatte an vieles zu denken. Du solltest dich wirklich nicht beklagen. Du hattest alles, was du jemals wolltest.«

SIE: »Außer einen Vater.«

Forcieren Sie das Gespräch nicht. Es ist nicht erforderlich, daß eine erderschütternde Auflösung erreicht wird. Es genügt, daß Sie eine Gelegenheit haben, innerhalb der Beschränkungen, die dem psychodramatischen Verfahren auferlegt sind, auszusprechen, was Sie bedrückt. Bedenken Sie, daß die endgültige Auflösung *in Ihrem Kopf* vor sich gehen wird, ob Ihre Eltern am Leben sind oder nicht. Das ist die entscheidend wichtige Lektion, die aus dieser Übung zu lernen ist.

Ist der Elternteil, den Sie zur Rede stellen wollen, am Leben, ist die Begegnung aussichtsreicher, doch werden ihr mancherlei Ängste vorausgehen. Eine persönliche Konfrontation wird Sie von Angesicht zu Angesicht mit Ihrer Furcht vor Ablehnung und Ihrem Minderwertigkeitsgefühl bringen. Sie werden das Verlangen haben, fortzulaufen oder in letzter Minute Ausreden zu finden, nur um die Begegnung zu vermeiden.

Sie können sich auf die Konfrontation vorbereiten und

Ihre Furcht entsensibilieren, indem Sie im voraus ein Psychodrama durchspielen. Folgen Sie dem gleichen Verfahren, das Sie anwenden, wenn der Elternteil verstorben ist. Sie benötigen nicht unbedingt eine vertraute Person, die Ihnen bei der Einübung hilft. Ihre Niederschrift wird in diesem Fall genügen.

Eine weitere Herausforderung ist die Wahl des richtigen Zeitpunktes und Ortes für die Konfrontation. Über die Vorsorge ungestörter Aussprache hinaus gibt es keinen idealen Zeitpunkt. Mit Ausnahme einer Frau, die versuchte, sich der Aufgabe telefonisch zu entledigen (und scheiterte), trugen alle Frauen, mit denen ich zu tun hatte, die Konfrontation mit jedem Elternteil getrennt aus.

Im folgenden einige Beispiele, wie Frauen mit ihren Eltern eine Aussprache über unaufgelöste Abhängigkeitsbedürfnisse herbeigeführt haben.

Nach dem Abendessen am Tag des Erntedankfestes sagte Diane, als sie beide allein in der Küche waren und sie bemerkte, daß ihre Mutter entspannt und zugänglich war: »Mama, ich hatte immer das Gefühl, daß ich dir und Papa im Weg war.«

Ihre Mutter schien erschrocken und antwortete: »Wie konntest du so etwas denken?«

Diane achtete nicht sonderlich darauf, was ihre Mutter sagte. Sie war nervös, darum sprach sie einfach weiter. »Wenn ich ein Problem hatte und es euch sagte, gewann ich immer den Eindruck, daß ihr darüber hinweggingt. Einmal bedrohte mich ein Raufbold auf dem Heimweg von der Schule. Ich hatte furchbare Angst. Als ich dir davon erzählte, sagtest du: ›Sei kein Baby. Tritt für dich selbst ein‹. Aber ich wußte nicht, wie ich das machen sollte. Ich wollte von dir hören, daß es schlecht sei, du aber stelltest es so hin, als ob ich etwas falsch gemacht hätte. Ich wollte es Papa sagen, hörte aber, wie du ihm die Sache erzähltest und wie ihr beide darüber lachtet. Das tat mir sehr weh.«

Dianes Mutter antwortete genauso, wie Diane vorausgesagt hatte. Sie überhäufte sich selbst mit Schuld, lamentierte, daß sie immer versucht habe, ihr Bestes zu tun, daß dies aber offenbar nicht gut genug gewesen sei. Zuerst fühlte Diane sich schuldig, daß sie das Thema zur Sprache gebracht hatte, aber am nächsten Tag wurde ihr klar, daß ihre Mutter immer die Märtyrerin hervorkehrte, um Kritik abzuwehren; das war einfach ihre Art. Obwohl die Aussprache in ihrer Mutter keine Änderung herbeiführte, stärkte sie Dianes Selbstvertrauen. In der Konfrontation mit ihrer Mutter hatte sie sich ihrer eigenen Unsicherheit gestellt und entdeckt, daß es nicht ihr Problem war. Ihre Mutter war unsicherer, als Diane es je gewesen war.

Victoria wollte ihren Vater zum Mittagessen in sein Lieblingsrestaurant einladen, bis ich vorschlug, daß sie in ein Lokal gehen sollte, wo sie sich besonders wohl fühle. Das tat sie. Sie wärmte sich für die Aussprache auf, indem sie über eines der Lieblingsthemen ihres Vaters sprach – seine Enkelin. Sie dankte ihm, daß er dem kleinen Mädchen soviel Aufmerksamkeit schenkte, und setzte dann hinzu: »Weißt du, manchmal werde ich eifersüchtig, wenn ich sehe, wie du Cindy in den Arm nimmst und auf dem Schoß hältst. Ich hätte alles dafür gegeben, wenn du das auch bei mir getan hättest.« Sie hatte sich vorgenommen, an diesem Punkt aufzuhören, und blieb dabei.

Ihr Vater geriet in Verwirrung. Er wurde rot und stammelte, als er zu antworten versuchte: »Aber ich habe dich in den Arm genommen, als du ein kleines Mädchen warst. Beinahe jeden Abend saßest du auf meinem Schoß.«

Der entschuldigende Ton ihres Vaters ermutigte Victoria. »Aber du hast damit aufgehört. Ganz plötzlich hast du einfach aufgehört. Du hast mich behandelt, als ob ich eine Krankheit hätte. Das tat sehr weh. Ich habe nie verstanden, warum.«

Er bemühte sich, es zu erklären. »Also, du wurdest langsam eine junge Dame und – nun, ich dachte eben, es sei an der Zeit, daß du erwachsen würdest. Du warst nicht mehr Papas kleines Mädchen. Weißt du ... Du wurdest groß.«

Victoria wurde ärgerlich. »Und so faßtest du den Entschluß, daß ich deine Liebe nicht mehr nötig habe. Es ist gemein, einem kleinen Mädchen so etwas anzutun.«

»Aber du warst nicht mehr klein.«

»Ich kam mir aber so vor. Hast du nie an mich gedacht, und was ich brauchte?«

»Vicky, wenn ein Mädchen heranwächst und Formen bekommt, ist es Zeit, daß ein Vater sich zurückzieht. Es muß eine junge Dame werden und einen Mann finden.«

Es hatte siebenundzwanzig Jahre gedauert, aber endlich ging Victoria ein Licht auf. Gewiß, sie hatte Formen bekommen. Ihre Pubertät hatte frühzeitig eingesetzt. Er sah, wie ihr Körper sich entwickelte, und ging auf Distanz. Er bekam es mit der Angst zu tun.

Victoria dachte tagelang über die Aussprache nach. Es fiel ihr schwer, sich vorzustellen, daß ihr Vater sexuelle Regungen verspürt hatte, als seine Tochter sich zur Frau entwickelte, ohne ihr kindliches Zärtlichkeitsbedürfnis zu verlieren. Das Gefühl hatte ihm Angst gemacht. Der Gedanke war Victoria peinlich, doch je länger sie ihn in ihrem Sinn bewegte, desto mehr Mitgefühl gewann sie für ihren Vater. Er war nicht gut im Verstehen seiner Empfindungen, und seine traditionelle Erziehung hatte ihn gehindert, die rechten Worte zu finden. Er war vor einer natürlichen Reaktion zurückgeschreckt, hatte sich womöglich als einen Perversen dieser und jener Art gesehen. In seiner besorgten Unruhe hatte er nie daran gedacht, wie seine abweisende Haltung auf die Tochter wirken mußte. Er dachte nie daran, mit seiner Frau darüber zu sprechen und eine geeignete Möglichkeit zu suchen, wie er seine Gefühle erklären könnte. Wäre er imstande gewesen, seine Reaktion zu akzeptieren, so hätte er sie überwinden und seine Tochter weiterhin in den Arm nehmen können. Die Erkenntnis der Panik und Unruhe, die ihr Vater durchgemacht haben mußte, gab Victoria eine ganz neue Einstellung zu den alten Empfindungen.

Peg war eine tapfere Seele. Sie beschloß, ihre Eltern

beide gleichzeitig zur Rede zu stellen. Nach ihrer Einschätzung sollte es die Erregung verringern helfen, weil ihre Eltern sich in acht nehmen würden, was sie voreinander sagten.

Jedesmal wenn sie sich eine subtile Art der Gesprächseröffnung überlegte, geriet sie in Verwirrung. Schließlich lud sie sich selbst bei den Eltern ein, nachdem sie aufgeschrieben hatte, was sie sagen wollte, setzte sich mit ihnen ins Wohnzimmer und begann einfach ihre Ansprache vom Blatt zu lesen.

»Ich habe mich mein Leben lang minderwertig gefühlt, und ich glaube, das meiste davon ist eure Schuld. Ihr beide habt mich in die Mitte genommen und benutzt, so daß ihr euch nicht mit euren Problemen beschäftigen mußtet. Mama, du sagtest mir immer, Papa könne seine Gefühle nicht ausdrücken, er wolle mich aber wissen lassen, daß er mich liebe. Warum, zum Teufel, hast du es ihm so leicht gemacht?

Papa, du suchtest immer Entschuldigungen für mich, wenn ich mich Mama gegenüber schlecht benahm. Du stecktest mir Geld zu, wenn sie sagte, ich dürfe keins haben. Du kauftest mir Dinge, von denen Mama sagte, ich sollte sie nicht haben. Du ließest mir alles durchgehen, und wenn deine Freunde oder Verwandten da waren, machtest du ein großes Aufheben um mich und nanntest mich deine ›besondere kleine Prinzessin‹. Ich war nichts Besonderes für dich; ich war ein kleines *Ding,* das du vorzeigen konntest, wenn du Eindruck schinden wolltest.«

Gegen Ende ihres Vorlesens war Peg dem Schreien nahe. Ihre Hände waren schweißnaß, ihr Atem ging kurz und schnell, und sie war wie betrunken von Macht, Furcht und Schuldgefühl, die unentwirrbar ineinander verknäult waren. Nichts, was ihre Eltern sagen würden, konnte es noch schlimmer für sie machen. Gleichwohl war sie ganz unvorbereitet auf das, was sie zu hören bekam.

Ausgerechnet ihr Vater ergriff das Wort und sagte mit fester Stimme: »Du hast wahrscheinlich recht in allem, was du sagtest. Deine Mutter und ich haben schon von Scheidung gesprochen. Aber nach diesen vielen Jahren wollen wir nicht von vorn anfangen. Wir haben eine Eheberatung aufgesucht, um zu sehen, ob wir eine Lösung finden können. Wir wollten es dir sagen, wenn wir den Mut aufgebracht hätten. Jetzt können wir nicht mehr sagen, als daß wir es bedauern.« Ihre Mutter nickte zustimmend.

Peg fing an zu kichern. Es war schrecklich unpassend, aber ihre Angst schlug plötzlich in Hysterie um. Die Worte ihres Vaters *›wenn wir den Mut aufgebracht hätten‹* klangen ihr in den Ohren. Peg konnte nicht glauben, daß es ihren Eltern an Mut gefehlt hatte, sich ihr anzuvertrauen. Sie begann zu weinen. Die Wände des Mißverständnisses bröckelten; sie lief zu ihren Eltern und umarmte sie beide, entschuldigte sich für ihre leidenschaftliche Anklage. Drei Menschen, die Gesichter tränenüberströmt, klammerten sich aneinander, als hinge ihr Überleben von der körperlichen Nähe und Berührung ab.

Die persönliche Erfahrung jeder Frau liefert eine zusätzliche Lektion. Diane lernte, daß sie eine neue Lebensperspektive gewinnen konnte, ohne daß ihre Mutter die Vorhaltungen wirklich hörte, geschweige denn darauf einging. Peg hätte sich selbst viel innere Unruhe ersparen können, wenn sie ihre Eltern früher zu einer Aussprache gebeten hätte. Ihre Geschichte läßt erkennen, daß Ihre Eltern vielleicht genauso deprimiert waren wie Sie selbst.

Victorias Geschichte demonstriert eine Ausnahme von der Regel; das heißt, ihre Furcht vor Ablehnung entwickelte sich später im Leben, etwa zur Zeit ihrer Pubertät. Ihr Vater interpretierte seine Reaktion auf die heranwachsende Tochter falsch. Statt das Problem durch vertrauliche Gespräche oder das Einbeziehen der Mutter zu lösen, stieß er Victoria fort und rechtfertigte dies mit seinen altmodischen, chauvinistischen Ideen. Victoria erblickte darin eine Zurückweisung, die irgendwie mit ihrem Älterwerden zu tun hatte. Da die Zurückweisung erfolgt war, *nachdem* sie Wärme und Zuneigung von ihrem Vater erfahren hatte, war Victorias Wendy reifer als die meisten. Die Stimme ihres Minderwertigkeitsgefühls war schwächer als gewöhnlich und gab ihr eine bessere Chance, der Falle zu entkommen.

Das Nachdenken über achtzehn Jahre klinischer Erfahrung verschaffte mir eine weitere Einsicht in den Lösungsprozeß. Die meisten Frauen fühlen den Zwang, ihren Müttern Vorhaltungen über die verschiedensten Dinge zu machen: Kindererziehung, Sex, Schuldgefühle und zu hohe Erwartungen, um nur ein paar zu nennen. Die arme Mutter scheint den meisten Zorn abzubekommen, wenn die Zeit kommt, Bedürfnisse der Abhängigkeit aufzulösen. Aber wie steht es mit dem Vater? Hatte er nicht auch Einfluß auf Ihre Erziehung? Der Umstand, daß er oft im Hintergrund blieb, entläßt ihn nicht aus seiner Verantwortung. Tatsächlich könnte es sein, daß seine Weigerung oder Unfähigkeit, in eine echte Partnerschaft mit Ihrer Mutter einzutreten, mehr zu Ihren unaufgelösten Abhängigkeitsbedürfnissen beitrug als irgend etwas, was Ihre Mutter tat oder nicht tat. Wenn Sie daran denken, Ihre Eltern in einem Versuch, die Vergangenheit aufzuarbeiten, zur Rede zu stellen, vergegenwärtigen Sie sich darum, daß die Begegnung zwischen Ihnen und Ihrem Vater wichtiger (und schwieriger) sein mag als jene mit Ihrer Mutter.

Diane, Peg und Victoria fanden jede auf ihre Weise eine besondere Bedeutung in ihrer Konfrontation. Es liegt auf der Hand, daß nicht alle Aussprachen eine positive Lösung erbringen werden. In der Mehrzahl der Fälle kann schon als Erfolg gelten, wenn die Frau ihre Furcht vor Ablehnung und ihre Minderwertigkeitsgefühle soweit überwindet, daß sie glaubt, das Recht zur Konfrontation mit ihren Eltern zu haben. Aus diesem Grund graben viele Frauen alte Erinnerungen aus, üben die Worte der Auseinandersetzung ein, bestimmten Zeit und Ort für die Aussprache und fühlen sich dann so zufrieden, daß sie den Mut hatten, die Konfrontation überhaupt in Erwägung zu ziehen, daß sie es in Wirklichkeit nicht zu tun brauchen.

Es gibt Möglichkeiten, den Einfluß unaufgelöster Abhängigkeitsbedürfnisse zu steuern, ohne eine grundsätzliche Auseinandersetzung heraufzubeschwören. Wenn Ihre Eltern verstorben sind und Sie keine Erleichterung in der Technik des Psychodramas finden oder wenn sie am Leben sind und Sie sich scheuen, sie zur Rede zu stellen, finden Sie im folgenden Vorschläge zur bewußten Vermeidung von Wendy-Reaktionen.

Tagebuch der Bemutterung

Wenn Sie wissen, daß eine grundsätzliche und offene Aussprache das Verhältnis zwischen Ihnen und Ihren Eltern nur verschlechtern würde, erwägen Sie das Anlegen eines Tagebuches als eine Art Drehbuch der Bemutterung. Jedesmal wenn Sie mit Ihren Eltern sprechen, sei es persönlich oder am Telefon, machen Sie im Anschluß an das Gespräch Notizen. Achten Sie sorgfältig auf alles, was Ihre Mutter zu Ihnen und zu Ihrem Vater sagt, das eine Wendy-Reaktion darstellt. Schreiben Sie Beispiele von Verleugnung, Bevormundung, selbstsüchtiger Liebe, Klage, Urteil, Märtyrertum und Bestrafung nieder. Lesen Sie diese Tagebucheintragungen von Zeit zu Zeit nach und achten Sie dabei auf Verbalisierungen, die sich möglicherweise in Ihre Beziehung mit anderen Erwachsenen eingeschlichen haben mögen. Diese Methode hilft Ihnen, Ihre Wendy-Reaktionen durch Nachprüfung der täglichen Kommunikation zwischen Ihnen und der Person, die Sie gelehrt haben mag, wie Sie Ihren Mann zu bemuttern haben, zu identifizieren.

Neuausrichtung elterlicher Erziehungsarbeit

Wenden Sie die gleiche allgemeine Technik an, um Ihre Erziehungsarbeit an Ihren Kindern (falls vorhanden) einzuschätzen. Stellen Sie sich diese Fragen: Arbeite ich bei dem Versuch, meine Kinder zu disziplinieren, mit Schuldzuweisungen? (›Wie konntest du mir nur so weh tun?‹) Beklage ich mich ständig ohne weitere Verfolgung der Sache? Übersehe ich strafwürdiges Verhalten und begnüge mich mit Bemerkungen wie: »Nun, so sind die Kinder eben heutzutage«? Übertreibe ich in Fürsorge und Schutz meiner Kinder und bei ihrer Beurteilung?

Bejahende Antworten auf diese Fragen legen den Schluß nahe, daß Ihr unangemessenes Bemutterungsdrehbuch auf Gebiete übergegriffen hat, wo Ihre mütterlichen Fähigkeiten von wahrhaft großer Bedeutung sind. Die Anwendung rationaler Disziplinarmaßnahmen kann Sie daran erinnern, das Bemuttern Ihrer Kinder von Bemuttern Ihres Mannes zu trennen.

Erstickung

Martha, eine tatkräftige junge Frau, wollte mit Konfrontation oder Tagebüchern nichts zu tun haben. Sie glaubte, sie könne ihre Abhängigkeitsbedürfnisse, schließlich überwinden, wenn ihre Mutter aufhören würde, sie wie ein kleines Mädchen zu behandeln. Die Vergangenheit war aber nicht tot, sondern sie wurde mehrmals in der Woche wiedererschaffen.

Darum nahm die Frau ein einfaches, aber wirksames Programm, das wir ›Erstickung‹ nennen wollen, in Angriff. Sie ignorierte ihre Mutter aktiv, sobald diese sich in einer bevormundenden, übertrieben urteilenden oder selbstaufopfernden Art benahm. Wenn ihre Mutter sagte: »Vergiß nicht, Liebes, Mack (ihr Mann) zu sagen, daß du an deinem Geburtstag zum Abendessen ausgehen möchtest«, gab Martha sich nicht mit einfachem Ignorieren zufrieden, sondern antwortete: »Weißt du, Mama, ich hätte gern eine neue Bluse zum Geburtstag. Könntest du mir eine besorgen?« Dieser unvermittelte Themenwechsel, verbunden mit einer Frage, ›erstickt‹ die gutartige Aufdringlichkeit der Mutter. Nachdem Martha in anderen Fällen unangebrachter Bemutterung ähnlich reagiert hatte, verstand ihre Mutter endlich und eliminierte vieles von ihrem störenden Verhalten.

Wenn die Wendy-Frau die Vergangenheit in einen Zustand inaktiver Erinnerung überführt, wird sie sich in ihrem Leben vielleicht noch anderen Mutterfiguren stellen müssen. Eine Vorgesetzte im Berufsleben, die Vorsitzende einer gesellschaftlichen Gruppe oder die Leiterin eines Wohltätigkeitsvereins können einer Tinker in spe erneute Herausforderungen bieten. Eine Frau fand, daß sie unfähig war, die Verantwortung für ihr eigenes Leben zu übernehmen, bis sie ihre Schwiegermutter zur Rede stellte.

»Ich hatte das Problem mit meinen Eltern gelöst, nur um festzustellen, daß mit meiner Schwiegermutter die gleichen Schwierigkeiten bestanden. Ich hatte viele Unsicherheitsgefühle auf sie übertragen und ihr erlaubt, sich in mein Leben einzumischen, weil ich ihre Mißbilligung fürchtete. Sobald mir klar wurde, was ich tat, konnte ich damit aufhören. Ich möchte hinzufügen, daß es mit ihr viel einfacher war als mit meiner Mutter. Ich unterbrach einfach ein Telefongespräch mit ihr.

Es fing damit an, daß meine beste Freundin mir erzählte, meine Schwiegermutter habe sie nach meinen ehelichen Problemen gefragt. Nun, ich rief die ›liebe Mutter‹ an und sagte ihr, daß meine eheliche Situation allein mich und meinen Mann betreffe und daß ich es nicht schätze, wenn sie zu meiner besten Freundin darüber spreche.

Sie hörte natürlich gar nicht zu und fing einfach an, mich zu belehren, wie ich mich um ihren Sohn zu kümmern habe. Darauf unterbrach ich sie mit ruhiger Stimme und sagte ihr so freundlich wie möglich, daß ich auflegen werde, wenn sie mir nicht zuhören wolle. Sie schenkte dem keinerlei Beachtung und fuhr in ihrem Vortrag fort. Also legte ich sofort auf. Ich wußte, daß ich im Recht war.

Als wir das nächste Mal telefonierten, war sie übrigens

liebenswürdig, wenngleich ein wenig distanziert. Die Kinder sagten sogar: ›Mama, mit Großmama stimmt etwas nicht; sie war heute so nett.‹«

Es gibt viele Wege zur Auflösung Ihrer Bedürfnisse nach Liebe, Zugehörigkeit und Geborgenheit. Und wie dieser letzte Fall illustriert, hat das Minderwertigkeitsgefühl es an sich, plötzlich an unerwarteter Stelle wieder aufzutauchen, wenn man schon gemeint hat, man habe alles unter Kontrolle. Es läßt sich getrost sagen, daß eine Wendy, nachdem sie viele Jahre hindurch unterdrückt gewesen ist, nicht über Nacht erwachsen wird.

Wendy wird von der Vergangenheit erst ablassen, wenn sie ihre Suche beendet hat. Umgeben von den Abbildern der Reife, ist es eine Herausforderung, sich zu vergegenwärtigen, daß Wendy bloß ein ängstliches kleines Mädchen ist, das in Ihrem Geist herumwandert und etwas sucht, was sie verloren hat.

Wenn Sie Wendy auf einen Stuhl setzen und fragen, wonach sie suche, wird sie wahrscheinlich in Rätseln sprechen. »Ich weiß es nicht. Irgendwas. Nichts Teures, aber etwas, was mir sehr wichtig ist. Wie mein Teddybär – ich nannte ihn ›Fu-fu‹ – oder meine Lumpenpuppe, die nannte ich auch ›Fu-fu‹. Aber keins von beiden ist es. Ich weiß nicht, was es ist, nenne es meinen ›Fu-fu‹ aber es existiert, und ich habe es verloren.«

Diejenigen unter Ihnen, die an dieser Suche teilhaben, versuchen Wendy aus ihrem Leben zu verbannen. Sie tun Ihr Bestes, die Existenz ihrer kindlichen Suche zu leugnen oder Ihren Wunsch zu unterdrücken. Wenn Sie nach Haus kommen, stecken Sie Wendy in ein Hinterzimmer Ihres Bewußtseins und treten dann mit den anderen Erwachsenen in ›erwachsenen‹ Gesprächen in eine Wechselbeziehung. Sie sprechen zu Ihren Eltern über Ehe, Kinder, Beruf und Freunde. Sie sind sorgsam darauf bedacht, emotionsgeladene Themen zu meiden. Kommt eins zur Sprache, ist es unangenehm. Wenn Sie nach dem Gespräch fortgehen, können Sie Wendys leises Flüstern hören: »Bitte laß mich raus. Ich muß meinen Fu-fu suchen.«

Wenn Wendy aufwachsen soll, müssen Sie ihr bei der Suche nach ihrem Fu-fu helfen. Vielleicht braucht sie die Erkenntnis, daß es nicht ihre Schuld war, daß Ihr Vater Sie nicht in den Arm genommen hat; vielleicht muß sie herausfinden, daß sie durch Ihrer Mutter Definition von Frauentum nicht gebunden ist; vielleicht muß sie einen Weg finden, mit der Erinnerung an einen verstorbenen Elternteil zu kommunizieren; vielleicht muß sie neue Wege entdecken, auf die immer gleichen alten Methoden Ihrer Eltern zu reagieren; vielleicht liegt es noch tiefer.

Sie werden niemals herausbringen, was Ihre Wendy braucht, solange Sie ihr nicht helfen, eine Reise zurück in die Vergangenheit zu unternehmen. Setzen Sie all Ihre geistigen Hilfsmittel ein, um ihr auf dieser Reise beizustehen. Es wird ein Abenteuer sein, sehr ähnlich dem Flug der literarischen Wendy ins Niemalsland. Aber im Gegensatz zu dieser werden Sie erkennen, daß Sie eine besondere Mission haben. Sie werden zurückkehren, sobald Sie gefunden haben, wonach Sie suchten. Eine Frau fand die Bedeutung, der sie nachgegangen war, nur um zu erkennen, daß sie sie nicht brauchte.

»Ich war besessen von Zorn und Enttäuschung gegenüber meiner Mutter. Nachdem ich eine Aussprache mit ihr herbeigeführt hatte, konnte ich nur noch Mitleid für sie empfinden. Sie ist eine sehr traurige Frau, die nie erfahren durfte, was es heißt, wahrhaft geliebt zu sein.

Meinen Vater hatte ich immer schon bedauert. Nach einer Aussprache mit ihm erkannte ich, daß er ein sehr schwacher Mann war. Ich hätte alles dafür gegeben, wenn er mich nur einmal in die Arme genommen und mir gesagt hätte, daß er mich liebe. Als ich endlich begriff, daß er niemals fähig sein würde, das zu tun, habe ich zwei Tage lang geweint.«

Diese Frau hatte dreißig Jahre ihres Lebens darauf gewartet, daß ihr Vater ihr sagen würde, er liebe sie. So einfach war das. Sie erinnert sich, es von ihrer Mutter gehört zu haben, aber das war nicht genug. Sie wollte es vom Vater hören. Dazu kam es nie. Als sie die Tatsache akzeptierte, daß es nicht ihre Schuld war, sondern das Versagen ihres Vaters, war sie frei. Einmal frei, brauchte sie es nicht mehr zu hören, jedenfalls nicht von ihm.

Diese Frau wollte ›Ich liebe dich‹ von dem Mann in ihrem Leben hören; nicht von einer Vaterfigur, sondern von einem erwachsenen Mann. Sie wußte nicht, ob er fähig war, es zu sagen und ihr zu zeigen, daß er es auch so meinte, aber sie war entschlossen, es zu erfahren. Endlich brachte sie die Stimme des Minderwertigkeitsgefühls zum Schweigen und begriff, daß sie *verdiente,* ›Ich liebe dich‹ zu hören. Sie wollte ihn nicht mehr bemuttern und sich selbst einreden, daß er in die Fußstapfen ihres Vaters treten werde, wenn sie ihm zu Gefallen lebte. Diese Frau warf die sichere Decke ihrer Kindheit fort und hielt in der realen Welt nach Liebe und Geborgenheit Ausschau. Dies war ihre einzige Chance, mit dem Leben in der Vergangenheit Schluß zu machen und einen erwachsenen Fu-fu zu finden. Weil sie sich selbst achtete und schätzte, zweifelte sie nicht daran, daß sie ihn finden würde.

KAPITEL 17

Lieben, nicht bemuttern

»Ich möchte aufhören, seine Mutter zu sein, und anfangen, seine Frau zu sein. Ich habe noch viele gute Jahre vor mir und möchte sie mit dem Mann verbringen, den ich liebe.«

Nach fünfundzwanzig Jahren hat diese Frau noch immer die Hoffnung, daß mehr Liebe in ihr Leben kommen wird. Obwohl sie bedauert, im Wendy-Dilemma gefangen zu sein, schämt sie sich nicht, es zuzugeben.

»Gewiß habe ich ihn bemuttert. Es war der größte Fehler meines Lebens. Als er das erste Mal zu mir kam – vor fünfundzwanzig Jahren – und anfing, über seine Mutter zu jammern, hätte ich ihm einen Tritt in den Hosenboden versetzen und ihm sagen sollen, daß er erwachsen werden und sich für mich oder für seine Mutter entscheiden müsse. Und ich hätte festbleiben sollen.«

Der Funke von Energie, der einen neuen Anfang und eine neue Art zu lieben verspricht, ist im milden Selbsttadel dieser Frau so wenig zu übersehen wie ihr Sinn für Humor. Sie nimmt sich selbst nicht zu ernst. Sie ist sehr weise. Eine positive Einstellung ist entscheidend, wenn es darum geht, die Wendy-Reaktionen zu überwinden und eine Tinker zu werden. Lachen verhilft Ihnen zur Entspannung. Sie atmen ein wenig tiefer, gewinnen Ihr rationales Denkvermögen rascher zurück und erwägen eine neue Alternative zu einem alten Problem.

Wenn Sie sich auf Veränderung und Handlungsalternativen zubewegen, vergegenwärtigen Sie sich die von anderen Frauen gelernten Lektionen.

»Ich zwang mich beinahe dazu, nur an die Abscheulichkeiten zu denken, die er mir zugefügt hatte. Das bewirkte, daß ich mich weniger schuldig fühlte, wenn ich daran dachte, ihn zu verlassen. Aber es war nicht fair. Er war nicht immer ein grausamer Mann. Tatsächlich gab es – und gibt es noch immer – Zeiten, zu denen er freundlich und sanft sein kann. Das macht meinen Zorn noch verwirrender. Ehrlich gesagt, ich wäre nicht immer noch bei ihm, wenn ich nicht auf seine Launen eingegangen wäre. Ich bin zum Teil selbst schuld.«

Eine andere Frau bekannte, daß es ihr leichtgefallen wäre zu entscheiden, wie sie es mit ihrer Ehe halten sollte, wenn ihr Mann gewalttätig gewesen wäre. Aber der Umstand, daß er bei aller Übellaunigkeit von einer jungenhaften Wesensart war, bereitete ihr Gewissensbisse, wenn sie an Scheidung dachte.

Sie werden nicht eine Tinker in einem Vakuum. Es gibt viele Menschen in Ihrem Leben, von denen nicht wenige den Zyklus Furcht vor Ablehnung, Gefallen durch Bemuttern stimulieren mögen. Dieses Kapitel stellt Ihre Beziehung zu einem Mann in den Mittelpunkt, selbst wenn Sie ihn nur gelegentlich sehen. Wenn Sie aufhören zu bemuttern und anfangen zu lieben, mag man Ihnen vorwerfen, ichbezogen und egoistisch zu sein oder einen Mann lediglich als emotionales Meerschweinchen zu gebrauchen. Eine junge Frau, die daran arbeitete, eine Tinker zu werden, beantwortete diese Kritik folgendermaßen:

»Gewiß bin ich egoistisch. Ich fange an, das Beste, was ich tun kann, für mich selbst zu tun, und dazu gehört, daß ich nicht jedermanns Mutter bin. Ich muß noch manches lernen, um eine vollständige Person zu sein, und das kann Zeit und verschiedene Erfahrungen erfordern. Und daß kann auch bedeuten, verschiedene Männer zu haben. Was den Vorwurf betrifft, ich benutzte sie, tja, wenn Sie eingefleischter Pessimist sind, können Sie es so sehen. Ich ziehe es vor zu denken, daß ich mich selbst benutze, um erwachsen zu werden, genauso wie der Mann es tun sollte.

Kürzlich lernte ich einen anständigen Mann kennen, und wir aßen zusammen und beschlossen dann, zu mir zu gehen. Er machte mich scharf, und ich wollte ihn. Er war ein netter Kerl, und ich dachte mir, daß ich ihm trauen könne, also war ich aufrichtig und sagte ihm, daß ich die Erfahrung dieser Nacht benutzen wollte, um zu sehen, wie ich mich als der sexuell aggressive Teil fühlen würde. Wir machten eine großartige Nummer, und dann sprachen wir darüber, wie Männer und Frauen Angst bekommen, aufrichtig zu sein. Dieses Wochenende werde ich ihn wiedersehen.«

Da das Liebenlernen ein lebenslanger Prozeß ist, sollten Sie zu vielen lebhaften Erfahrungen bereit sein, wenn Sie die Wendy-Falle verlassen. Jede Frau hat irgendwo im Inneren diesen Funken von Tinker-Energie. Sie können ihn gebrauchen, um Ihre Ängste zu überwinden, Risiken einzugehen und sich von einem Leben langweiliger Wiederholung und Stagnation zu entfernen.

Das Drehbuch der reifen Liebe

Wenn diese Mitteilungen Hoffnung neu beleben und in Ihnen den Wunsch wachrufen, lieben, nicht bemuttern zu lernen, werden Sie einen Ausgangspunkt benötigen. Dieses bietet das Drehbuch der reifen Liebe. Anders als das Tagebuch der Bemutterung kann das Drehbuch der reifen Liebe Sie bei richtigem Gebrauch lehren, alle psychologischen Drehbücher wegzuwerfen. Es ist ein Drehbuch, das Sie lehrt, Ihre eigenen Rollentexte zu entwickeln, statt anderer Leute Worte und Gedanken auswendig zu lernen.

Wenn Sie jemanden lieben, gibt es kein Drehbuch, das Ihnen sagt, wie Sie diese Liebe auszudrücken haben. Sicherlich haben wir Erwartungen, wie wir unser Liebesleben führen wollen. Aber wenn wir wahrhaft lieben, sollte keine Notwendigkeit bestehen zu verlangen, daß der Partner genau definierte Erwartungen erfüllt. Lieben lernen in einer reifen Art und Weise heißt lernen, von Erwartungen, Regeln, Forderungen und Imperativen abzulassen. Wir lernen anzunehmen, was wir bekommen und wie es gegeben wird.

Es gibt jedoch bestimmte Eigenschaften, die in einem objektiven Sinne eine produktive Liebesbeziehung erst ermöglichen. Diese Eigenschaften sind im Drehbuch der reifen Liebe zusammengefaßt. Dieses Drehbuch wird Ihnen helfen, mit der Bemutterung Ihres Mannes aufzuhören und anzufangen, ihn zu lieben. Hier ist ein kurzer Umriß der Bestandteile des Drehbuches der reifen Liebe.

Geben und Nehmen
Liebende verstehen sich darauf, ohne Mitleid oder Bedauern Kompromisse zu schließen, und sie machen gelegentlich Zugeständnisse in der festen Zuversicht, daß der andere Partner dies in gleicher Weise vergelten wird.

Toleranz und Einfühlung
Liebende werden Unannehmlichkeiten und sogar Schmerz ertragen, weil sie Einfühlung für ihren Partner haben.

Verläßlichkeit
Liebende verlassen sich aufeinander. Sie wissen, daß, wenn alle Stricke reißen, der geliebte Partner zur Stelle sein und tun wird, was er oder sie kann, um zu helfen.

Persönliche Entwicklung
Liebende vergessen niemals, daß sie Individuen mit verschiedenartigen Bedürfnissen sind. Jeder Partner ist frei, seiner persönlichen Entwicklung auf den Gebieten des Berufs, der Ausbildung, der Hobbys und seiner Freunde nachzugehen.

Gemeinsamkeit
Liebende tauschen freizügig ihre Gedanken, Meinungen, Gefühle und Lebensperspektiven untereinander aus. Es gibt kein Beurteilen von Menschen, nur Tatsachen.

Realismus
Liebende finden sich damit ab, daß ihr Liebesleben mitunter Störungen unterworfen ist. Sie versuchen nicht jeden Konflikt und jede Meinungsverschiedenheit zu klären. Manche unbedeutenden Konflikte können übergangen werden, sobald klar ist, daß eine fortgesetzte Diskussion nicht zum Ziel führen wird.

Intimität
Liebende berühren, umarmen, küssen einander, halten sich bei den Händen und geben freimütig ihren erotischen Freuden miteinander Ausdruck. Ihre Intimität läßt viel Raum für Verspieltheit.

Kameradschaft
Liebende und vor allem Eheleute wissen um die Bedeutung der inneren Verbundenheit zwischen ihnen. Es ist ein besonderes Gefühl der Nähe, das Bewußtsein, in guten wie in schlechten Zeiten treu zusammenzustehen.

Das Drehbuch der reifen Liebe soll Ihnen lernen helfen, Verantwortung nur für Ihre eigenen Stärken und Schwächen zu tragen, die Verantwortung für Ihres Mannes Probleme ihm zu überlassen und an Ihren eigenen zu arbeiten. Wenn Sie nach dem Drehbuch der reifen Liebe üben, werden Sie aufhören, Wendungen wie: »Was kann ich tun, daß er sich ändert?« zu gebrauchen. Das Drehbuch der reifen Liebe antwortet: »Nichts.«

Das Drehbuch der reifen Liebe fördert eine Auflösung des Peter-Pan-Syndroms und des Wendy-Dilemmas. Mit seiner Hilfe können Sie lernen, das Leben eines reifen Menschen zu führen. Das Drehbuch der reifen Liebe lehrt Sie, die Kenntnisse Ihres Kopfes mit den Gefühlen Ihres Herzens zu vereinen. Es führt Sie ein in eine neue Ära des Liebens, in der Sie frei sind, Ihre Verletzlichkeit auszudrücken, ohne vor Ihren Ängsten davonzulaufen.

Warnung: Wenn Sie in Ihrem Bemühen, eine Tinker zu

werden, das Drehbuch der reifen Liebe anwenden, werden Sie selbstverständlich nicht versuchen, Ihren Mann zu ändern. Seien Sie vorgewarnt: Reife Liebe ist bedingt. Darum spricht alles für die Annahme, daß Sie ihn schließlich verlassen werden, wenn er nicht früher oder später anfängt, seine Liebe zu Ihnen in einer Weise auszudrücken, die mit Ihrer Persönlichkeit und Ihren Wünschen zu vereinbaren ist, oder wenn er es ablehnt, mit Ihnen am Erlernen des Drehbuchs der reifen Liebe teilzunehmen.

Im weiteren Verlauf dieses Kapitels werden Sie lernen, wie Sie das Drehbuch der reifen Liebe mit dem Mann in Ihrem Leben zur Ausführung bringen und damit das Wendy-Dilemma auflösen. Das heißt, Sie werden Ihre Wendy-Reaktionen durch Wesenszüge reifer Liebe ersetzen müssen. Um der Klarheit willen habe ich die Attribute reifer Liebe den Wendy-Reaktionen gegenübergestellt, womit gesagt sein soll, daß ein bestimmter Wesenszug reifer Liebe eine besondere Wirkung auf eine Wendy-Reaktion haben kann. Sind Sie also hauptsächlich um Ihr Problem der Verleugnung besorgt, werden Sie die meiste Hilfe in dem Abschnitt finden, der erläutert, wie Sie Ihre Beziehung durch Realismus ergänzen können. Ist Urteilen ein Problem, sollten Sie die Gemeinsamkeit Ihrer Meinungen und Gefühle verbessern.

Wendy-Reaktion	**Wesenszug reifer Liebe**
Märtyrertum	Geben und Nehmen
Bestrafung	Toleranz und Einfühlung
Bevormundung	Verläßlichkeit
Selbstsüchtige Liebe	Persönlichkeitsentwicklung
Urteilen	Gemeinsamkeit
Verleugnung	Realismus
Klagen	Intimität
Am Tiefpunkt	Kameradschaft

Selbstverständlich sind diese Gegenüberstellungen nicht ausschließlich. Alle Wesenszüge reifer Liebe werden Ihnen helfen, all Ihre Wendy-Reaktionen zu ändern.

Geben und Nehmen

Ich behaupte, daß die Natur uns ein Herz und einen Kopf gab, die mehr dafür gemacht sind, Liebe zu geben als zu empfangen. Liebe geben kommt von selbst; sie annehmen erfordert Arbeit. Darum ist es so traurig, daß viele Menschen sich nicht zu tun erlauben, was instinktmäßig kommt – Liebe zu geben.

Viele Menschen zögern, Liebe zu geben, weil sie die damit verbundenen Risiken fürchten. Wenn wir Liebe spenden, müssen wir unsere Abwehrhaltung aufgeben und das Herz öffnen. Damit geben wir uns die Chance, wiedergeliebt zu werden. Wir setzen uns jedoch in gleicher Weise Enttäuschung und Mißbilligung aus. Der Zustand von Verletzlichkeit, der das Lieben begleitet, kann beängstigend sein, vor allem für jene, die aus jüngeren Tagen Furcht vor Ablehnung bewahrt haben. Weiß man einmal, wie man Schmerz verarbeiten und sich erholen kann, ist es einfacher, verletzlich zu sein und das Risiko des Schmerzes zu tragen.

Geben und Nehmen als Teil der reifen Liebe hilft einem Menschen, sich so zu öffnen, daß nicht nur Liebe hinaus kann, sondern daß die Liebe eines anderen auch herein kann. Wie bereits angedeutet, ist Geben und Nehmen insbesondere anwendbar für eine Wendy, die es gewohnt ist, die Märtyrerin zu spielen. Märtyrerinnen verstehen besser als viele andere, Liebe zu geben, doch sind sie nicht annähernd so gut, wenn sie Liebe empfangen sollen. Hören Sie die Worte einer Frau, die beständig Liebe zu geben pflegte, aber Abwehrmechanismen errichtete, um entgegengebrachte Liebe von sich fernzuhalten.

»Das Annehmen von Liebe verursachte mir Schuldgefühle. Ich erinnere mich, daß ich einmal sagte, ich verdiene es nicht. Ich versuchte an der Liebe meines Mannes etwas auszusetzen, sagte, er mache es nicht richtig – irgend etwas, nur um die Liebe von meinem Herzen fernzuhalten. Gleichzeitig aber sehnte ich mich in meinem Innersten danach. Ich dachte einfach, ich sei nicht gut genug dafür. Wissen Sie, was mich auf den Weg der Änderung brachte? Ach, es war nur eine Kleinigkeit, aber für mich bedeutend genug. Ich fing an, ›danke‹ zu sagen, wenn die Leute mir Komplimente machten. Darauf wurde ich nicht mehr so verlegen wie früher und sagte auch nicht, daß ich das Kompliment nicht verdiene. Ich lächelte einfach und sagte danke. Zuerst war das ein ziemlich komisches Gefühl, aber was für ein großartiger Anfang!

Ich fing an, zu meinen Freundinnen danke zu sagen, dann zu Fremden, und einmal, als mein Mann es hörte, fragte er mich daraufhin, ob mir etwas fehle. Er hatte den Unterschied gemerkt, wußte aber nicht, was es war. Ich erklärte es ihm und bat ihn, mir wieder Komplimente zu machen – er hatte damit aufgehört, weil er nicht wollte, daß ich mich selbst herabsetzte. Nun sage ich danke zu ihm. Es ist ein gutes Gefühl.«

Der einfache Akt, ein Kompliment durch den Abwehrschild zu lassen, kann bald zu viel mehr führen. Das Gefühl ist so gut, daß Sie mehr davon wollen. Ist dieser Augenblick gekommen, wird der Geist der Liebe Sie ermutigen, Ihren Mann um Komplimente zu bitten.

Lesen Sie, wie Meghan (siehe Kapitel 12), die aus Mükken Elefanten machte, indem sie sich selbst die Schuld an allem gab, was schiefging, einen kleinen Schritt vorwärts tat, die Liebe ihres Mannes anzunehmen.

»Ich ließ Patrick niemals Hausarbeit verrichten, weil ich überzeugt war, er würde es nicht richtig machen. Sobald mir klar geworden war, daß ich meinen makellosen Haushalt als Symbol des Märtyrertums gebrauchte, unternahm ich einen kleinen Schritt – ich bat ihn, mir beim Schrubben der Böden zu helfen. Seine Reaktion überraschte mich. Er sagte einfach: ›Klar‹ Und die ganze Zeit hatte ich gestöhnt, daß er mir niemals im Haushalt helfen würde. Ich war so sehr in mein Selbstmitleid vertieft, daß ich ihn nie gebeten hatte. Männer sind oftmals durchaus bereit zu helfen. Man muß sie bloß bitten.«

Nicht alle Männer reagieren mit Patricks Bereitwilligkeit. Viele, insbesondere jene, die es vorziehen, im Niemalsland zu leben, nehmen als selbstverständlich an, daß Hausarbeit und Kindererziehung Sache der Frau seien. Wenn eine Märtyrerin diese Vorstellung durch ständige Selbstaufopferung verstärkt hat, wird sie eine neuartige Lösung finden müssen, um ihrem Mann eine Einstellung des Gebens und Nehmens im häuslichen Bereich nahezubringen. Eine Frau machte das so:

»Nachdem ich mich mit meiner Märtyrerinnenrolle auseinandergesetzt hatte, war mir klar, daß in der täglichen Routine um das Haus Änderungen notwendig waren. Ich schuftete für zwei gesunde Halbwüchsige und einen verwöhnten Mann. Und ich verdiente nicht alle, aber einen guten Teil der Nichtachtung, die sie mir entgegenbrachten. Ich hatte genörgelt, Zettel hingelegt und mich so weit erniedrigt, sie anzuschreien, daß sie mich nicht liebten. Als ich das aus meinem Mund kommen hörte, wußte ich, daß etwas geschehen mußte.

Eines Abends setzte ich mich hin und schrieb alles, was ich an diesem Tag getan hatte, und sei es noch so geringfügig, einzeln auf fünf mal sieben Zentimeter große Karten, so war am Ende auf jeder Karte eine Arbeit oder Tätigkeit festgehalten. Ich hatte achtzig Karten beisammen, darunter solche wie ›Tisch abgewischt‹, ›Hund hinausgelassen‹ und ›Fleisch aus der Gefriertruhe genommen‹. Ich war erschrocken über die Zahl der Tätigkeiten, von denen freilich viele unbedeutend waren, aber ich hatte sie alle während des Tages verrichtet. Und es war ein vergleichsweise ruhiger Tag gewesen.

Am nächsten Morgen mischte ich die Karten und sagte mit einem kleinen Lächeln zu meinem Mann: ›Zieh zwei Karten.‹ Er schaute mich an, als ob ich ausgeflippt wäre, aber ich wiederholte einfach: ›Zieh zwei Karten.‹ Als er nach dem Grund fragte, erwiderte ich: ›Dies sind all die Arbeiten und Handreichungen, die ich hier verrichte. Was du ziehst, wirst du heute und den Rest der Woche tun, weil ich es nicht tun werde.‹ Genauso machte ich es mit den Kindern. Das war meine Methode, die Aufopferungstour abzubrechen, in die ich mich verrannt hatte. Übrigens brauche ich die Karten nicht mehr, um Hilfe zu bekommen.«

Neue Lösungen, die eine Abkehr vom gewohnheitsmäßigen Märtyrertum ermöglichen sollen, erfordern vor allem, daß eine Frau sich selbst das Recht gibt, Liebe und Rücksichtnahme als Gegenleistung für ihre Aufopferung zu erwarten. Das Drehbuch der reifen Liebe empfiehlt, daß Sie dies nicht *verlangen,* aber ganz gewiß erwarten sollten. Als diese Frau aufhörte, Liebe und Rücksichtnahme zu verlangen und sich als Märtyrerin zu fühlen, wenn sie beides nicht bekam, beschränkte sie sich darauf, sie einfach zu erwarten.

Solche Entschlüsse konsequent in die Tat umzusetzen, ist die letzte Hürde, die zu überwinden ist, wenn eine Frau beginnt, das Geben von einer anderen Person anzunehmen. Auch dies erfordert neue Maßnahmen.

»Früher verbrachte ich den ganzen Tag damit, daß ich den Haushalt in Ordnung hielt und dafür sorgte, daß meinem Mann das Abendessen besonders schmeckte. Ich habe mich für das Leben einer Hausfrau entschieden, und seit ich mein Märtyrertum überwunden habe, macht es mir wirklich Freude. Mein Mann paßte sich jedoch nicht allzugut an, und ich mußte zu energischen Maßnahmen greifen.

Ich sagte ihm, daß ich etwas Anerkennung meiner Kochkünste wolle und daß wir nach dem Essen gemeinsam das Geschirr spülen und aufräumen sollten. Ich wartete ein paar Tage – ohne positive Ergebnisse. Dann suchte ich mir zur Essenszeit einfach andere Beschäftigungen. Ich nahm um fünf Uhr an einem Kurs teil, der im Rahmen eines Programms für Erwachsenenbildung angeboten wurde, und kam erst nach halb sieben heim. Die ersten paar Tage wartete er auf mich und wollte wissen, wo das Abendessen sei. Ich sagte, es sei im Kühlschrank und in den Schubladen. Der arme Kerl dachte, ich sei übergeschnappt. Ich bereitete ein spätes Abendessen und forderte ihn auf, seine Anerkennung auszusprechen. Diesmal tat er es. Er half mir auch beim Geschirrspülen. Für den Fall, daß er keine Rücksicht auf mich nehmen würde, war ich bereit, bei den späten Abendessen zu bleiben, bis er einlenken würde.«

Diese Frau mußte sich nicht nur das Recht nehmen, etwas Rücksichtnahme und Gegenliebe zu erwarten, sondern sie mußte ihren Mann tatsächlich lehren, wie er es zu tun hatte. Dies mag sich anhören, als ob sie einen kleinen Jungen zu gutem Benehmen erzogen hätte, aber in Wahrheit setzte sie nur ihr Recht auf Anerkennung ihrer Arbeit durch. Nirgendwo im Drehbuch der reifen Liebe steht geschrieben, daß Sie Ihrem Mann nicht *helfen* dürfen, feinfühlig für Ihre Bedürfnisse zu werden. Diese Hilfe mag eine Erziehung Schritt für Schritt erfordern, wenn sich wie im vorliegenden Fall zeigt, daß niemand ihn jemals gelehrt hatte, im Haushalt zu helfen.

Sie haben bemerkt, daß Tinker einen Sinn für Humor hat. Er wird ihr besonders zustatten kommen, wenn sie gegen Märtyrertum ankämpft. Lesen Sie die Aussage einer Frau, die ihren Sinn für Humor gebrauchte, um den schädlichen Zyklus des Selbstmitleids, der oft Märtyrertum nährt, zu durchbrechen.

»Ganz gleich, was ich für ihn zu tun versuchte, immer hörte ich diese kleine Stimme in mir sagen: ›Du armes Kind, kriegst nie zurück, was du gibst.‹ Es schien, daß ich aus der Fallgrube meines Selbstmitleids nicht herauskam. Es fraß mich bei lebendigem Leibe auf. Schließlich versuchte ich mir durch ein humorvolles Mittel selbst zu helfen.

Jedesmal wenn das Selbstmitleid mich zu überwältigen drohte, ging ich ins Bad, schaute mich im Spiegel an und wiederholte laut: ›Du armes Ding, niemand schätzt dich. Armes Kind.‹ Das wiederholte ich, bis es so albern klang, daß ich lachen mußte. Und der Bann war gebrochen. Ich konnte in meiner täglichen Arbeit fortfahren, ohne mich zu bemitleiden. Und wann immer diese innere Stimme wiederkehrte, ging ich einfach ins Bad und machte mich über mein Selbstmitleid lustig. Ich sage Ihnen, man bekommt ziemlich verwunderte Blicke von Freundinnen und Angehörigen, wenn man immerfort ins Badezimmer läuft. Zuletzt erzählte ich meiner Mutter, was ich tat. Sie schaute mich an, als ob ich nicht bei Trost wäre. Dabei hätte sie schon vor Jahren das gleiche tun sollen.«

Der Absturz in die Fallgrube des Selbstmitleids ist für eine Wendy, die zur Tinker werden will, ein regelmäßiges Vorkommnis. Diese Frau fand einen humorvollen Ausweg. Sie begriff, daß sie das Selbstmitleid womöglich monatelang täglich würde bekämpfen müssen. Sie machte sich nichts daraus; es gehörte zum Erwachsenwerden.

Toleranz und Einfühlung

Sich in einen anderen Menschen zu versetzen, ohne aus den Augen zu verlieren, was man selbst glaubt, ist eine Aufgabe, der eine reife Person gewachsen sein muß. Sie verlangt Mitgefühl, Verständnis und Bereitschaft zu vergeben, Eigenschaften also, die mit den Wendy-Reaktionen nicht ohne weiteres zu vereinbaren sind. Gelingt es Ihnen, etwas Einfühlung in Ihren Mann zu entwickeln, können Sie auch einige seiner Wesenszüge tolerieren, die Ihnen nicht gefallen.

Einfühlung gibt Ihnen auch die Fähigkeit zu urteilen, ob Ihr Mann sich um Gegenseitigkeit bemüht oder nicht.

»Wenn er sich bemüht, seinen eigenen Schmerz zu überwinden, bin ich bereit, seine Verdrießlichkeit zu ertragen. Wenn er es aber nicht tut, gehe ich einfach fort. Ich verstehe nicht ganz, was er durchmacht, aber ich brauche jedenfalls nicht dabeizustehen und seine Mißachtung hinzunehmen.

Wenn er die Verantwortung für seinen eigenen Streß nicht übernimmt, lasse ich ihn einfach stehen und gehe weg. Das scheint auf ihn zu wirken. Er versucht dann weiterzumachen und fährt mich noch ein- oder zweimal grob an, aber wenn ich weiter jede Gegenrede und Reaktion verweigere, beruhigt er sich gewöhnlich und entschuldigt sich hinterher.«

Einfühlung und Toleranz sollten nicht damit verwechselt werden, daß man sich zum Sandsack für das Boxtraining des Partners machen läßt. Eine Frau, die Grobheiten und Beschimpfungen von ihrem Mann hinnimmt, neigt dazu, Gleiches mit Gleichem zu vergelten. Darum werden Einfühlung und Toleranz einer Frau helfen, sich von ihrer Bestrafungsreaktion zu befreien.

»Ich merkte, daß ich ihm seine Gemeinheiten mit gleicher Münze heimzahlte. Darauf wurde mir klar, daß solches Verhalten nicht mit meiner Selbstachtung zu vereinbaren war. Ich konnte seinen Zorn nicht beherrschen, aber meinen. Ich faßte den Vorsatz, daß ich, sollte ich wieder zornig auf ihn werden, dabei so aufrichtig wie möglich sein wollte.

Statt nach Vorwänden zu suchen, warum ich nicht mit ihm schlafen wollte, sagte ich ihm die Wahrheit. ›Du warst eifrig dabei, Krieg gegen mich zu führen, und da brauchst du dich nicht zu wundern, daß ich nicht mit dir schlafen will.‹ Zuerst fiel es mir schwer, ihm so unverblümt die Meinung zu sagen, aber ich sagte mir, daß ich mir seine Gemeinheit nicht gefallen lassen müsse.

Statt mich vor anderen über ihn lustig zu machen, ging ich entweder fort oder fuhr nach Haus oder stellte ihn sofort zur Rede, wenn er etwas gesagt oder getan hatte, was ich als beleidigend empfinden mußte. Als ich diese Taktik das erste Mal gebrauchte, waren wir bei Freunden. Ich ging mit ihm in ein anderes Zimmer und sagte ihm in kurzen Worten, ohne zu schreien, worüber ich mich ärgerte. Ich war versucht, ihn vor den anderen zur Rede zu stellen, sagte mir aber, daß es unter meiner Würde sei, so tief zu sinken. Andere Frauen sagen, daß es wirke, aber wenn ich das tun müßte, würde ich eher auf ihn verzichten, als mich auf diese Ebene zu begeben.«

Es gibt zwei andere Mittel, wie Sie die in Toleranz und Einfühlung enthaltene Liebe gebrauchen können, um Bestrafung aus dem Umgang mit Ihrem Mann zu verbannen. Sie setzen beide die Bereitschaft zur Vergebung voraus. Wenn Sie finden, daß Sie zur Bestrafung neigen, werden Sie sich selbst vergeben müssen. Das ist notwendig, bevor Sie Ihre negative Einstellung zu Ihrem Mann überwinden können. Aber es kann sehr schwierig werden.

»Vergebung ist leicht gesagt, aber schwer getan, vor allem, wenn ich bedenke, daß viele unserer Probleme gar nicht erst entstanden wären, wenn ich früher zur Besinnung gekommen wäre. Ich sage mir: ›Du bist ein guter Mensch und hast das Recht, Fehler zu machen.‹ Das hilft viel. Wann immer ich merke, daß ich in eine bestrafende Einstellung zurückgleite, ziehe ich mich augenblicklich aus der Situation zurück. Dann sage ich mir diesen aufmunternden Satz über das Recht auf Fehler vor. Der schwierigste Teil ist die Anerkennung der Tatsache, daß ich so dumm sein kann. Ich glaube, Toleranz wirkt in beide Richtungen.«

Toleranz und Einfühlung sind Eigenschaften, von denen Sie sich im Umgang mit Ihrem Mann wie auch mit sich selbst leiten lassen sollten. Manche Frauen finden es einfacher, ihrem Mann die Grausamkeit als sich selbst die Versäumnisse zu vergeben, die sie in sich sehen. Dies alles ist Teil der stillen Stimme der Minderwertigkeit (siehe Kapitel 4).

Wenn eine Wendy sich selbst erfolgreich vergeben kann, dann wird sie wahrscheinlich imstande sein, den Grad ihrer Bestrafung sofort zu verringern. Mit größerer Selbstbeherrschung mag es ihr gelingen, den zweiten Teil der Strategie des Vergebens zu üben. Eine Frau drückte es so aus:

»Ich wußte, daß es einen Grund für die Art und Weise geben mußte, wie mein Mann mich behandelte. Er wollte oder konnte es mir nicht sagen, und er hätte niemals mit einer außenstehenden Person darüber gesprochen. Und ich wollte wissen, warum.

Um darauf zu kommen, mußte ich mich in Selbstbeherrschung üben, was ich dadurch tat, daß ich wegging und der Neigung, ihn zu bestrafen, nicht nachgab.

Dann passierte etwas Seltsames. Er kam hinterher, reizte mich, beschimpfte mich und forderte mich geradezu heraus, ihn zu bestrafen. Da ging mir ein Licht auf. *Er wollte, daß ich ihn bestrafe.* Er erwartete es, wie ein mutwilliger Junge, der erwischt wird, wie er Geld aus dem Sparschwein seiner Schwester stiehlt. Es schien alles ganz einfach. Aus irgendeinem Grund hatte mein Mann das Gefühl, er sei in meiner Gegenwart eine Art Bösewicht. Er hatte weiß Gott allen Grund, Manieren anzunehmen. Aber das wollte er nicht. Er wollte bestraft sein. Als ob Bestrafung ihn wieder ins innere Gleichgewicht bringen würde.

Sobald ich die Selbstbeherrschung wiedergewonnen hatte, konnte ich ihn inmitten einer seiner Sticheleien zur Rede stellen. Ich versuchte nicht, ihn herabzusetzen. Ich wartete einfach, bis er eine Pause machte, und dann faßte ich ihn ins Auge und sagte: ›Hör zu, ich werde dich nicht bestrafen. Ich bin nicht deine Mutter. Also laß mich bitte in Ruhe, wenn du nicht vernünftig über Veränderungen reden kannst‹.«

Diese Art von rationaler Konfrontation verlangt ein gehöriges Maß an Reife von einer Frau. Für viele wird sie sich als schwierig erweisen. Und möglicherweise nicht zum Erfolg führen. Wenn eine Frau ihre Verhaltensmuster ändert, verschiebt sie den Gleichgewichtszustand zwischen sich und ihrem Mann. Es ist möglich, daß er nicht in der Lage sein wird, sich anzupassen. Im Kapitel 20 werden Sie weitere Informationen darüber finden, was Sie zu erwarten haben, wenn Sie sich ändern.

Verläßlichkeit

Eine Frau, die ihren Mann liebt, möchte auf ihn zählen können. Sie möchte, daß er ihr zuhört, wenn sie niedergeschlagen ist, daß er sie an einem langweiligen Tag aufmuntert, ihr beim Aufräumen und Saubermachen hilft, wenn Gäste erwartet werden, und ihre Stimmungen versteht. Kurzum, sie möchte, daß er zur Stelle ist, wenn sie ihn braucht.

Eine Frau, die ihren Mann bemuttert, muß sich ebenso mit seinen Schwächen und seiner Unverläßlichkeit zufriedengeben wie mit ihrer eigenen Enttäuschung und Bitterkeit. Verläßlichkeit als Merkmal reifer Liebe wird von der Wendy-Frau oft mißbraucht, indem sie immer da ist, wenn ihr Mann sie braucht, selbst wenn er auf eigenen Füßen stehen sollte. Einen Zustand vernünftiger Verläßlichkeit zu erreichen, fällt einer Wendy schwer.

»Ich war immer da, wenn er mich brauchte. Stundenlang hörte ich ihm zu, wenn er über die Arbeit und seinen Chef klagte. Ich stornierte Pläne, die ich gemacht hatte, damit er abends nicht allein war. Er aber schien nie zur Stelle zu sein, wenn ich ihn brauchte. Zuletzt beschloß ich, seinen Problemen nachzugehen und zu sehen, ob der Inhalt seiner Klagen sich änderte. Er blieb immer der gleiche.

Ich konnte nicht weiterhin tatenlos zuhören, wie er sich über seine Arbeit beklagte. Damit half ich ihm nicht. Ich erklärte ihm, daß wir gemeinsam eine Strategie ausarbeiten würden, um seinen Chef zur Rede zu stellen. Ich nahm ein Blatt Papier, fertigte eine Liste aller Klagen an – ich kannte sie längst auswendig – und sagte ihm, er solle alle Möglichkeiten durchdenken: kündigen, den Chef anschreien, um Versetzung bitten, zum Vorgesetzten seines Chefs gehen, eine schriftliche Beschwerde vorbringen, den Chef zum Abendessen einladen und so weiter.

Ich gab ihm die Liste und fragte ihn, was er am ehesten tun könnte. Er zuckte bloß die Achseln. Ich blieb fest und sagte zu ihm: ›Wenn du nicht anfängst, an einer Lösung zu arbeiten, selbst wenn es eine ist, die wir nicht niedergeschrieben haben, werde ich mir deine Klagen nicht mehr anhören.‹

Eines Abends kam er übelgelaunt nach Haus und fing

wieder an, sich über seinen Chef zu beklagen. Als ich erfuhr, daß er nicht an seinem Problem gearbeitet hatte, sagte ich: ›Ich will nichts davon hören‹ und ging fort. Es fiel mir sehr schwer.

Später am selben Abend sah ich ihn über der Liste sitzen und vor sich hin murmeln. Er hat sein Arbeitsproblem noch immer nicht gelöst, aber wenigstens weiß er jetzt, daß es sein Problem ist, nicht das meinige.«

Bevormundende Frauen sind im allgemeinen sehr tüchtig, wenn es gilt, Dinge in Bewegung zu bringen. Wenn sie glauben, daß es sein muß, können sie sechs Dinge gleichzeitig tun und treiben sich bis an den Rand der Erschöpfung. Sie sind bis zum Übermaß verläßlich. Ein Zurücktreten fällt schwer, ist aber notwendig. Das folgende Beispiel zeigt, wie eine andere Frau ihre Bevormundung abbaute, aber verläßlich blieb.

»Mein Mann läßt alle viere hängen. Er rührt keinen Finger, wenn er es vermeiden kann. Einkaufen oder bei der Hausarbeit helfen geht über sein Vermögen, und ob Sie es glauben oder nicht, eines Tages, als ich mit meiner Großmutter beschäftigt war, vergaß er sogar, die Kinder von der Schule abzuholen. Als die Lehrerin mich anrief und sagte, die Kinder seien noch dort, und mein Mann sagte, er habe es ›vergessen,‹ wußte ich, daß es an der Zeit war, etwas zu tun.

Von nun an ließ ich seine Kleider überall im Haus verstreut herumliegen. Zwar warf ich sie in verschiedenen Ecken auf Haufen zusammen, um sie aus dem Weg zu haben, aber ich räumte sie nicht weg. Als er zu mir kam und nach seiner Tennishose fragte, zeigte ich auf einen Haufen und sagte: ›Vielleicht solltest du da mal nachsehen.‹ Dieser Zustand dauerte ungefähr zwei Wochen an, bevor er anfing, seine Kleider in den Schrank zu tun.

Dann gab ich den Kindern ihr Essen, bevor er nach Haus kam, und erklärte ihm, er müsse sich seine Mahlzeiten selbst kochen, weil ich Diät zu halten habe. Ich bot ihm von meinem Toast an, aber er brummte nur und machte eine Suppendose auf. Eine Woche verging auf diese Weise, bis er auf den Gedanken kam, mir zu helfen, indem er auf dem Heimweg von der Arbeit beim Supermarkt anhielt.

Es war mir wirklich verhaßt, diese Maßnahmen zu ergreifen, aber sie wirkten. Ich nannte es ›Streik für bessere Arbeitsbedingungen.‹ Er sagte, mir wüchsen Fangzähne. Wir lachten beide.«

Der Rückzug aus einer bevormundenden oder übertrieben fürsorglichen Position führt gewöhnlich zu Schuldgefühlen. Solange eine Frau weiß, daß sie den offenen, aufrichtigen Weg der Aussprache eingeschlagen hat, ohne zu nörgeln, kann sie zuversichtlich sein, daß sie sich vernünftig verhält.

Eine andere vernünftige Maßnahme, diesen Rückzug zu bewerkstelligen, ist die Stärkung der eigenen Unabhängigkeit. In vielen Fällen ist der Schlüssel dazu die Fähigkeit, Geld zu verdienen.

»Es mißfiel mir, in allen Geldausgaben vollkommen von meinem Mann abhängig zu sein. Es gab mir das Gefühl, in seiner Schuld zu stehen. Aber ich hatte keine Berufsausbildung und besaß eigentlich keine brauchbaren Fähigkeiten. Ich ging zum Arbeitsamt und ließ mich beraten. Ich kam mir dumm vor, bis ich entdeckte, daß es Hunderte von Frauen gibt, die sich in der gleichen Lage befinden.

Ich traf meine Berufswahl auf der Grundlage meiner Interessen, meiner Erfahrungen und der Notwendigkeit eines kurzfristigen Ausbildungsprogramms. Hier bot sich Buchhaltung an, nicht nur, weil ich abends lernen konnte, sondern auch, weil ich seit Jahren unser gesamtes Haushaltsgeld verwaltete und mich ausgezeichnet darauf verstand.

Mein Mann konnte nicht verstehen, warum ich wieder eine Ausbildung anfangen wollte. Er sagte, er verdiene reichlich, und ich könne nicht soviel beibringen, daß es sich wirklich lohne. Seine Bemerkungen bestärkten mich nur in meiner Entschlossenheit.

Ich habe nicht vor, eine Ganztagsstelle irgendwo anzunehmen, fühle mich aber sicherer, wenn ich weiß, daß ich mich selbst erhalten kann, wenn es sein muß. Ich glaube, es hat unserer Beziehung gutgetan. Weil ich mich stärker, unabhängiger fühle, versuche ich nicht mehr, so eine Superhausfrau zu sein.«

Finanzielle Unsicherheit ist eine Erscheinung, die auf die meisten Wendy-Frauen schädlich einwirkt; sie überspringt die Grenzen aller Wendy-Reaktionen. Wir werden uns später in diesem Kapitel wieder mit ihr beschäftigen.

Persönliche Entwicklung

Viele Menschen, Männer wie Frauen, zeigen die Neigung, sich nicht weiter mit Fragen der Persönlichkeitsentwicklung zu beschäftigen, sobald sie ›zur Ruhe gekommen sind.‹ Eine der negativen Nebenwirkungen dieser Stagnation ist selbstsüchtige Liebe. Eine Frau befreite sich aus dieser Situation, indem sie lernte, wieder sich selbst zu besitzen.

»Als ich heiratete, gab ich mich buchstäblich weg. Ich begriff es erst, als ich sah, daß ich genauso bitter und mißgelaunt wurde, wie ich es von meiner Mutter kannte. Ich brauchte lange, bis mir klar wurde, wo es fehlte.

Mein Mann ging auf Angelurlaub, und ich weinte die ganze Zeit während seiner Abwesenheit. Ich machte ihn für mein Elend verantwortlich. Er hatte mich gefälligst zu unterhalten. Ich war wehleidig wie ein Kleinkind.

Schließlich stellte ich mich vor den Spiegel und gab meiner Psyche einen Tritt in den Allerwertesten. Es war höchste Zeit, daß ich mit meinem Leben weitermachte. Ich ging aus und kaufte mir einen Trainingsanzug und einen Tennisschläger und trat einem Sportverein bei. Ich gelobte mir, alles Nötige zu tun, um nicht noch einmal in Selbstmitleid zu versinken.«

Das Leben in die eigenen Hände zu nehmen ist ein wesentlicher Bestandteil der Entwicklung zu einer Tinker. Sie brauchen deswegen nicht um den Block zu traben oder sich einer schweißtreibenden Sportart zu verschreiben. Es gibt kein Patentrezept, das darüber Auskunft gibt, wie jede beliebige Person lernen kann, mehr aus sich zu machen. Sie können aber das meiste aus sich machen, wenn Sie sich nicht danach richten, was andere tun oder sagen.

»Mein Pfarrer hatte mir gesagt, ich brauche mehr Selbstachtung. Unglücklicherweise verstand ich nicht, was er meinte. Wir sprachen über meine Berufslaufbahn. Ich hatte immer gesagt bekommen, daß ich anderen zu Diensten sein solle, und die beste Art und Weise, dies im Beruf zu verwirklichen, schien mir die Ausbildung als Krankenschwester zu sein. Also machte ich das. Es ist nicht schlecht, aber ich habe keine echte Freude an meinem Beruf. Ich möchte etwas anderes.

Als ich mich fragte, was ich wirklich gern tun würde, überraschte ich mich selbst mit der Antwort! Damenmode verkaufen. Als ich den Pfarrer fragte, ob ich es tun solle, meinte er! ›Sie sollten tun, was für Sie das richtige ist.‹ Ich wartete darauf, daß er mir die Erlaubnis gebe, zu tun, was ich gern wollte. Er sagte mir, ich sei alt genug, mir selbst die Erlaubnis zu geben. Das brachte mich erst zur Besinnung.

Als ich meine Absicht zum ersten Mal offen aussprach, dachten mein Mann und meine Freundinnen, ich sei übergeschnappt. Ich wurde mit Argumenten überschüttet – schlechte Bezahlung, Aufgabe des gewählten und erlernten Berufs, unregelmäßige Arbeit –, aber ich blieb dabei. Nachdem ich meinem Mann erklärt hatte, daß der Beruf der Krankenschwester die Wahl meiner Mutter und nicht meine eigene gewesen sei, schien er zu verstehen. Und als er merkte, wieviel glücklicher ich war, unterstützte er mich in meinem Vorhaben. Er hilft sogar bei der Kinderbetreuung, was ich nie von ihm gedacht hätte.«

Diese Frau brach aus einer restriktiven Rolle aus, die ihr durch Erziehung und gesellschaftliche Konditionierung auferlegt worden war. Sie ergriff wieder Besitz von einem Teil ihres Lebens, den sie durch Passivität unter Fremdbestimmung hatte geraten lassen.

Eine Frau ist in ihrer Persönlichkeitsentwicklung frei zu wählen, welche Rollen sie übernehmen möchte. Sie ist nicht das Opfer von Definitionen, die ihr vorschreiben, was sie im Berufsleben, als Frau oder speziell als Ehefrau zu sein habe. Wenn es Ihnen ernst ist mit Ihrem Wunsch, eine Tinker zu sein werden Sie meine Anregungen als Sprungbrett zur Persönlichkeitsentwicklung gebrauchen, nicht aber als Führer zu Rollen, die Sie verkörpern müssen.

Persönlichkeitsentwicklung wird Ihnen helfen, sich vor dem Entstehen von Narzißmus zu hüten. Wie Sie sich vom 9. Kapitel her erinnern werden, kann Narzißmus sich in einer Frau manifestieren, wenn sie in dem Glauben, daß es auf magische Weise gelingen werde, einen Mann anzulokken und festzuhalten, blindlings einer starren Definition von Weiblichkeit gerecht zu werden versucht. Susan Brownmillers Buch *Weiblichkeit* (siehe Anhang) ist eine ausgezeichnete Hilfsquelle, die Ihnen zur Neubestimmung Ihrer Rolle als Frau gute Dienste leisten wird.

Wenn Sie nicht recht wissen, wo Sie mit Ihrer Persönlichkeitsentwicklung ansetzen sollen, lesen Sie die folgende Aussage einer Frau.

»Ich wußte nicht, wie ich eine Meinung haben sollte. Freilich konnte ich sagen, was ich dachte oder was andere Leute hören wollten und ich verstand auch, mich zu beklagen – da brauchen Sie nur meinen Mann zu fragen. Aber ich hielt Leute, die Meinungen hatten, immer für eigensinnig, und so wollte ich nicht sein.

Als ich lernte, daß eine eigene Meinung eine wundervolle Erfahrung sein kann, kam ich nicht mehr davon los. Ich übte regelrecht, Meinungen zu haben. Es klingt albern, aber wenn Sie nicht wissen, wie Sie laufen sollen, müssen sie zuerst kriechen.

Sie hätten mich sehen sollen, wie ich zu entscheiden versuchte, welche Jahreszeit ich am liebsten mochte; nicht, was die Leute mir sagten, mochte ich, sondern was mir gefiel. Danach dachte ich über meine Vorlieben bei Büchern,

Möbeln und sogar Farben nach. Ich entdeckte, daß ich nie gelernt hatte, für mich selbst zu denken.

Eine ganz neue Welt öffnete sich mir. Mein Mann war nicht wenig überrascht, als ich Meinungen über politische Fragen und seine Freunde äußerte. Ich wurde zu einer Person, die er nie gekannt hatte. Ich mußte daran denken, langsam vorzugehen, um ihm Gelegenheit zur Anpassung an das neue Ich zu geben.«

Wenn eine Frau die Zwecklosigkeit des Versuchs, ihren Mann zu beherrschen, einsieht, kann sie ihre Aufmerksamkeit auf Selbstbeherrschung lenken. Und in dem Maße, wie sie Selbstbeherrschung lernt, ergreift sie Besitz von den Einstellungen, Meinungen und Werten, die ihr Leben leiten. Und sie wird lernen, daß die Fähigkeit zur Selbstbeherrschung sie vom Drang, andere zu beherrschen, befreien wird.

Gemeinsamkeit

»Wir haben ein Verständigungsproblem.« Wenn eine Beziehung in Schwierigkeiten ist, wird diese Feststellung unausweichlich zur Zusammenfassung des Problems gebraucht. Gewöhnlich bedeutet die Erklärung, daß dic bciden betroffenen Menschen die Gemeinsamkeit der Gedanken und Gefühle verwirren und vergiften. Wendy achtet auf ihre Worte, da sie ihren überempfindlichen Peter Pan nicht kränken möchte. Peter wiederum bemüht sich nach Kräften, seine Gefühle zu verbergen und der Wahrheit auszuweichen, weil er fürchtet, daß er für den Schmerz seiner zerbrechlichen kleinen Frau verantwortlich sein wird.

Wendys Gemeinsamkeit mit Peter Pan ist gekünstelt und unterliegt übertriebener Kontrolle. Da es ihr an Selbstbeherrschung fehlt, sorgt sie sich, daß sie zur unrechten Zeit das Falsche sagen könnte. Sie zensiert ihre Gemeinsamkeit.

Tinker, auf der anderen Seite, spricht aus, was sie auf

dem Herzen hat. Tatsächlich kann sie über die Gemeinsamkeit so in Aufregung geraten, daß sie zum anderen Extrem neigt, indem sie ihren Partner mit Informationen überwältigt. Man kann über den Exzeß hinwegsehen, weil sie auf dem rechten Weg ist.

Gemeinsamkeit ist die wichtigste Eigenschaft im Drehbuch der reifen Liebe. Ohne die Gemeinsamkeit von Gedanken und Gefühlen bleibt einem Mann und einer Frau kaum eine Hoffnung, die Grundlagen für eine dauerhafte Bindung zu schaffen. Um wirksam zu sein, muß diese Gemeinsamkeit in einer nichtbeurteilenden Atmosphäre entwickelt werden. Wenn ein oder beide Partner einen Anschein von Überlegenheit über den anderen bewahren, werden Vergeltung und Rebellion jeden Versuch zur Gemeinsamkeit infiltrieren.

Im folgenden sind drei Beispiele angeführt, wie nichtbeurteilende Gemeinsamkeit die Obertöne von Beherrschung, welche sich oft in die Beziehung einer Wendy mit einem Peter Pan einschleichen, aus dem Gleichgewicht bringen kann.

Psychologisieren

»Weißt du, du bist bloß aufgeregt, weil deine Mutter sich mehr um deine Schwester gekümmert hat als um dich.« Diese urteilende Wendy macht sich des Psychologisierens schuldig, als sie und ihr Mann Gedanken und Gefühle über ein verunglücktes Familientreffen ›austauschen‹. Ob ihre Einschätzung richtig ist oder nicht, tut hier nichts zur Sache. Sie erklärt ihm, wie er empfindet und warum. Wenn er Schwierigkeiten hat, seine Gefühle zu identifizieren und mitzuteilen, muß diese Art von Gedankenlesen zu weiterer Entfremdung führen.

Sind Sie eine Wendy, die eine Tinker zu werden bestrebt ist, werden Sie von diesen beiden Alternativen zum Psychologisieren profitieren!

Eine Möglichkeit, die Quelle seiner Empfindungen über bestimmte Familienangehörige zum Sprudeln zu bringen, wäre die Umwandlung der Feststellung in eine Frage. Die spezifizierte Aufzählung einer Situation ist eine ausgezeichnete Einführung. Zum Beispiel! »Wie fandest du es, als deine Mutter die Neuigkeit über deine Beförderung überging, um deine Schwester nach ihren neuen Schuhen zu fragen?«

Hat er seine Gefühle früher schon zensiert, und haben Sie darauf mit Psychologisieren reagiert, ist anzunehmen, daß er ihrer Frage ausweichen wird: »Ach, dabei habe ich mir nichts gedacht. So ist es immer schon gewesen.« Und Sie mögen versucht sein, in die Gedankenleserei zurückzufallen: »Komm schon, ich habe dich rot anlaufen sehen. Du hättest jemanden erwürgen können.«

Wenn mit Fragen nichts auszurichten ist und Sie darauf brennen, ihm Ihre Meinung zu sagen, tun Sie es in einer Weise, daß jede Andeutung einer Klage möglichst vermieden oder wenigstens auf ein Mindestmaß verringert wird. »Ich habe mich über deine Mutter geärgert, daß sie dich so zurücksetzte, und wenn ich deine Miene richtig deutete, hast du dich auch geärgert.« Sie wissen, daß Sie aus einem anderen Menschen die Gefühle nicht herausziehen können; helfen können Sie am besten, indem Sie Ihre Gefühle in der aufrichtigsten Art und Weise, die Ihnen möglich ist, mit Ihrem Mann teilen und ihn ermutigen, diesem Beispiel zu folgen.

›Du-Botschaften‹

Viele potentiell günstige Gelegenheiten zur Gemeinsamkeit werden durch den Mißbrauch des Wortes *du* als Erweiterung des oben erwähnten Psychologisierens sabotiert. »Du willst mir nicht sagen, wie du darüber denkst«, »Du siehst es gern, wenn ich mich winde«, und »Du hast dich noch nie durchsetzen können« sind ungeeignete, urteilende ›Du-Botschaften‹, die jede tiefergehende Gemeinsamkeit zerstören müssen.

Verwenden Sie ›Ich-Botschaften‹ anstelle von ›Du-Botschaften‹. Dabei sollten Sie sich bemühen, das Wort *du* als

Satzgegenstand zu vermeiden. Die angeführten Feststellungen gewinnen ein völlig anderes Gesicht, wenn *du* durch *ich* ersetzt wird. »Ich fühle mich ausgeschlossen, wenn ich nicht weiß oder verstehe, was du denkst.« »Ich fühle mich sehr unwohl, wenn ich meine Gedanken nur mit mir selbst teilen kann.« »Ich werde zornig auf dich, wenn ich merke, daß ich die einzige von uns beiden bin, die sich bemüht, unsere Interessen zu vertreten.«

Die Umwandlung von ›Du-Botschaften‹ in ›Ich-Botschaften‹ ist ein lohnendes Bemühen für beide Partner in einer Beziehung. Wenn Sie und Ihr Mann übereinkommen, daran zu arbeiten, müssen Sie sich freilich darüber im klaren sein, daß es ein unerreichbares Ziel wäre, das Fürwort *du* als Subjekt eines Satzes, in dem persönliche Gemeinsamkeit stattfindet, ganz zu eliminieren. Sie werden das Ideal hundertprozentiger Effizienz wahrscheinlich niemals erreichen, doch je mehr Sie üben, desto besser sind Ihre Chancen für eine nichturteilende Gemeinsamkeit.

Konfliktlösung

In einer Zweierbeziehung sind Konflikte unvermeidlich. Soweit er beiden Teilen die Gelegenheit gibt, ihre Fähigkeit, aus Fehlern zu lernen, zu verbessern, ist Konflikt gut. Lesen Sie, wie eine Frau ihre Erfahrung mit meinem Vorschlag zur Konfliktlösung beschrieb. Sie hatte Hilfe gesucht, um ihre Ehe zu vervollkommnen; ihr Mann hatte sich geweigert, mit ihr zu kommen.

Ich muß zugeben, daß ich Ihre Beschreibung eines Konflikts als Misthaufen einigermaßen albern fand. Aber je mehr ich darüber nachdachte, desto sinnvoller erschien es mir, die Probleme zwischen mir und meinem Mann als Mist zu sehen, der mit seinem Gestank unsere Beziehung verdarb.

Es leuchtete mir auch ein, daß ich nur für meinen Teil des Misthaufens verantwortlich sein kann. Ich erklärte die Idee meinem Mann, und er fand sie natürlich blödsinnig. Ich hielt mich trotzdem daran.

Wir hatten einen albernen Streit über die richtige Art, Tacos zu machen. Sie sagten mir, ich solle Ihren Vorschlag zunächst an Hand eines kleinen Problems erproben – und glauben Sie mir, dies war ein kleines Problem. Mein Mann aß Tacos an einem Stand und war überzeugt, er wisse, wie sie richtig zubereitet werden. Ich kaufte flache Tacochips, die man vor dem Essen brät. Er sagte mir, das sei eine Dummheit, und dadurch würden sie nicht besser schmekken. Ich wollte nicht glauben, daß er so dickköpfig sein könne, und sagte ihm das. Wir hatten einen Riesenkrach.

Später kam ich mir so töricht vor, daß ich mir einen Ruck gab und Ihrem Vorschlag folgte. Ohne wie ein schuldbewußtes kleines Mädchen aufzutreten, sagte ich einfach: »Dieser Streit wegen der Tacos war großer Mist. Und ich möchte meinen Anteil daran auf mich nehmen. Ich hätte kein derartiges Aufheben vom vorherigen Braten der Chips machen sollen.«

Er wußte nicht, was er sagen sollte. Er schaute mich bloß an. Ich erklärte, daß ich daran arbeite, die Verantwortung für meinen Anteil am Misthaufen auf mich zu nehmen – etwas, was ich in der Beratung gelernt hätte. Er sagte noch immer nichts. Gott, wie gern hätte ich ihn mit der Nase auf seinen Teil des Misthaufens gestoßen, aber ich ließ es sein.

Sie sagten, es wäre schwierig, die Verantwortung für meinen Teil zu tragen, solange er nicht bereit sei, Gleiches mit Gleichem zu vergelten. Ich hoffe nur, daß es klappen wird, denn ich habe keine Lust, den ganzen Mist auf mich zu nehmen und ihn davon frei zu sehen.«

Die Tinker übernimmt Verantwortung für ihren Beitrag zum Konflikt – anerkennt ihren Anteil am gemeinsamen Misthaufen –, ohne ihren Mann zu zwingen, diesem Beispiel zu folgen. Sie demonstriert reifes, selbstbewußtes Verhalten in der Hoffnung, daß sie damit ein Beispiel gibt, dem ihr Mann sich nicht entziehen wird. Verhält ihr Mann sich schließlich nicht entsprechend, so wird die Tinker – wie Sie im 21. Kapitel erfahren werden – nicht fortfahren, einseitig Verantwortung zu übernehmen, ohne ernsthaft die Alternative des Aufgebens und Fortgehens zu erwägen. Urteilsfreie Gemeinsamkeit ist ein kritisches Element einer produktiven Liebesbeziehung. Wird Gemeinsamkeit jedoch zur Einbahnstraße, so muß die Liebe in eine Sackgasse geraten.

Realismus

Die Lektion, die sich in diesem Attribut reifer Liebe ausdrückt, ist einfach. Liebende verursachen sich selbst und einander unnötige Anspannung, wenn sie glauben, hundert Prozent aller Konflikte lösen zu müssen. Junge Liebende sind besonders anfällig für die Vorstellung, daß Liebe in allen Angelegenheiten des täglichen Lebens Einstimmigkeit verlange. Ein wenig Realitätssinn würde ihnen helfen, ihren Wunsch, gleichen Sinnes zu sein, mit der praktischen Erfahrung, daß manche Konflikte einfach nicht auflösbar sind, in Ausgleich zu bringen.

Dieses Verständnis führt zu der Bewertung von Problemen nach ihrer Gesamtwirkung auf die Beziehung. Streitigkeiten über Tacos brauchen über die Forderung hinaus, daß jeder Teil seine Verantwortlichkeit für den Streit anerkennt, nicht aufgelöst und behoben zu werden, während Zeit und Energie, die in die Auflösung von Meinungsverschiedenheiten über die Kindererziehung investiert werden, sich langfristig auszahlen. Bestimmte Streitfragen mögen einem Partner nicht so wichtig erscheinen, sind es aber für den anderen. Die Prinzipien des Gebens und Nehmens und der Gemeinsamkeit müssen beide angewendet werden, wenn die Partner Übereinstimmung darin erzielen wollen, welche Streitfragen aufgearbeitet werden müssen und welche man vergessen kann.

Wenn beide Teile Realitätssinn entwickeln, nimmt Verleugnung ab und aufrichtige Mitteilsamkeit zu. Die Begegnung mit der Realität kann für eine Wendy sehr schmerzhaft sein, besonders wenn sie erkennt, daß ihr Mann sich standhaft weigert, aus dem Niemalsland zurückzukehren, obwohl sie sich bemüht, unangebrachtes Bemuttern aus ihrem Verhalten zu eliminieren. Die realistische Betrachtungsweise kann eine Frau zu der unausweichlichen Folgerung führen, daß ihre Beziehung keine Zukunft hat und es an der Zeit sein mag, sich daraus zu verabschieden.

Für die große Mehrheit der Liebenden ist es jedoch eine gesunde, befreiende Erfahrung, die Realität zu akzeptieren, daß eine 70-Prozent-Beziehung eine erstaunliche Leistung ist. Erlauben Sie mir, dies näher zu erklären.

Denken Sie zurück an die vergangenen Wochen Ihrer Beziehung. Erwägen Sie jede Wechselwirkung, selbst wenn es sich dabei um den Austausch von Blicken oder Gesten handelte. Fragen Sie sich dann, wie viele dieser Wechselwirkungen ihrem Wesen nach positiv waren. Wenn sieben von zehn Wechselwirkungen durch Wärme, Verständnis, Freundlichkeit und Verspieltheit gekennzeichnet waren, dann haben Sie eine 70-Prozent-Liebesbeziehung – eine phantastische Grundlage, auf der sich noch größere Liebe errichten läßt.

Intimität

Liebende berühren einander gern, halten sich an den Händen, umarmen und küssen einander und genießen freizügig erotische Freuden zusammen. Innerhalb ihrer Intimität ist viel Raum für Scherzhaftigkeit.

Da sich 80 Prozent der Sexualität im Kopf abspielt (wenn die entsprechenden Zentren im Gehirn gestört sind, wird Sexualität zu einem enttäuschenden Erlebnis), hat sexuelle Intimität mehr mit der seelischen Berührung des Partners als mit körperlichen Liebkosungen zu tun.

Hier sind zwei Reaktionen auf Vorschläge zu verbesserter Intimität, die meine Frau Nancy als Beraterin hilfesuchender Frauen gemacht hatte.

»Als Sie zuerst vorschlugen, daß wir mehr zusammen tun müßten als uns um Rechnungen zu sorgen und über die

Kinder zu beklagen, dachte ich, es würde einfach sein, etwas zu finden. Aber es war nicht einfach.

Ich zermarterte mir das Hirn, bis ich erkannte, daß es einen Weg geben mußte, unsere verschiedenen Interessen in einem gemeinsamen Unternehmen zusammenzuführen. Ich bin immer begierig, mehr über Antiquitäten zu lernen, und mein Mann hängt an seiner Waffensammlung. Ich schlug ihm vor, daß wir eine Antiquitätenauktion besuchen sollten. Er könne nach alten Waffen Ausschau halten, und ich würde nach einer geeigneten Ersterwerbung für mich suchen.

Nun, die Auktion interessierte uns beide, und wir verliebten uns in einen alten Waffenschrank. Er war in einem schrecklichen Grün gestrichen, aber wir entschlossen uns, dafür zu bieten. Auch ein anderer Bieter wollte ihn, und wir saßen wie auf Kohlen, bis wir den Zuschlag erhielten.

Wir hatten bereits Stunden mit Überlegungen verbracht, wie wir ihn am besten restaurieren könnten, und nun ging mein Mann los und kaufte all das Zeug, das wir brauchten. Er kann es gar nicht erwarten, seine Waffen in den Schrank zu stellen, und ich glaube, er wird eine prachtvolle Ergänzung der Wohnzimmereinrichtung abgeben.

Vor allem aber hat uns diese gemeinsame Arbeit so viel Freude gemacht, daß er mehr Antiquitäten kaufen möchte. Er hat schon ein altes Himmelbett aus Fichtenholz für unser Schlafzimmer gesehen.«

Die besondere Intimität, die auf dieser nichterotischen Ebene stattfand, nährte die Beziehung dieses Ehepaars mehr, als alle Eheberatungen der Welt es hätten tun können. Der Geist der Gemeinsamkeit wurde in solcher Weise wieder entfacht, daß alle Bereiche des Zusammenlebens beinahe zwangsläufig davon profitieren müssen.

In dieser Geschichte ist eine psychologische Lektion enthalten, die der Erwähnung bedarf. Diese Frau hatte den Rat erhalten, ihren Mann zu ermutigen, sich in irgendeiner Art von künstlerischer Bemühung zu versuchen. Er war technisch orientiert und nicht leicht geneigt, sich mit Kunst und Handwerk zu beschäftigen. Sie hatte diese Empfehlung erhalten, weil Untersuchungen ergaben, daß die Wände, die Menschen errichten, um einander auf Distanz zu halten, sich in Situationen, wo Kunst an die Stelle von Technologie tritt, zur Auflösung neigen. Sie war aufgefordert worden, eine Aktivität zu finden, die mit Musik, Tanz, Malerei oder irgendeiner anderen künstlerischen Ausdrucksform verbunden war, so daß ihr Mann seine inneren Gefühle ohne die durch Technologie auferlegten Hemmungen ausdrücken könne. Der Ausdruck künstlerischen Talents, so begrenzt es auch sein mag, kann oftmals der erste Schritt zu einer Zunahme an Intimität sein.

Die zweite Frau setzte ihr sexuelles Bedürfnis ein, indem sie sich auf eine Taktik unauffälliger Aggressivität verlegte.

»Wie Sie wissen, sah ich die Gefahr, Jack an den Fitnessklub zu verlieren. Nach der Arbeit geht er immer dorthin, zappelt sich ab bis zur Erschöpfung und schläft nach dem Abendessen auf der Couch ein.

Ich beschloß, etwas Gewagtes zu tun; mit Klagen kam ich jedenfalls nicht weiter.

An einem Abend, als er Überstunden machen mußte und nicht zum Fitnessklub gehen konnte, bereitete ich in unserem Badezimmer eine besondere Kur vor. Schaumbad, Champagner und ein Tablett mit Leckerbissen. Als ich ihm sagte, er solle sich ausziehen, schaute er mich an, als ob ich den Verstand verloren hätte. Aber er tat es.

Ich bedeutete ihm, in die Wanne zu steigen, und rieb ihm den Nacken. Dann stieg ich zu ihm in die Wanne. Es war recht eng. Wir tranken den Sekt, aßen die Leckerbissen und fingen an, einander mit Wasser zu bespritzen.

Schließlich wurde uns kalt, und wir sprangen ins Bett. Ich rieb ihm den Rücken mit Öl ein, und eins führte zum anderen, und wir schliefen miteinander. Es war schöner als je zuvor.«

Es erübrigt sich zu sagen, daß diese Zugangsweise nicht immer so perfekt funktioniert. Wenn Sie etwas Ähnliches versuchen, und Ihr Mann erweist sich als unempfänglich, geben Sie Ihr Bemühen auf, sobald Sie merken, daß Sie frustriert werden. Erklären Sie ihm, daß Ihre Stimmung mit der seinigen nicht im Einklang ›tickt‹ und daß Sie eine Pause brauchen. Ein Abbrechen der Scherzhaftigkeit, bevor Bitterkeit aufsteigt, verhindert die Entstehung und das Anstauen weiterer negativer Empfindungen.

Kameradschaft

Liebende und vor allem Eheleute wissen um die Bedeutung der inneren Verbundenheit zwischen ihnen. Es ist ein besonderes Gefühl der Nähe, das Bewußtsein, in guten wie in schlechten Zeiten treu zusammenzustehen.

Statt weitere Erläuterungen zu diesem besonderen Kennzeichen einer reifen Beziehung zu geben, gestatten Sie mir, daß ich die Bemerkungen einer jungen Frau zusammenfasse, die ihre Hoffnungen auf den Faktor Kameradschaft gesetzt hatte.

»Meine Mutter ist über dreißig Jahre lang eine Wendy gewesen, und ich weiß, daß ich oft genau wie sie handle. Es ist mir verhaßt, wenn ich mich dabei ertappe, daß ich meinen Mann bemuttere. Aber er kann sich so hilflos benehmen. Und ich merke nicht, was vorgeht, bis es zu spät ist.

Der Grat zwischen Lieben und Bemuttern ist sehr schmal. Und wenn ich mich unsicher fühle, weiß ich genau, daß ich zur Bemutterung übergehe. Er hat die Gewohnheit, für alles, was schiefgeht, mich verantwortlich zu machen. Wenn ich gut aufgelegt und selbstsicher bin, falle ich nicht auf seinen Köder herein. Aber wenn ich niedergeschlagen bin, fühle ich mich schuldig und fange an, ihn zu bemuttern.

Es gibt vieles, was mich oft sehr verwirrt, aber eines weiß ich mit Sicherheit: Ich liebe ihn, und das werde ich nicht wegwerfen. Und verlangen Sie nicht von mir, daß ich

Ihnen erkläre, warum ich ihn liebe. Ich weiß einfach, daß ich es tue. Und für mich ist Liebe nicht irgendeine alberne Empfindung – es ist eine Bindung und eine Verpflichtung, einem anderen Menschen etwas zu geben. Ich werde auch weiterhin geben und lieben, weil ich weiß, daß er mich liebt. Er hat bloß nie gelernt, es zu zeigen. Und ich glaube, daß mein Geben sich eines Tages auszahlen wird.

Ich will nicht die Liebe eines anderen Mannes, ich will seine Liebe. Ich werde den Umstand, daß er vielleicht nicht lernen kann, die Tiefe meiner Gefühle genauso zu erwidern, nicht akzeptieren. Ich werde mich mit diesem Gedanken nicht abfinden.«

Ich kenne den Mann dieser Frau nicht. Aber ich hoffe aufrichtig, er wacht auf, bevor er das kostbarste Geschenk verliert, welches das Leben zu bieten hat: die hingebungsvolle unwandelbare Treue eines anderen Menschen.

KAPITEL 18

Die Tinker-Reaktion einüben

»Ich mußte lernen, einen Schritt nach dem anderen zu machen. Schließlich lernte ich etwas Neues, und das geht nicht über Nacht.«

Um Ihre Erinnerung aufzufrischen: Tinker war eine stürmische kleine Elfe, bestimmt und zuversichtlich bis zur Aggressivität. Sie schnippelte den Leuten am Haar, und wenn jemand sich irrational verhielt, nannte sie ihn einen ›dummen Kerl.‹ Sie selbstbewußt zu nennen, wäre eine Unterbewertung; ›besessen‹ würde der Wirklichkeit näherkommen – besessen von einem Geist der Freiheit und Abenteuerlust. Aber selbst Tinker hatte einiges zu lernen. Sie mußte ihre Selbstbehauptung verfeinern und ihr angestrengtes Bemühen, befreit zu sein, aufgeben.

Sobald sie ihre Wendy erkennen, gehen viele Frauen zum anderen Extrem über und versuchen, über Nacht eine Tinker zu werden. Sie begreifen, daß die unbesehene Akzeptanz einer restriktiven Rollenbestimmung dessen, was eine Frau zu sein hat, einer der Gründe dafür war, daß sie in die Wendy-Falle fielen. In ihrem Überdruß an der Gesellschaft im allgemeinen und sich selbst im besonderen suchen sie eine neue Rolle zu lernen, indem sie sich als befreite Frauen oder Feministinnen definieren. Sie saugen alles, was sie über diese neue Rolle erfahren können, gierig in sich auf und machen es unverzüglich zum Gegenstand einer persönlichen Inszenierung. Aber es ist noch lange nicht alles gut. Noch immer spüren sie eine Sehnsucht in sich. Warum? Weil sie in ihrer Hast nur eine restriktive Rolle gegen eine andere vertauscht haben. Sie nennen sich befreit, sind aber nach wie vor Gefangene einer von außen an sie herangetragenen, fremdbestimmten Definition.

Wenn Sie eine Tinker werden, ist die Selbstfindung ein langsamer Prozeß. Sie widerstehen der Auferlegung von Verhaltensweisen, deren Darstellung man von Ihnen erwartet. Weil Sie die Stimme Ihres Minderwertigkeitsgefühls zum Verstummen gebracht haben, bringt die Möglichkeit von Mißbilligung Sie nicht mehr in Panik; Sie lassen sich Zeit beim Experimentieren mit neuen Verhaltensweisen, wählen diejenigen Rollen, in denen Sie sich wohl fühlen. Sie haben die Freiheit, unter ungezählten Verhaltensweisen zu wählen. Das beste aber ist, daß Sie die Freiheit haben, sich zu ändern, zu wachsen und Ihr Handeln so einzurichten, wie Sie es passend finden. Das allmähliche Hervortreten der Tinker in Ihnen ist die wirksamste Weise, mit der Bemutterung aufzuhören, ohne Ihre Liebe aufzugeben.

Dieses Kapitel soll Ihnen helfen, Ihre Tinker-Reaktionen einzuüben. Weil es wichtig ist, daß Sie das nach Ihrem eigenen Zeitmaß tun, möchte ich meine Empfehlungen auf Ihren individuellen Lebensstil konzentrieren, ohne auf Männer Bezug zu nehmen. Ich werde Techniken besprechen, die Ihnen helfen sollen, Ihre Einstellungen und Ihr Verhalten zu modifizieren. Die meisten dieser Techniken werden Ihnen bekannt sein, also werde ich Sie nicht mit einem Übermaß an Einzelheiten langweilen. Die im Anhang zur Lektüre empfohlenen Bücher werden Ihrem Verständnis weiterhelfen, sollten meine Erklärungen hier unzureichend sein.

Wenn Sie jede dieser Techniken betrachten, seien Sie gewarnt, daß ich jeder einzelnen einen besonderen Schwerpunkt verliehen habe. Es mag nicht immer offensichtlich sein, aber diese Techniken sind in ihrem Entwurf abgeändert worden, um sicherzugehen, daß Sie besser auf sich achtgeben. Die Wendy in Ihnen mag anderer Meinung sein und sagen: »Du bist bloß egozentrisch.« Tatsächlich hat sie recht. Aber wie es sich trifft, bin ich der Meinung, daß es nicht schlecht ist, egozentrisch zu sein. Wenn egozentrisch zu sehr wie selbstsüchtig klingt (was ich für eine schlechte Eigenschaft halte), dann nennen Sie meine Vorschläge selbstfördernd oder selbstbegünstigend.

Die in diesem Kapitel enthaltenen Vorschläge gründen auf einer Philosophie der ›moralischen Selbstförderung‹. Moralische Selbstförderung ist meine Antwort auf die ungezügelte Selbstverliebtheit, die weite Teile unseres kulturellen Lebens beherrscht. Sie ist eine Philosophie des Mittelweges, die sich hütet vor den Extremen des Hedonismus (der im Interesse des Lustgewinns jede Selbstdisziplin ablehnt) und der asketischen Selbstverleugnung, die dem Ego keinen Raum zu individuellem Ausdruck läßt.

Die Anhängerin moralischer Selbstförderung ist imstande, selbstlos denen zu geben, die es nach ihrer Einschätzung anerkennen werden. Sie weiß, daß dies der beste Weg ist, Liebe zu gewinnen. Wird sie jedoch verletzt, hält sie ihre Wange nur einmal hin. Einer nicht eng befreundeten Person gegenüber handelt sie nach dem Prinzip: »Betrügst du mich einmal, Schande über dich; betrügst du mich zweimal, Schande über mich.«

Die Anhängerin der moralischen Selbstförderung glaubt fest an die goldene Regel. Sie räumt sich selbst das Recht auf Irrtum ein. Sie hat Freude an angenehmen Beschäftigungen und weiß die Leidenschaften der Gegenwart mit den Notwendigkeiten der Zukunft auszugleichen. Sie meidet in allen Angelegenheiten die Extreme, hält sich innerhalb der Grenzen, die das Gemeinwohl der Selbstentfaltung des einzelnen zieht, und erfreut sich der Heiterkeit eines geistigen Lebens, das auf einem aufgeklärten Gewissen beruht.

Wenn Ihnen diese Philosophie zusagt, können Sie den Empfehlungen, die daraus entspringen, getrost folgen und zu Ihrem Vorteil davon Gebrauch machen. Ein Wahlspruch, der Ihnen sicherlich bekannt ist, lautet: Wer nicht gut zu sich selbst sein kann, wird auch nicht für andere taugen.

Humor

Einer der aussagekräftigsten Indikatoren geistiger Gesundheit ist der Sinn für Humor. Imstande zu sein, noch am düstersten Horizont einen Silberstreif zu finden, ist ein wesentlicher Bestandteil positiver Lebenseinstellung. Ganz gleich, wie tief Sie in der Wendy-Falle stecken mögen, Sie brauchen etwas, worüber Sie lachen – oder wenigstens schmunzeln – können. Sinn für Humor ist ein so entscheidendes Element, daß Sie meiner Meinung nach ohne ihn keine bleibenden Veränderungen in Ihrem Leben erreichen können. Ich setze Humor an die erste Stelle auf die Liste der empfohlenen Techniken, weil ohne ihn die übrigen Empfehlungen wirkungslos bleiben würden.

Die gesamte Terminologie dieses Buches – Wendy, Tinkerbell, Peter Pan und Niemalsland – eignet sich für die leichtere Seite der Selbsteinschätzung. Sich selbst durch das Mittel des Humors weniger ernst zu nehmen, ist nicht das gleiche wie bestehende Probleme mit einem nervösen Kichern zu unterdrücken. Tatsächlich gewinnen Sie durch die Fähigkeit, über sich selbst zu lachen, eine bessere Perspektive Ihrer Schwierigkeiten und erhöhen dadurch die Wahrscheinlichkeit, daß Sie wirksame Abhilfemaßnahmen anwenden werden.

Die am ehesten therapeutische Art und Weise, Humor einzusetzen, ist sein Gebrauch in Verbindung mit einer widersprüchlichen Absicht. Man könnte es ›umgekehrte Psychologie‹ nennen. Zum Beispiel können Sie, wenn die Wendy in Ihnen gern Ihre Freunde bemuttert, Ihr Verhalten bis zur Albernheit übertreiben. Angenommen, Sie ertappen sich dabei, daß Sie Ihrer Freundin sagen, wie etwas zu machen ist, das zu tun sie durchaus fähig ist (einen Scheck ausschreiben, mit jemandem telefonieren). Halten Sie mitten im Bemuttern ein und sagen Sie: »Nun, kleines Mädchen, hier spricht deine Mutter. Natürlich weißt du nicht, wie man derlei einfache Aufgaben erledigt. Wenn du auf mich hörst, wirst du es immer recht machen. Und wir alle wissen, daß Mutter es am besten weiß.« Die Absicht Ihres Verhaltens ist derart übertrieben zum Ausdruck gebracht, daß Sie sich selbst die Unwirksamkeit unangebrachter Bemutterung demonstrieren.

Entspannung

Das Ziel der Entspannung ist die Befreiung des Körpers von Spannung, damit alle Gliedmaßen und Organe, vor allem aber das Gehirn ausreichend mit Sauerstoff versorgt werden können. Ist der Körper entspannt und arbeitet das Gehirn auf dem bestmöglichen Niveau, haben Sie eine bessere Chance, Ihr Leben in die eigenen Hände zu nehmen. Die drei wesentlichen Bestandteile wirksamer Entspannung sind: richtige Atmung, Muskelbewußtsein und Gedankenkontrolle.

Sehen Sie sich einer Besorgnis und Bangen erregenden Situation gegenüber, sei es, daß Sie die Aufnahme ihres Kindes ins Gymnasium erreichen wollen, sei es, daß Sie eine Gehaltserhöhung durchsetzen möchten, so kann eine einfache Entspannungsübung Ihre innere Unruhe verringern.

Fangen Sie mit einem ›Sauerstoffcocktail‹ an. Ein paar tiefe Atemzüge, jeweils einige Sekunden angehalten, versorgen Ihren Körper mit einer kräftigenden Portion Sauerstoff. Wenn Sie Ihren Mund zu einem O formen und langsam atmen, werden Sie das Geräusch Ihres eigenen Atmens hören können.

Dieses Geräusch wird Sie ermutigen, Ihre Gedanken von den Dingen abzulenken, die Ihnen Sorgen bereiten, und sei es nur für wenige Sekunden. Und es wird Sie zum Muskelbewußtsein führen. Während Sie atmen, werden Sie sich Ihrer Brustmuskulatur bewußt, die sich mit den Atemzügen dehnt und zusammenzieht. Das Magendrücken als Folge von Unruhe und Beängstigung kann gelöst werden, indem Sie sich der Entspannung Ihrer Zwerchfellmuskeln bewußt werden. Sie können diese Übung des Zusammenziehens und Entspannens auf jede beliebige Muskelgruppe anwenden.

In dem Maße, wie Sie sich Ihrer Muskeln und deren Tätigkeit bewußt werden, wird es Ihnen leichter fallen, Ihre Gedanken in eine willentliche Kontrolle der Spannung in Ihrem Körper zu kanalisieren. Wenn Sie Ihre Aufmerksamkeit auf Atmung und Muskelentspannung richten, können Sie buchstäblich zu Ihren Muskeln ›sprechen‹, genauso wie Sie es während des Psychodramas im Selbstgespräch taten.

Der Kniff beim Gebrauch der Entspannungstechnik ist, Beängstigung oder Besorgnis zu erkennen, sobald sie erscheint. Die Einsicht ›Ich bin nervös‹ sollte sogleich von der Selbstanweisung ›Tief Atem holen‹ gefolgt sein. Je besser es Ihnen gelingt, diese Gedankenverbindung herzustellen, desto mehr Kontrolle werden Sie über Ihre Angstgefühle gewinnen. Ein verbreiteter Fehler bei der Anwendung einer Entspannungstechnik ist der Versuch, dem Körper zu ›befehlen‹, daß er sich entspanne. Der Körper rebelliert gegen derlei autoritäre Versuche. Statt Entspannung herbeizuführen, bewirken solche Befehle oftmals eine Zunahme von Spannung und machen dadurch die gesamte Prozedur unwirksam.

Sie werden eine weitaus bessere Chance zur Entspannung haben, wenn Sie sich ›Erlaubnis‹ geben, von Spannung abzulassen. Nachdem Sie tief Atem geholt und Muskelbewußtsein hergestellt haben, sagen Sie sich, daß Sie von der Spannung ablassen sollen, statt der Spannung zu befehlen, sich zu lösen. Richtig eingeleitete Entspannungstechniken werden Sie erinnern, in der Wahl Ihrer Mittel zur Verwirklichung Ihrer Tinker-Reaktion nichts zu überstürzen.

Gedankenaufzeichnung

Gedankenaufzeichnung ist ein einfaches, aber höchst wirksames Verfahren zur Überwachung Ihrer Wendy-Reaktionen wie auch zur Überwachung und Entwicklungslenkung Ihrer Tinker-Reaktion. Wenn Sie zum ersten Mal Gedankenaufzeichnung betreiben, wählen Sie dafür eine Situation, die facettenreich und relativ wenig gefühlsbetont ist. Einkaufen ist eine ausgezeichnete Möglichkeit. Sie werden viele verschiedene Gedanken zu überwachen haben, ganz gleich, von welcher Art Ihr Einkaufsbummel ist.

Nach Ihrer Rückkehr von der ausgewählten Aktivität nehmen Sie sich ein paar Minuten Zeit, um die Gedanken niederzuschreiben, die Sie von Ihrem Unternehmen in Erinnerung behalten haben. In diesem Fall zählen Gefühle ebenfalls als Gedanken; schreiben Sie auch diese auf. Sorgen Sie sich nicht um die Vollständigkeit Ihrer erinnerten Gedanken; wenn Ihnen der eine oder der andere nicht gleich einfällt, wird er sich später wieder einstellen.

Verwahren Sie Ihre Listen mit den Gedankenaufzeichnungen zusammen mit Ihrem persönlichen Tagebuch, am besten bei dem entsprechenden Abschnitt. Wenn Sie ein paar ruhige Augenblicke haben, sehen Sie Ihre Listen mit den Gedankenaufzeichnungen durch und stellen Sie fest, welche wiederholt vorkommen. Die Wiederholung von Gedanken und Gefühlen kann Ihnen etwas über die Richtung sagen, die Ihr Leben nimmt oder die Sie ihm geben wollen. Wenn etwa ein Gefühl, unter Druck zu stehen, sich zu wiederholen scheint, mag es etwas in Ihrem Leben geben, das der Änderung bedarf. Kreisen Ihre Gedanken öfter um die Möglichkeiten eines Umzugs oder Stellungswechsels, so ist eine kritische Einschätzung Ihrer täglichen Lebensweise vonnöten. Vielleicht sorgen Sie sich ständig um Ihre Kinder; eine Veränderung Ihres Erziehungsstils sollte in Betracht gezogen werden.

Gedankenaufzeichnung ist eine schnelle, leichte Methode, von Ihrem Leben Inventur zu machen. Obwohl sie Ihnen keine unmittelbare Erleichterung verschaffen wird, vermag sie Ihnen die Richtung zu weisen, die Sie einschlagen müssen. Das kann von unschätzbarem Wert sein.

Gedankenunterbrechung

Stellen Sie fest, daß bestimmte unerfreuliche oder unproduktive Gedanken sich in Ihr tägliches Leben drängen, können Sie ihnen mittels eines einfachen Verfahrens ein Ende machen. Gedankenunterbrechung beinhaltet das gewollte Eindringen offener Selbstanweisung (siehe den Abschnitt darüber gegen Ende des Kapitels) zu dem Zweck, den Fortgang eines Gedankens zu unterbrechen.

Es geht folgendermaßen vor sich: Sie fahren im Wagen zu einer gesellschaftlichen Zusammenkunft. Die Stimme Ihres Minderwertigkeitsgefühls verbindet sich mit Ihrer Sorge um gesellschaftliche Anerkennung und läßt den beharrlichen Gedanken ›Wie, wenn sie mich nicht mögen?‹ entstehen. Es ist wichtig, diesen negativen Gedanken durch einen positiven zu ersetzen. Ehe Ihnen dies gelingt, muß der negative jedoch unterbrochen werden. Eine rasche Methode, dies zu erreichen, ist, daß Sie laut ›Halt‹ sagen. Sie geben damit eine offene Erklärung ab, die anzeigt, was Sie von Ihrem Gehirn wünschen. Aus der psycho-dramatischen Perspektive gesehen, sagt Ihre Tinker Ihrer Wendy, sie solle still sein. (Dies ist *nicht* das gleiche wie Wendy zu sagen, sie solle verschwinden.)

Dieses laute ›Halt‹-Sagen ist sehr wirksam. Es wird das Weiterspinnen Ihres Gedankenganges unterbrechen. Und Sie können auch weiterhin die Technik der Gedankenunterbrechung gebrauchen, so oft Sie es für nötig halten, offen »Halt« zu sagen oder auch nur zu flüstern. Gedankenunterbrechung allein wird einen negativen Gedanken jedoch nicht völlig aus Ihrem Sinn vertreiben. Sie werden die negativen Gedanken durch einen positiven ersetzen müssen: »Ich bin eine angenehme Person. Manche werden mich mögen, andere nicht. Ich werde einfach ich selbst sein; das ist alles, was ich tun kann.« Werden sie zusammen gebraucht, können Gedankenaufzeichnung, Gedankenunterbrechung und offene Selbstanweisung Ihnen Gelegenheit geben, den Gang Ihrer Gedanken zu ändern.

Tonbandaufzeichnung

Für manchen mag es peinlich sein, seine Stimme vom Tonband zu hören, doch ist es sehr nützlich für die Frau, die sich selbst auf eine Wendy-Reaktion überprüfen möchte. Die Herausforderung, die der Gebrauch dieser Technik mit sich bringt, liegt in der Lästigkeit des Umgangs mit der benötigten Ausrüstung. Aber wenn Sie sich jede mögliche Gelegenheit zunutze machen, werden Sie viele Möglichkeiten finden, Ihre Stimme aufzuzeichnen. Nehmen Sie eine geschäftliche Besprechung auf, Ihren Teil an einem Telefongespräch (vergessen Sie nicht, dem Teilnehmer zu sagen, was Sie tun), den Besuch einer Freundin oder allgemeine Konversation, wenn Sie sich daheim entspannen. Die einzige Vorsichtsmaßregel hat dem Schutz Ihrer Privatsphäre zu dienen.

Behandeln Sie Ihre Tonbandaufzeichnungen wie Ihr Tagebuch. Sie sollen zu einem konstruktiven, kritischen Blick auf Ihr verbales Verhalten gebraucht werden. Wenn Sie eine vertraute Person bitten, gemeinsam mit Ihnen auf Wendy-Reaktionen zu achten, sollten Sie zu 99 Prozent Gewißheit haben, daß der oder die Betreffende Ihr Vertrauen nicht mißbrauchen wird. Es ist enorm hilfreich, mit solch einer vertrauten Person auf der Basis gegenseitiger Unterstützung zusammenzuarbeiten, wobei beide Teile ernsthaft bemüht sind, einander bei der Bewertung ihres jeweiligen Verhaltens zu helfen.

Noch ein paar Hinweise für den Gebrauch dieser Technik: Achten Sie auf Worte und Redewendungen, die ›Macht‹ ausdrücken, zum Beispiel: »Er läßt mich«, »Wie kann ich ihn dazu bewegen ...?« Schenken Sie der Stimmqualität Aufmerksamkeit, aus der Sie Drohung oder Furcht heraushören können. Vergleichen Sie gewisse sich wiederholende Wendungen mit den Gedankenaufzeichnungen Ihrer Liste, und achten Sie auf Ähnlichkeiten, die auf Ideen hinweisen mögen, denen Sie weiter nachgehen müssen. Wenn Sie einzelne Tonbänder (oder Kassetten) zu späterem Überhören aufbewahren, tun Sie dies an einem sicheren Ort. Verwenden Sie Ihr Tonbandgerät nicht, um andere Personen zu belauschen. Sollten Sie jemals einen Eheberater oder Therapeuten aufsuchen, so tragen Sie Sorge, alle Gespräche aufzuzeichnen und zu verwahren; das wiederholte Abhören der Therapiegespräche wird Ihnen zum vollen Gegenwert Ihres Geldes verhelfen.

Die Garlock-Eröffnung

Es gibt Dutzende, wenn nicht Hunderte von Büchern über Selbstbehauptung. Einige der im Anhang aufgeführten Bücher geben Anleitung zu diesem komplizierten Thema. In diesem Abschnitt möchte ich Ihnen ein paar Vorschläge machen, die aus jahrelanger Arbeit mit Frauen, die Hilfe zur Selbstbehauptung benötigten, erwachsen sind. Diese Techniken wurden von meiner Frau, Nancy Garlock Kiley, in ihrer Arbeit als psychologische Beraterin für Frauen entwickelt. Weil sie innerhalb eines zwischenmenschlichen Machtkampfes eine günstige Ausgangslage für Sie schaffen sollen, fasse ich sie unter der Überschrift ›Die Garlock-Eröffnung‹ zusammen. Ich empfehle jedoch mit Nachdruck, daß die Garlock-Eröffnung *nicht* in irgendeiner Wechselwirkung mit einer engen Freundin, dem Ehemann oder Liebhaber gebraucht wird.

Die Grundlage der Garlock-Eröffnung besteht im Ergreifen der Initiative zu Beginn eines Gesprächs, in dem eine Erklärung abgegeben wird, die Sie augenblicklich in eine Gewinnsituation versetzt. Wenn Sie beispielsweise gekaufte Ware zurückgeben und Schwierigkeiten erwarten, können Sie Ihre Erfolgschancen maximieren, indem Sie diese Eröffnung gebrauchen: »Wollen Sie meinem Konto Gutschrift erteilen oder das Geld in bar zurückerstatten?« Sie haben der anderen Person eine Gelegenheit gegeben, das Gesicht zu wahren, zugleich aber haben Sie Ihre Aussicht, zu bekommen, was Sie wollen, erhöht. Das Beste dabei ist, Sie können die ganze Zeit lächeln.

Die Gewinn-Eröffnung kann in gemäßigt konfrontativen Situationen angewendet werden, aber sparen Sie die folgende Eröffnung für Situationen auf, in denen Sie barsch behandelt werden. »Was Sie sagen, Herr ... (Frau ...), läuft darauf hinaus, daß Ihre Einstellung mir keine Alternative läßt. Sie zwingen mich zur Aufgabe meiner Integrität.« Dies muß ernst und mit einiger Indignation gesagt werden. Diese Eröffnung ist eine kalkulierte Ausnutzung der Tendenz der meisten Leute, sich schuldig zu fühlen. Eines der Probleme bei dieser verdeckten Strategie ist, daß die Person, die sie einsetzt, sich wegen des Versuches, in der anderen Person Schuldgefühl zu erzeugen, selbst schuldig fühlen mag. Diese Eröffnung sollte Situationen vorbehalten bleiben, in denen die Gleichgültigkeit der anderen Person nahelegt, daß er oder sie einen Dämpfer verdient.

Eine dritte Dimension der Garlock-Eröffnung betrifft den umsichtigen Gebrauch einer irreführenden Frage. Sie muß genau wie angegeben eingesetzt werden, und Sie müssen bereit sein, sich auf ein längeres Gespräch einzulassen, in welchem Verwirrung herrschen wird. Beachten Sie, wie Ihr Ersuchen in dieser Pseudofrage versteckt sein kann: »Wollen Sie mir mein Geld nicht geben?« Wenn die Person nein sagt, können Sie sagen: »Gut, es freut mich, daß wir einer Meinung sind.« Wenn er oder sie ja sagt, können sie antworten: »Ausgezeichnet, das ist mir sehr angenehm.« Es gibt keine Möglichkeit, diese sogenannte Frage logisch zu beantworten. Ganz gleich, wie die Erwiderung ausfällt, Sie können die Interpretation wählen, die Ihnen genehm ist.

Die Garlock-Eröffnung ist insoweit ein ›Spiel‹, als Sie nicht völlig offen und ehrlich über Ihre Absichten sind. Noch eine Warnung: Der Gebrauch der Eröffnung sollte Situationen vorbehalten bleiben, in denen Selbstförderung tatsächlich Selbstschutz ist.

Offene Selbstanweisung

In seinem Buch *Die Kraft positiven Denkens* sagt Dr. Norman Vincent Peale: »Wann immer Ihnen ein negativer Gedanke in den Sinn kommt, der Ihre persönlichen Fähigkeiten betrifft, sprechen Sie absichtlich einen positiven Gedanken aus, um ihn aufzugeben.« In seinem Lehrbuch *Kognitive Verhaltensmodifikation* gibt Dr. Donalds Meichenbaum ausführliche Anweisungen für die Technik der offenen Selbstanweisung (siehe Anhang). Obwohl diese beiden Autoren in der theoretischen Orientierung voneinander abweichen, erteilen sie im wesentlichen den gleichen Rat. Offene Selbstanweisung ist die verfeinerte Version der Kraft positiven Denkens. Sie können von offener Selbstanweisung in vielerlei Weise Gebrauch machen. Hier ist eine Möglichkeit, mit ihrer Hilfe die innere Stimme Ihres Minderwertigkeitsgefühls zum Schweigen zu bringen: Wenn Sie sich in einer Situation befinden, in der Sie sich eingeschüchtert fühlen, ist die Stimme des Minderwertigkeitsgefühls aktiviert worden. Sie sagt: »Ich bin nicht gut genug, um mit diesem Problem fertigzuwerden.« Sie wirken dem entgegen, indem Sie sagen: »Ich bin gut und werde aus dieser Lage das Bestmögliche machen.« Das hört sich allzu einfach an, nicht wahr? Nun, es ist einfach, nur müssen Sie den positiven Gedanken *laut aussprechen,* und nicht nur einmal.

Die Wahl des richtigen Zeitpunktes ist das größte Hindernis in der offenen Selbstanweisung. Sie wirkt am besten, wenn Sie sich kurz vor dem Beginn der Begegnung eine offene Selbstanweisung geben. Sagen Sie sich, daß Sie gut sind, wenn Sie im Begriff sind, den Telefonhörer abzunehmen, einen Raum zu betreten, mit einer unbekannten Person zusammenzutreffen, an einer schwierigen Versammlung teilzunehmen oder ein Gespräch zu beginnen. Je häufiger Sie offene Selbstanweisung gebrauchen, desto weniger werden Sie die Anweisung laut aussprechen müssen. In dem Maße, wie die positive Feststellung zur Gewohnheit wird, behält sie ihre Wirkung selbst dann, wenn Sie sich die Anweisung leise oder sogar stumm geben.

Sie können die Wirkung der offenen Selbstanweisung jederzeit erproben. Jetzt zum Beispiel. Sehen Sie einfach von diesem Buch auf und sagen Sie laut: »Ich bin ein guter Mensch und verdiene glücklich zu sein.« Sofort werden Sie eine Aufwallung von Wärme in sich spüren. Sagen Sie es wieder und beobachten Sie, wie Sie sich fühlen. Die Kraft, die Sie erfahren, erwächst Ihnen aus der Bekräftigung Ihrer wesensmäßigen Güte. Sie können die Wirkung verdoppeln, wenn Sie gleichzeitig Entspannung und offene Selbstanweisung üben.

Die Schönheit offener Selbstanweisung liegt in ihrer Einfachheit und Wirksamkeit. Die Schwierigkeit dabei ist, daß Sie aufgefordert sind, sich auf eine vereinfachende, kindliche Aktivität einzulassen. Aber das ist notwendig. Bedenken Sie, daß die innere Stimme Ihres Minderwertigkeitsgefühls konditioniert wurde, als Sie ein Kind waren. Die Gegenkonditionierung offener Selbstanweisung muß einfach und kindlich sein. Wenn Sie sagen, Sie sind gut, dann sprechen Sie zu dem furchtsamen kleinen Mädchen in sich. Sie müssen eine einfache Sprache gebrauchen, die es verstehen wird.

Schweigen

Schweigen mag die wirksamste Technik der Selbstförderung sein. Sie ist die bei weitem am schwierigsten anzuwendende. Ihr tatsächlicher Einsatz ist einfacher als offene Selbstanweisung, doch kann sie eine weitreichende Wirkung auf andere haben. Je nach den Umständen kann diese Technik als außerordentlich aggressiv gesehen werden. Wird sie nicht mit Bedacht eingesetzt, kann sie Ihnen Schwierigkeiten eintragen.

Stellen Sie sich vor, daß Sie mit einer Gruppe Frauen um einen Tisch sitzen. Das Gespräch dreht sich um die Albernheit des anderen Geschlechts. Eine Ihrer Bekannten, in einer gemäßigt sarkastischen Stimmung, blickt Sie an und sagt: »Gott, kann dein Typ kindisch sein. Neulich versuchte er doch beim Abendessen, die Leute mit diesen blöden Geräuschen zum Lachen zu bringen. Hättest du ihm nicht am liebsten eine geklebt?«

Sagen wir, daß Ihre erste Reaktion die sei, daß die Frau mit ihrem Kommentar zu weit gegangen ist. Aber die anderen Frauen warten alle auf Ihre Erwiderung, und Sie wissen nicht recht, wie Sie sich verhalten sollen. Die schwierigste Reaktion in diesem Augenblick, aber die wirkungsvollste, wäre die, daß Sie der Frau gerade ins Auge blikken, den Kopf ein wenig zur Seite neigen und mit undurchdringlicher Miene schweigen. Die Stille wäre beredter als tausend Worte, die alle dasselbe sagen: »Das war eine dumme und taktlose Bemerkung.« Dieser Gebrauch des Schweigens kann leicht als aggressiver Akt interpretiert werden. Zumindest wird er wie ein eisiger Hauch über jede Gesprächsrunde gehen. Ob und wann Sie Schweigen als zwischenmenschliche Strategie einsetzen, müssen Sie selbst entscheiden; Sie wären jedoch gut beraten, es nicht zu lange dauern zu lassen. In der oben geschilderten Situation werden fünf Sekunden kalten Schweigens wie eine Ewigkeit wirken. Sie können die Spannung abbauen, wenn Sie das Schweigen mit einer Erwiderung brechen, die Ihren Standpunkt verdeutlicht. Sagen Sie etwa: »Mein Freund hat ein Recht darauf, albern zu sein. Warum sollte ich ihn dafür schlagen?« Ein kleiner Schuß Humor (›Ihn in die Ecke zu stellen, wäre außerdem eine bessere Strafe‹) kann gesträubtes Gefieder glätten, kommt aber einer nachträglichen Zurücknahme dessen gleich, was Sie mit dem Schweigen ausdrücken wollten, und dieses wird Ihnen dann womöglich als verwirrte Sprachlosigkeit ausgelegt. Mit Überlegung und Augenmaß eingesetzt, nimmt Ihr Schweigen dieser Art von Gesprächen die Triebkraft und gibt Ihnen die Möglichkeit, die Konversation in eine neue Richtung zu lenken.

Ein gemäßigter Gebrauch des Schweigens kann darin liegen, daß Sie einem aufdringlichen Vertreter oder einem übereifrigen Verkäufer einfach nicht antworten. Die Betonung Ihres Schweigens mit einem bestimmten Ausdruck in den Augen ist ein gutes Mittel, sich verständlich zu machen. Ein Achselzucken und der ›Da-komme-ich-nicht-mit‹-Ausdruck sind auch hilfreich. Anzeichen von Unruhe werden Ihr Gegenüber bewegen, seine Haltung zu mäßigen, was Ihnen erlaubt, dem Gespräch eine neue Wendung zu geben. Schweigen ist ferner ein ausgezeichnetes Werkzeug im Umgang mit lästigen Verwandten.

Aktives Ignorieren

Aktives Ignorieren ist eine weitere Form der Selbstbehauptung. Es hat vieles mit dem Schweigen gemeinsam und wird gebraucht, um ein Gespräch in eine andere Richtung zu lenken. Es kann als aggressiv angesehen werden und ist innerhalb des passenden Rahmens durchaus wirkungsvoll. Meistens wird aktives Ignorieren als strategisches Mittel zum Themenwechsel gebraucht. Es hat aber viele Anwendungsgebiete und verfehlt seine Wirkung auf zudringliche Fremde ebensowenig wie auf besserwisserische Verwandte.

Kehren wir zurück zu dem im letzten Abschnitt behandelten Gespräch. Wenn Sie in Ihrer Antwort auf den Sarkasmus gern etwas subtiler wären, könnten Sie das aktive Ignorieren etwa so einsetzen: Sobald die Frau ihre Bemerkung gemacht hat, schenken Sie ihr einen freundlichen, etwa zwei Sekunden dauernden Blick, dann wenden Sie Ihre Aufmerksamkeit einer anderen Person in der Runde zu und sagen: »Du, dieses Essen ist nicht übel.« Selbstverständlich ist jeder allgemeine Kommentar, der an eine dritte Person gerichtet wird, ebensogut geeignet, die Botschaft ›rüberzubringen‹.

Durch das aktive Ignorieren eines unerwünschten Kommentars haben Sie zum Ausdruck gebracht, daß Sie diese

Erklärung keiner Reaktion würdigen werden. Ist Selbstbehauptung in der Vergangenheit oft Ihre schwache Seite gewesen, dann mag aktives Ignorieren, mit Humor verbunden, ein ausgezeichnetes Mittel zur Verbesserung Ihrer Lage sein. Wenn Sie beginnen, sich selbst zu fördern, besteht jedoch die Möglichkeit, daß Ihre Freunde und Verwandten Sie nicht verstehen werden. Sie mögen Ihre Selbstbehauptung sogar als einen Hinweis darauf sehen, daß Sie etwas beunruhigt. Die Lektüre des 21. Kapitels wird Ihnen helfen, ihre Verwirrung zu verstehen.

Selbsthilfegruppen

Die in diesem Kapitel besprochenen Techniken bezwecken die Stärkung Ihrer Tinker-Reaktion. Wie erwähnt, können Sie sie mit wenig oder ohne Hilfe von anderen bewerkstelligen. Es gibt jedoch eine weitere Technik der Selbstförderung, die in der modernen Welt zunehmend an Bedeutung gewinnt. Sie bezieht ihre Energie aus der zusätzlichen Kraft der Selbstförderung innerhalb einer Gruppe, in der jedes Mitglied ein ähnliches Ziel verfolgt. Diese Technik ist aktive Teilnahme in einer Selbsthilfegruppe.

Der Eintritt in eine Selbsthilfegruppe kann den Unterschied zwischen bloßem Lesen oder Reden über die Veränderung Ihres Lebens und Ihre tatsächliche Inangriffnahme bedeuten. Eine Gruppe von Leuten (gewöhnlich sieben bis zwölf), alle dem gleichen Ziel verschrieben, das Sie anstreben, entwickelt eine Dynamik, die größer als die Summe ihrer Teile ist. Mitglieder einer Selbsthilfegruppe helfen einander, bestimmte Ziele zu setzen und Hindernisse zu überwinden. Ihre regelmäßigen Zusammenkünfte sind angefüllt mit sachdienlichen Informationen, Ermutigung und aufbauender Kritik. Das Beste aber ist, daß die Mitglieder Ihren Schmerz und Ihren inneren Aufruhr mit Ihnen teilen und Ihnen Einfühlung und Unterstützung bieten.

Neben der Teilnahme an der ersten Versammlung ist der schwierigste Teil des Anschlusses an eine Selbsthilfegruppe das Problem, diejenige zu finden, die Ihren Bedürfnissen und zeitlichen Möglichkeiten am weitesten entgegenkommt. Sie werden einige Nachforschungen anstellen müssen, um die für Sie geeignete Gruppe zu finden. Auskünfte erteilen die Beratungsstellen der Freien Wohlfahrtsverbände (Caritas, Diakonisches Werk, Arbeiterwohlfahrt) und andere psychologische Beratungsstellen. Rufen Sie dort an und erkundigen Sie sich nach Selbsthilfegruppen in Ihrem engeren Bereich.

Wenn Sie Kontakt aufgenommen haben und mit einem Mitglied der Gruppe sprechen, stellen Sie ohne Scheu alle Fragen, die Ihnen zweckdienlich erscheinen. Nehmen Sie an einer Zusammenkunft der Gruppe teil, fragen Sie die Person, mit der Sie gesprochen haben, ob Sie sich ihr anschließen dürfen. Einmal dort, werden Sie erstaunt sein, wie rasch Sie sich zu Hause fühlen werden. Sie brauchen nicht teilzunehmen, bevor Sie sich bereit fühlen. Sobald sie aber anfangen zu sprechen, werden all Ihre Sorgen verblassen. Sollte die Zusammenkunft dennoch nicht Ihren Erwartungen entsprechen, können Sie sich immer noch zu Ihrem Versuch beglückwünschen, ein paar Tage warten und einen neuen Versuch unternehmen.

Die im letzten Kapitel enthaltenen Empfehlungen helfen Ihnen, sich aus der Bemutterungsfalle zu befreien. Die in diesem Kapitel beschriebenen Techniken helfen Ihnen, die Ursachen der Bemutterung zu beseitigen. Die selbstfördernden Eigenschaften dieser Techniken können dazu beitragen, daß Ihre Vorschläge Anerkennung finden, daß Sie eine Führungsrolle übernehmen, Ihre beruflichen Ziele erreichen, ohne Schuldgefühl nein sagen, sich in jeder Hinsicht wohler und selbstbewußter fühlen und schließlich ein Bewußtstein erweiterter Teilhabe am Leben erfahren.

Setzen Sie diese Empfehlungen nach und nach in die Tat um. Nutzen Sie die im Anhang aufgeführten Bücher zur weiteren Vertiefung Ihrer selbstfördernden Maßnahmen.

Wie im letzten Kapitel in dem Abschnitt über Persönlichkeitsentwicklung schon angedeutet wurde, ist ein gewisses Maß an finanzieller Unabhängigkeit ein Schlüssel zur Selbstförderung. Konnte das vorige Kapitel Ihnen zu mehr Zuversicht in Ihre Fähigkeit zu lieben verhelfen, so hoffe ich, daß dieses Kapitel Ihre Überzeugung, daß Sie ein Recht haben, Geld zu verdienen und es ohne Schuldgefühl zu tun, wachrufen und festigen konnte. Es gibt absolut keinen Grund, warum Sie nicht viel Liebe und genug Geld haben sollten. Die moralische Selbstförderung weist den Weg.

KAPITEL 19

Eine Verbindung richtig eingehen

»Ich war verliebt in die Idee, mich zu verlieben. Ich mußte noch viel reifer werden, bevor ich den Unterschied zwischen einer Liebelei und einer Verbindung erkennen konnte.«

Tausende von alleinstehenden Frauen haben eine Erfahrung gemeinsam: Sie gehen vier- oder fünfmal mit einem Mann aus, amüsieren sich, hegen sehr hoffnungsvolle Gefühle hinsichtlich der Möglichkeit einer langdauernden Beziehung und hören dann ohne oder fast ohne Warnung nie wieder von dem Mann. Die letzten Worte, die sie von ihm in Erinnerung behalten, sind: »Ich werde dich nächste Woche anrufen.« Manche der Frauen sind zornig; alle sind verwirrt. Sie klagen: »Männer scheuen sich, verpflichtende Bindungen einzugehen.« Sie können nicht umhin, ihr Gedächtnis nach möglichen Fehlern zu befragen. Obwohl sie durchaus reif sein mögen, können sie der Versuchung, sich zu fragen, was sie falsch gemacht haben könnten, nicht widerstehen.

Vielleicht haben sie nichts falsch gemacht, es sei denn, man wollte den Umstand, daß jemand eine unheilbare Romantikerin ist, als Mangel betrachten. Nicht selten begehen sie jedoch den Fehler, zu angestrengt nach einem Partner zu suchen, in den sie sich verlieben können. Viele Frauen glauben, sie seien nichts ohne einen Mann.

Nicht wenige Frauen geraten in die Wendy-Falle, weil sie die süße Frucht der Liebe pflückten, ehe sie Zeit zum Reifen hatte. Der Schwebezustand andauernder Ungewißheit, der die Verliebtheit kennzeichnet, ist quälend und beunruhigend. Ihre unaufgelösten Abhängigkeitsbedürfnisse treiben sie, jemanden zu finden, der sie liebt. In ihrer

Hast, Sicherheit und Geborgenheit zu finden, zwingen sie eine Begegnung oder Liebelei in die Bahn einer festen Beziehung, bevor die Zeit dafür reif ist. Damit teilen sie dem Mann ungewollt ein Gefühl von Dringlichkeit mit. Sie haben es eilig, eine besondere Regelung zu finden, die sie vor Ablehnung schützen wird. In ihrer Weise fürchtet die Wendy auch eine reife Bindung. Indem sie dem Mann die Schuld zuschiebt, verliert sie ihre Fähigkeit, das Problem zu lösen, aus den Augen.

Die Tinker gerät durch die Ungewißheit der Romanze nicht in Panik. Sie ist überzeugt, daß ihre beste Gelegenheit, eine dauerhafte Beziehung zu finden, eben darin besteht, daß sie *nicht* so angestrengt daran arbeitet, sie zu finden. Dies ist der Schlüssel, der Ihnen ermöglicht, eine Verbindung richtig einzugehen. Hollys Geschichte sei hier als Beispiel zitiert.

Holly war zwanzig Jahre lang eine Wendy gewesen. Sie hatte ihrem Mann in beharrlicher Hingabe gedient. Sie ertrug seinen zügellosen Chauvinismus ohne ein Wort der Klage. Die Erfahrung ihres Tiefpunkts konzentrierte sich auf ihre Kinder. Sie erkannte an vielen Anzeichen, daß ihr dreizehnjähriger Sohn in die Fußstapfen des Vaters trat. Nach eingehender Beratschlagung und unter beträchtlicher Seelenpein erwirkte Holly die Scheidung.

Holly war fünfundvierzig Jahre alt, als sie mit ihren zwei halbwüchsigen Kindern in eine Wohnung zog. Als Büroangestellte verdiente sie einschließlich des Kindergelds kaum genug, um die nötigsten Ausgaben zu bestreiten. Ihr Budget erlaubte weder Besuche im Schönheitssalon noch die Mitgliedschaft im Tennisklub oder Kleider aus ihrem bevorzugten Geschäft. Aber Holly war fest entschlossen, sich von den Beschränkungen zu befreien, die sie in Knechtschaft gehalten hatten. Die Umstellung war langwierig und schmerzhaft; sie hatte mehr als vierzig Jahre Konditionierung zu überwinden. Sie sehnte sich nach einer gesunden Liebesbeziehung, wollte aber ihre Freiheit nicht im Austausch gegen einen Mann aufgeben.

Holly lernte mehrere Männer kennen, die sie attraktiv fand. Sie ging mit ihnen aus, schlief mit ihnen und trennte sich von ihnen, wenn sie anfingen, sich wie kleine Jungen zu benehmen. Nach mehreren Monaten dieser Erfahrung gelangte sie zu dem Schluß, daß die Suche nach einem Mann nicht der Mühe wert war. Sie war sehr zufrieden mit ihrem neuen Leben, und die Schlußfolgerung, daß sie wahrscheinlich nie wieder heiraten würde, brachte sie nicht aus der Fassung. Schließlich war es eine verbreitete Meinung, daß Männer jüngere attraktivere Frauen wünschten, die sich ihrer kindischen Bedürfnisse annehmen würden. Ihre Unabhängigkeit war ihr zu kostbar, als daß sie sie hätte wegwerfen wollen. Es hatte zwar ein paar Jahre gedauert, aber Holly war eine Tinker geworden. Dann, als sie gar nicht mehr nach einem Mann Ausschau hielt, lernte sie Greg kennen. Er war vor kurzem geschieden worden. Nach fünfundzwanzigjähriger Ehe war er nicht allzu begierig auf eine feste Bindung. Er hatte erkannt, daß es manches nachzuholen gab. Er und Holly verstanden sich gut. Bei ihrer ersten Verabredung schlossen sie einen Pakt, daß keiner versuchen würde, den anderen zu beherrschen. Sie führten lange Gespräche darüber, wie unrealistischer Beherrschungsdrang ihre erste Ehe zerstört hatte.

Es sollte nicht allzulange dauern, bis sie Gelegenheit erhielten, ihre Vereinbarung in der Praxis zu bewähren. Als Holly Probleme mit ihrem geschiedenen Mann hatte, wollte Greg ihn anrufen und auffordern, sie in Ruhe zu lassen. Holly machte ihm freundlich, aber entschieden klar, daß sie selbst sich mit ihrem Exehemann auseinandersetzen würde; er entschuldigte sich. Als Greg sich beklagte, daß die Wäschereien Falten in seine Hemden bügelte, sagte Holly, sie würde sie mit heimnehmen und richtig bügeln. Greg küßte sie auf die Wange und erinnerte sie daran, daß er mit seinen Hemden selbst fertig werden könne; Holly entschuldigte sich.

Greg und Holly gewannen beiderseitigen Respekt füreinander. Sie erreichten eine Ebene des Verstehens und der Kommunikation, die von den meisten Paaren nie erreicht wird. Sie lernten eine sehr wichtige Lektion: wie man sich aufeinander verläßt, ohne abhängig zu werden.

Sie erinnern sich nicht, an welchem Punkt sie beide zu der gleichen Schlußfolgerung gelangten: sie liebten einander. Verständlicherweise waren sie vorsichtig in der Enthüllung ihrer Gefühle. Sie merkten auch kaum, was geschah, denn keiner von beiden hatte jemals reife Liebe gekannt. Es war eine überwältigende Erfahrung für sie; sie waren erwachsen, fühlten sich aber wie Kinder. Sie wußten, wie sie Hand in Hand ins Niemalsland ziehen und sich vergnügen konnten; und dann, wenn es Zeit war, sich mit der Wirklichkeit auseinanderzusetzen, wußten sie, wie sie zurückkehren konnten.

Hollys Kommentar enthält eine wichtige Lektion für alle angehenden Tinker. »Ich kann nicht glauben, was mit mir geschehen ist. Gerade als ich langsam lernte, mich auf mich selbst zu verlassen und ohne einen Mann zu leben, entdeckte ich die Liebe.«

Wenn Sie gegenwärtig ›ungebunden‹, aber interessiert sind, eine Liebesbeziehung einzugehen, sollten Sie wissen, daß eine Tinker nicht bloß herumsitzt und darauf wartet, daß die Liebe vom Himmel in ihr Leben herabfällt. Sie hat mit der Bewältigung ihres eigenen Schicksals zu tun. Wenn sie sich von der unrealistischen Beherrschung durch eine andere Person befreit – eine Beherrschung, hinter der sie sich lange genug versteckt hat –, entwickelt sie ein Selbstbewußtsein. Sie weiß, wo sie in bezug auf andere Menschen, insbesondere den Mann in ihrem Leben, steht. Die Tinker lernt Zeichen erkennen, die auf eine produktive und dauerhafte Beziehung hindeuten. Umgekehrt kann sie Hinweise identifizieren, die das Einsetzen des Wendy-Dilemmas verraten. Obwohl Sie einige Wendy-Reaktionen an den Tag legen mögen, können Sie einen größeren Durchbruch in der Entwicklung zur Tinker und zur Auflösung des Wendy-Dilemmas erzielen, indem Sie das Verhalten Ihres Freundes und Ihrer selbst während der Anfangsphase Ihrer Bekanntschaft aufmerksam beobachten. Auf diese Weise haben Sie eine ausgezeichnete Chance, Ihre Furcht vor Ablehnung abzuschütteln und die Beziehung von Anfang an auf den rechten Weg zu bringen.

Es gibt Anzeichen für eine Peter-Pan- und Wendy-Beziehung, die bald nach der Begegnung von Mann und Frau erscheinen. Ich werde diese besprechen und mit Beispielen und Ratschlägen versehen, die Ihnen zeigen werden, wie Sie die Bemutterungssituation in eine Gelegenheit zu reifem Wachstum umwandeln können. Eine meiner Patientinnen, eine angehende Tinker, war mit soviel Enthusiasmus dabei, die im Anfangsstadium einer Beziehung offenkundigen Probleme richtig zu identifizieren und aus ihnen Gewinn zu ziehen, daß sie auch ihrem Freund half, aus denselben Situationen zu lernen. Dabei setzte sie ihn weder herab noch machte sie sich über ihn lustig, sondern sie erklärte mir mit einer äußerst gutmütig-ironischen Einstellung: »Wissen Sie, wenn ein Mann anfängt, sich für eine Frau zu interessieren, ist er durchaus lernfähig.«

Anzeichen von Unreife und Gelegenheit zum Wachstum differieren je nach der Phase, in der die Beziehung sich befindet. Die folgende Übersicht geht ebenso wie die angefügten Empfehlungen von der Annahme aus, daß Sie bereit sind, nicht nur das Verhalten Ihres Freundes kritisch zu bewerten, sondern auch Ihr eigenes.

Narzißmus

Narzißmus ist oftmals Bestandteil einer unreifen Beziehung. Ein gewisses Maß von Narzißmus mag sogar in einer reifen Beziehung vorkommen. Ist er erkannt und verstanden, braucht er kein Hindernis auf dem Weg zu reifer Liebe zu sein.

Narzißmus ist ein schwieriger Begriff, wenn es um genaue Abgrenzungen geht. Dr. Otto Kernberg und Dr. Helmut Kohut, die das Phänomen des Narzißmus in sehr vielen Jahren untersucht haben, weisen übereinstimmend auf gewisse Verhaltensmerkmale hin. Dem Narzißten mangelt es an den Fähigkeiten, Einfühlung zu empfinden und Liebe zu geben. Die Ausbeutung anderer zum persönlichen Vorteil und überspannte Ideen charakterisieren die Lebensweise des Narzißten. Dies sind Merkmale einer ernstlich gestörten Persönlichkeitsstruktur. Die Wahrscheinlichkeit spricht dafür, daß die Form des Narzißmus, mit der Sie in Berührung kommen werden, sich als erträglicher erweisen wird; er wird sich auf übertriebenes Selbstwertgefühl als Verteidigungsmittel gegen Empfindungen von Untersicherheit beschränken.

Kernberg hebt hervor, daß der Narzißt viele Minderwertigkeitsgefühle hat und daß ein großer Teil narzißtischen Verhaltens den Zweck hat, diese Gefühle zu verbergen. Obgleich die meisten Untersuchungen über den Narzißmus nahezulegen scheinen, daß es ein vorwiegend bei Männern vorkommender Wesenszug ist, zeigt die Wendy-Frau eine narzißtische Tendenz, wenn sie sich hinter dem Image der Bemutterung verbirgt, Kompetenz vorgibt, während sie in Wahrheit Angst hat, sich der Gefahr möglicher Ablehnung zu öffnen.

Wenn Sie eine angehende Tinker sind oder sein möchten, müssen Sie während aller Phasen der Werbung auf der Hut vor Narzißmus sein. Er kann vielerlei Gestalt annehmen. Einige seien hier angeführt.

Besänftigung

Besänftigt er Sie? Besänftigen Sie ihn? Wenn in einem normalen Gespräch Beschwichtigung vorkommt, sagt eine Person der anderen: »Ich erkenne, daß du nicht so reif bist wie ich, darum werde ich auf dich eingehen.« Die beschwichtigende Person maßt sich zur Abwehr versteckter Minderwertigkeitsgefühle eine überlegene Position an und behandelt ihren Gefährten wie ein naives kleines Kind. Sehen Sie, ob der folgende Auszug aus einem Gespräch zwischen einem Liebespaar Ihnen die Erfahrung des *déjà-vu* vermittelt.

Sie war Anfang Zwanzig, er mindestens vierzig. Sie saßen aneinandergeschmiegt in einer Ecke des Restaurants und hatten nur Augen und Ohren füreinander.

FRAU: »Ich hätte schrecklich gern so einen Pelz wie diese Dame dort.«

MANN (überrascht): »Wirklich?«

FRAU: »Ja, gewiß. Viele Frauen träumen davon, einen Pelzmantel zu haben.«

MANN (noch überraschter): »Tatsächlich?«

FRAU: »O ja. Es gibt einem so ein besonderes Gefühl.«

MANN (beugt sich zu ihr und drückt ihr die Hand): »Toll.«

Der Mann war Anfang Vierzig, gekleidet, als sei er gerade der Titelseite einer Herrenmodenzeitschrift entsprungen, speiste in einem teuren Restaurant in Los Angeles und gab vor, nicht gewußt zu haben, daß viele Frauen vom Besitz eines Pelzmantels träumen. Schlimmer noch, die Frau ging darauf ein. Anscheinend spielte sie noch immer dasselbe Spiel, als ungefähr fünfzehn Minuten später der folgende Wortwechsel stattfand:

MANN (Aufgeregt): »Ich würde was darum geben, ein eigenes Flugzeug zu haben.«

FRAU: »Ja, ich weiß.«

MANN: »Woher willst du wissen, daß ich eins möchte?«

FRAU (mütterlich): »Weil Männer so sind. Du willst dein Flugzeug, wie ich meinen Pelzmantel will.«

MANN: »Gott, du hast wirklich Verständnis.«

Meine Reaktion auf diese Szene ist: »Wann kommt ihr zwei aus dem Sandkasten heraus?«

Diese beiden ›Kinder‹ brachten es hervorragend fertig, einer reifen Kommunikation aus dem Weg zu gehen. Sie versteckten sich hinter einem Schild vorgetäuschter Reife, beschwichtigten einander. Indem er Unwissenheit und dann Überraschung vortäuschte, stellte der Mann sich als großmütig hin. Später konnte er zu sich selbst sagen: »Sieh nur, wie großartig ich bin. Ich ließ die arme kleine Frau glauben, daß sie mir etwas beibringen könne.«

Die Frau beschwichtigte den Mann. Sie stellte sich als die Mutter des naiven kleinen Jungen hin und erklärte ihm, wie die Welt funktioniert. Später mochte sie bei sich denken: »Sieh mal, wie wundervoll ich bin. Ich konnte einem Mann zu einem besseren Verständnis der Beziehung zwischen Mann und Frau verhelfen.« Weder sie noch er erkannten, daß sie sich selbst auf ein Postament gestellt hatten, weil sie fürchteten, verwundbar zu sein.

Wenn Sie finden, daß Ihr Mann oder Sie selbst sich in Beschwichtigung verfangen haben, können Sie aus dem Überlegenheits-Minderwertigkeitskomplex ausbrechen, indem Sie eine Kombination von Strategien anwenden. Schweigen, zur Rede stellen, Humor und das Wechseln des Themas sind wirksame Methoden, dieser Form von Besänftigung zu begegnen.

Wenn Sie in einem Gespräch Anzeichen von Besänftigung feststellen, bleiben Sie ein paar Sekunden still und wechseln Sie dann das Thema. Die junge Frau im Restaurant hätte dem Narzißmus des Mannes mit Humor entgegentreten können. Als er über die Bemerkung, daß manche Frauen Pelzmäntel lieben, Überraschung ausdrückte, hätte sie in freundlichem Ton erwidern können: »Komm schon, spiel nicht mit mir. Ich bin nicht mehr im Kindergarten, und du auch nicht.«

Diese Art von Konfrontation hätte das Paar in ein produktives Gespräch führen können. Sie versuchten einander zu beeindrucken, weil sie sich ein wenig nervös fühlten. Eine aufrichtige Offenlegung von Gefühlen hätte dem Narzißmus Einhalt geboten und ihre Beziehung auf festen Boden gestellt. Wenn sie ihre gegenseitige Besänftigung fortsetzten, wäre es nur eine Frage der Zeit, daß ihre Beziehung auseinanderbräche und sie mit Enttäuschung und Bedauern zurückblieben.

Prahlerei

Die Wendy-Frau neigt dazu, die Prahlerei ihres Mannes als eine mehr oder weniger unvermeidliche ›männliche Sache‹ abzutun. Eine Tinker hingegen versteht, daß der Prahler sich selbst in eine ihr überlegene Position setzt. In dieser Position hört er nicht mehr zu und ›nimmt‹ ihr das Gespräch in den meisten Fällen ›aus der Hand‹. Eine Frau erklärte mir, wie ihr Freund das Gespräch immer wieder an sich zog, weil er derart versessen darauf war, seine Prahlereien loszuwerden.

»Wir gingen aus und aßen in einem wirklich hübschen Restaurant. Ich hatte einen sehr aufregenden Arbeitstag hinter mir und konnte es kaum erwarten, ihm davon zu erzählen. Keine zwei Minuten, nachdem ich angefangen hatte, davon zu erzählen, wie ich eine heikle Personalangelegenheit gedeichselt hatte, unterbrach er mich und fing an, darüber zu reden, wie er ein paar Kunden dazu gebracht hatte, teure Sachen zu kaufen, die sie nicht einmal wollten.

Ich saß da wie ein Stein, während er ungefähr dreißig Minuten lang redete und redete. Er drängte mir nicht nur die vollständige Geschichte auf, wie er diese besserwisserischen Kerle hereingelegt hatte, sondern brachte es zugleich fertig, mir von all den neuen Dingen zu erzählen, die er in letzter Zeit erworben hatte. Wir hatten unsere Speisen halb aufgegessen, ehe ich ein Wort einwerfen konnte. Mittlerweile war ich so ärgerlich auf ihn, daß ich jede Lust verloren hatte, ihm meine Geschichte zu erzählen.«

Diese Frau duldete den Narzißmus und die schlechten Manieren ihres Freundes. Das war ihr Fehler. Wäre sie bestrebt gewesen, die Beziehung von Anfang an in die richtige Bahn zu bringen, hätte sie ihm erklären können, daß sie Wichtiges zu erzählen habe und Wert darauf legt, daß er zuhöre. Als Tinker hätte sie vielleicht sogar genau erklärt, was sie erwartete. »Ich möchte, daß du dich wirklich in meinen Tag versetzt. Ich möchte, daß du an meinen Erfahrungen teilnimmst, so gut du kannst.« Hätte er sie dennoch unterbrochen, so wäre sie ihm vielleicht mit den Worten entgegengetreten: »Bitte unterbrich mich jetzt nicht. Ich muß davon sprechen.«

Eine noch mehr richtunggebender Konfrontation war für eine andere Frau nötig, deren Liebhaber ein schlechter Zuhörer war. Er nahm ihr nicht nur das Gespräch weg (einmal versuchte sie, ihm von ihren neuen Schuhen zu erzählen, und er sagte, daß sie in der Farbe nicht ganz so satt wie seine Schuhe seien), sondern er setzte auch ihre Meinung herab, wann immer sie über so komplizierte Dinge wie Weltpolitik zu diskutieren versuchten. Ihren freundlichen Ermahnungen und Erklärung schenkte er kaum Beachtung. Schließlich war sie so aufgebracht, daß sie ihn direkt zur Rede stellte. »Du sagst, dir sei an mir gelegen, aber du behandelst mich wie Dreck. Du setzt mich herab und machst dich über mich lustig und bist so sehr damit beschäftigt, an dich selbst zu denken, daß ich geradesogut nicht zu existieren brauchte. Zeig mir mehr Rücksichtnahme, oder ich will nichts mehr mit dir zu tun haben.«

Dies waren ›Du-Botschaften‹, aber in diesem Fall notwendige.

Die folgende ist eine meiner instruktivsten Geschichten. Erzählerin ist eine Frau, die auf ihrem Weg, eine Tinker zu werden, gute Fortschritte gemacht hatte. Seit mehreren Wochen hatte sie ein Verhältnis mit einem Mann. Sie waren Liebende, die wirklich Freude an ihrer Gemeinsamkeit zu haben schienen. Beachten Sie den verschleierten Narzißmus in ihrem Bericht über einen kritischen Vorfall.

»Am Mittwochabend waren wir essen und gingen zurück zu meiner Wohnung, um miteinander zu schlafen. Wir hatten einen entzückenden Abend. Als er ging, sagte er, er würde mich am Wochenende anrufen.

Als er am Freitag und am Samstag tagsüber nicht anrief, änderte ich meine Pläne für den Samstagabend und den Sonntag.

Spät am Montagabend rief er an und brachte allerlei

Entschuldigungen vor, warum er am Wochenende nicht habe anrufen können. Ich sagte nicht viel. Dann sagte er: ›Danke, daß du nicht böse auf mich bist, weil ich nicht angerufen habe.‹

Ich war wirklich nicht böse auf ihn gewesen, bis er diese dumme Bemerkung machte. Darauf aber war ich wütend. Ich konnte nicht glauben, daß er so egozentrisch war. Er glaubte wirklich, daß ich mit meinem Leben nichts anderes anzufangen wüßte, als herumzusitzen und zu warten, daß er mich anrufe. Und als er es nicht tat, dachte er sich wohl, ich würde mich schrecklich darüber aufregen.

Ich sagte ihm, daß mir seine Einstellung zu mir mißfalle und daß er, obwohl ich ihn gern hätte, ganz gewiß nicht der Mittelpunkt meiner Welt sei. Ich glaube, das schockte ihn.«

Die Annahme des Mannes, daß seine Geliebte ihm zürnen würde, weil er nicht angerufen hatte, drückte seinen Narzißmus aus. In Wirklichkeit sagte er: »Ich bin so wichtig, daß du, als ich nicht anrief, offensichtlich verletzt warst, weil du deine Zeit nicht mit einer so vollkommenen Person wie mir verbringen konntest.«

Neigung zu impulsivem Handeln

Narzißmus kann Sie und den Mann in Ihrem Leben zu impulsiven Handlungen führen. Er gerät über eine angenehme Gemeinsamkeit mit Ihnen ganz aus dem Häuschen, also sagt er, er liebe Sie und wolle Sie heiraten. Aber das ist dann das letzte, was Sie in den nächsten zwei Wochen von ihm hören. Oder: Sie erregen sich so über Ihre sexuelle Erweckung, daß Sie sich einverstanden erklären, mit ihm Urlaub auf den Bahamas zu machen. Am nächsten Morgen bedauern Sie Ihre übereilte Zusage.

Wenn Sie überzeugt sind, daß Ihr augenblicklicher Gedanke die absolute Wahrheit sei, ist impulsives Verhalten oft das Ergebnis. Es wäre durchaus ungerecht, zu folgern, daß der Mann log, als er sagte, er liebe Sie, oder daß Sie unaufrichtig gewesen wären, als Sie sagten, Sie wollten eine Woche abwechselnd mit Sonnenbaden am Strand und Liebe verbringen. Es läßt sich getrost sagen, daß Sie sich von den Freuden des Augenblicks zu solchen Aussagen hinreißen ließen. Das macht Sie nicht schlecht, nur menschlich.

Das einzige vernünftige Mittel, sich von dieser relativ harmlosen Form des Narzißmus zu lösen, ist Aufrichtigkeit. Ihr Geliebter braucht nicht um Vergebung zu bitten – er braucht nur einzugestehen, daß er Sie *in jenem Augenblick* heiraten wollte; unglücklicherweise hatte der Augenblick keinen Bestand. Und Sie brauchen den Umstand, daß Sie trotz Ihres Widerwillens, einen Traumurlaub ausschließlich mit Sex zu verbringen, eine moderne Frau sind, nicht zu rechtfertigen – Sie müssen einfach zugeben, daß Sie *in jenem Augenblick* den Wunsch hatten, eine Woche lang mit ihm zu schlafen.

Aufrichtigkeit zwischen Liebenden ist ein Aphrodisiakum. Sie ist sinnlich, verführerisch, anregend und fördert die Leidenschaft. Vor allem aber ist sie etwas so Besonderes, daß aufrichtige Liebende hundertmal miteinander schlafen können und doch ständig etwas Neues aneinander entdecken.

Mütterlichkeit

Ich werde niemals die Frau vergessen, die mich lehrte, wie jede Frau mit absoluter Gewißheit erkennen kann, daß ihr Mann leicht zu einem Peter Pan werden und sie verführen könnte, seine Wendy zu werden. Sie erklärte es so:

»Wir gingen seit mehreren Wochen miteinander, und ich fand ihn charmant und fürsorglich. Es war unterhaltsam mit ihm, obwohl er dazu neigte, ein wenig egozentrisch zu sein. Ich ignorierte seine Unreife, weil er so sanft und freundlich zu sein schien.

Nachdem er mich zum Abendessen in sein Elternhaus eingeladen hatte, veränderte sich meine ganze Perspektive. Es waren sehr nette Leute. Sein Vater war reizend, und seine Mutter freundlich, wenn auch ein bißchen förmlich.

Sie können sich meinen Schreck vorstellen, als sie mich in die Küche führte und sagte: ›Sie üben einen so guten Einfluß auf meinen Sohn aus. Seit er Sie kennt, benimmt er sich anständig. Sie helfen ihm wirklich, gute Manieren anzunehmen. Ich hoffe nur, daß Sie ihn nicht fallenlassen werden. Ich weiß nicht, was ich mit ihm tun würde.‹«

Diese Frau empfing die deutliche Botschaft, daß die Mutter ihres Freundes sich noch immer für die Erziehung ihres Sohnes verantwortlich fühlte. Man könnte sagen, daß sie die Fackel der Mutterschaft an die Freundin des Sohnes weitergab. In dieser Weise gab die Mutter der Frau ein Zeichen, daß die Beziehung auf dem falschen Geleise ihren Anfang nahm.

Ein noch deutlicheres Signal, daß Ihre Beziehung den falschen Kurs nimmt, kann von Ihren eigenen Gefühlen ausgehen, vorausgesetzt, Sie sind für sie empfänglich. Das Warnzeichen wird in der Erkenntnis enthalten sein, daß Sie für Ihren Mann mütterliche Gefühle hegen. Das ist eine mehrdimensionale Gefühlsregung, die in der Vielfalt von Umständen verwurzelt ist.

- ○ Sie scheinen ihm ständig Ihre Aufmerksamkeit zu schenken, ohne als Gegenleistung seine Aufmerksamkeit zu empfangen.
- ○ Sie haben das Gefühl, auf Ihre Worte achten zu müssen, um nicht etwas zu sagen, was ihn verletzen könnte.
- ○ Sie spüren seine Schwächen, aber weil er sich davor verbirgt, meinen Sie ihn nicht kritisieren zu dürfen.
- ○ Sein keckes Auftreten und sein ›Machismo‹ ausstrahlender Charakter erinnern Sie an die Jungen, die Sie in der Schule kannten.

- Kritisieren Sie ihn tatsächlich einmal, versteht er es, Ihnen ein Gefühl von Schuldbewußtsein einzuflößen, weil Sie überhaupt den Mund aufgemacht haben.
- Wenn er sich für einen Fehler entschuldigt, bemitleiden Sie ihn.

Jeder dieser Umstände kann Sie in die Wendy-Falle ziehen. Wenn Sie aufrichtig zu sich selbst sind, sollten Sie imstande sein, eine Wendy-Reaktion zu erkennen und Abhilfe zu schaffen. Setzen Sie sich mit jedem Vorkommnis sogleich auseinander, und vergewissern Sie sich, daß Sie Ihre Gedanken und Empfindungen so deutlich wie möglich artikulieren. Sagen Sie Ihrem Mann darüber hinaus, was Sie zur Besserung der Situation von ihm erwarten. Seien Sie in gleicher Weise bereit, auch Ihre Fehler einzuräumen, und sprechen Sie darüber, was Sie zur Abhilfe zu tun beabsichtigen.

Mehrere Wochen nachdem sie einen Mann kennengelernt hatte, den zu lieben und heiraten zu wollen sie vermeinte, suchte eine Frau meine Beratung. Der Umstand, daß viele ihrer Freundinnen und Kolleginnen geschieden waren oder in Scheidung lagen, machte ihr Angst. Sie suchte Beratung damit ihr ein ähnliches Schicksal erspart bliebe. Sie faßte ihr Ziel so zusammen: »Ich möchte, daß Sie mir Lektionen für die ›zweite Frau‹ erteilen. Ich habe nämlich gehört, daß die zweite Frau nicht denselben kleinen Jungen bekommt, den die erste Frau hat ertragen müssen. Geben Sie mir ›Zweite-Frau‹-Lektionen, damit ich erkenne, wie ich den Fallgruben einer ersten Ehe ausweichen kann. Ich möchte nicht jemandes zweite Frau sein.« Die Entwicklung einer Tinker-Persönlichkeit gab ihr den Schutz, den sie suchte.

KAPITEL 20

Was zu erwarten ist, wenn Sie sich ändern

»Ich ändere mich jeden Tag. Ich bin sicher, daß die meisten meiner Freunde mich für verrückt halten. Aber es ist zu spät, umzukehren. Sie werden sich einfach anpassen müssen.«

In ihrem Drang zur Selbstbeherrschung begeht eine Tinker viele Fehler. Ungerechtigkeit begegnet sie mit Überreaktionen, spricht frisch von der Leber weg, bevor sie ihre Gedanken geordnet hat, und zwingt sich bisweilen zum Handeln, wenn Entspannung die beste Alternative wäre. Trotz ihrer Unzulänglichkeiten ist die Tinker auf dem richtigen Weg. Sie ist im Begriff, die beste Person zu werden, die sie sein kann.

Zwar ist die Entwicklung zu einer Tinker mit vielen Vorzügen verbunden, doch manche zeigen sich erst auf lange Sicht. Kurzfristig werden die Dinge manchmal schlimmer, bevor sie besser werden. Alte Freunde werden Fremde, neue Freunde werden unzuverlässig, und neue Ängste ersetzen alte. Wenn Sie dabei sind, das Wendy-Dilemma aufzulösen, tun Sie gut daran, einige der Hindernisse in Betracht zu ziehen, die Sie auf dem Weg, eine Tinker zu werden, überwinden müssen.

Ein neues Selbstbildnis

Viele Frauen erkennen nicht, daß sie mit einem negativen Selbstbildnis gelebt haben. Indem sie eine Tinker werden, können sie allmählich die innere Stimme des Minderwertigkeitsgefühls überwinden und durch eine Stimme der Selbstachtung ersetzen. »Ich bin ein guter Mensch und verdiene geliebt zu werden.« Bei täglicher Aufmerksamkeit regt das neue Selbstbildnis zu neuen Wegen des Umgangs mit alten Problemen an. Wirksamere Modelle der Konfliktlösung nähren das neue Selbstbildnis.

Wenn Ihr neues Selbstbildnis sich in Ihrem Leben durchsetzt, können Sie erwarten, einen ›Achterbahneffekt‹ zu erleben. Das heißt, die Hochstimmungen, die ein positives Selbstbildnis begleiten, werden oft zu der Niedergeschlagenheit führen, die sich einstellt, wenn das alte, negative Selbstbildnis sein Haupt erhebt. Es ist hilfreich zu begreifen, daß, weil Sie ein ›Gewohnheitstier‹ sind, Ihr altes, negatives Selbstbildnis in Ihrer Erinnerung lauert und nur auf den rechten Augenblick wartet, um die Herrschaft über Ihr Leben zurückzugewinnen.

Wenn Sie den höchsten Punkt einer Achterbahn erreichen, erleben Sie einen Sinnenkitzel. Mit der Aufregung des Erlebnisses kommt das Bewußtsein, sich in einer prekären Lage zu befinden. Sie wissen, daß es abwärts gehen muß, sind aber nicht ganz sicher, wann es geschehen wird, wie tief Sie hinabsausen und wie Sie darauf reagieren werden. Das neue Selbstbildnis wird Ihnen eine zwiespältige Empfindung von Erregung und Befürchtung einflößen. ›Was geschieht, wenn ich hinunterfalle?‹ ist die Drohung, die von den Überresten des alten Selbstbildnisses angeregt wird.

Wenn Sie dieses Gefühl von Verlust erwarten, werden Sie nicht bestürzt sein, wenn es sich einstellt. Wenn Sie Ihre Natur als menschliches Wesen verstehen, gewinnen Sie Toleranz für zeitweilige Rückschläge – die Abschwünge der Achterbahn. Es liegt in der Natur des neuen Selbstbildnisses, daß es sich bisweilen verflüchtigt, oftmals gerade dann, wenn Sie es am nötigsten brauchen. Es liegt jedoch auch in der Natur eines neuen Selbstbildnisses, daß es um so stärker wird, je mehr Sie es einüben; und mit der Übung wächst die Wahrscheinlichkeit, daß es das alte

Selbstbildnis ersetzen wird, das jedesmal wenn Sie es akzeptieren, sich aber weigern, ihm zu folgen, schwächer wird.

Eine Frau, die ihre Mühe mit dem Achterbahneffekt hatte, berichtet folgendes:

»Dieser neue Mann in meinem Leben ist gut für mich. Er respektiert mich, spricht mit mir, und vor allem liebt er mich so, wie ich bin. Ich möchte ihn heiraten. Ich weiß, daß es richtig ist.

Aber da ist diese andere Seite von mir. Sie sagt, vielleicht sollte ich zu meinem geschiedenen Mann zurückgehen. Können Sie sich das vorstellen? Mein geschiedener Mann war egozentrisch und unreif. Er belog mich und nahm mich als selbstverständlich hin und hatte dann noch den Nerv zu sagen, er liebe mich. Und er hat sich seither nicht verändert. Ich hätte nie geglaubt, daß ich auch nur daran denken würde, zu ihm zurückzugehen. Und dennoch tue ich es. Daran können Sie erkennen, warum ich befürchte, daß etwas mit mir nicht stimmt.«

Dieser Frau fehlte nichts Ernstliches. Im Gegenteil, sie war im Begriff, eine Tinker zu werden. Die Wendy in ihr ließ jedoch nicht locker. Das würde Zeit erfordern. Sie beging zwei Fehler: Sie erwartete, daß die neue Persönlichkeit, das neue Selbstbildnis innerhalb weniger Monate die vollständige Herrschaft über ihr Leben antreten würde; und sie verdammte sich selbst, weil sie Augenblicke der Ungewißheit über die neue Richtung hatte, die ihr Leben nahm. Die Lösung ihrer Achterbahnerfahrung war zunächst die Ermahnung, Geduld zu haben, und zweitens die Übung, die Wendy in ihr zu akzeptieren (siehe Kapitel 15).

Verwirrung

Die wahrscheinlich schwierigste Hürde, die Sie zu überwinden haben, wenn Sie eine Tinker werden, ist die Verwirrung, die in Ihrem Kopf zu toben scheint. Einen Einblick in diese Verwirrung gewährte Ihnen die im letzten Abschnitt zitierte Frau. Sie hatte Gedanken, in denen sich Selbstbewußtsein, Unabhängigkeitssinn und Selbstbeherrschung spiegelten, denen aber Ideen entgegenliefen, die eine Rückkehr zu einer Lebensweise der Unterordnung, Nichtachtung und Bemutterung befürworten.

Eine empfehlenswerte Reaktion auf diese Art von Verwirrung ist, froh zu sein, daß Sie verwirrt sind. Stellen Sie sich vor, Sie gehen einen Weg entlang, der Ihren Lebensweg symbolisiert. Sie gehen ihn, weil Sie es gelernt haben und weil Sie wissen, was Sie erwartet. Sie werden ihn weitergehen, selbst wenn es Ihnen Schmerzen verursacht, einfach aus dem Bedürfnis nach Vertrautheit und aus Furcht vor Veränderung. Aber sind Sie nicht an einer Art Scheideweg angelangt, wenn Sie einen anderen Weg sehen, der Ihren alten kreuzt, und wenn Sie durch Versuche entdecken, daß er eine Verbesserung in Ihrem Leben verspricht?

Ihr alter Weg ist nicht durch und durch schlecht gewesen, und Sie wissen, daß der neue Weg nicht mit Rosen bestreut sein wird. Trotz der Unzufriedenheit und dem Mißbehagen ist der alte Weg vielleicht nicht gar so schlecht – wenigstens wissen Sie, was Sie zu erwarten haben. Und vielleicht wird der neue Weg seinem Versprechen nicht gerecht; oder vielleicht erwarten Sie zuviel. Doch Sie sehnen sich nach Veränderung, und der neue Weg scheint in eine günstigere Richtung zu führen. Nehmen Sie das Risiko des Unbekannten auf sich, indem Sie den neuen Weg gehen, oder ziehen Sie es vor, bei den bekannten Gefahren des alten Weges zu bleiben?

Diese Verwirrung ist gut; sie ist gesund; und für eine Frau, die eine Tinker werden will, *ist sie notwendig*. Sie können in Ihrer Verwirrung Mut fassen, denn sie bedeutet, daß Sie ernsthaft eine Änderung erwägen. Veränderung ist *der* wesentliche Bestandteil in Wachstum und Reife. Ohne sie können Sie das Wendy-Dilemma nicht auflösen. In diesem Licht ist Verwirrung ein emotionaler Zustand, den alle wachsenden Menschen zu akzeptieren und durchzustehen lernen müssen.

Sie brauchen über Ihre Verwirrung nicht glücklich zu sein; sie ist gewiß kein erstrebenswerter Gemütszustand. Aber sie kommt mit der Veränderung. Wenn Sie darauf vorbereitet sind, werden Sie versuchen, daraus zu lernen, statt dagegen anzukämpfen. Das überzeugendste Argument, die Verwirrung zu akzeptieren, ist, daß sie nur noch schlimmer wird, wenn Sie es nicht tun. Wenn Ihr Verwirrtsein Sie verwirrt, dann sind Sie erst richtig verwirrt.

Hochgefühl

Wenn Sie von Ihrem eigenen Leben Besitz ergreifen, hören Sie auf, für die Menschen, die in Ihrem Leben etwas bedeuten, Verantwortung zu übernehmen. Sie bemühen sich nicht mehr, die Reaktionen anderer Leute auf sich zu lenken. Sie wissen, daß jene selbst für ihre Gedanken, Gefühle und Handlungen verantwortlich sind. Als Sie eine Wendy waren, war Ihre Lebenssteuerung fehlgeschaltet. Wenn Sie eine Tinker werden, so steht Ihnen nicht nur die Verwirrung bevor, die ein neues Selbstbild mit sich bringt, sondern Sie werden wahrscheinlich auch ein Hochgefühl erleben. Die Befreiung aus der Knechtschaft eröffnet Ihnen eine völlig neue Betrachtungsweise Ihrer selbst. Wie wir in den beiden letzten Abschnitten gesehen haben, können Sie erwarten, daß dieses Hochgefühl seine schwierigen Augenblicke haben wird. Hören Sie, was mir eine Frau über die Schwierigkeiten ihrer Wandlung sagte.

»An dem Tag, als Sie mir sagten, ich könne tun, was ich wolle, ich würde meinen Mann nicht ändern können, hatte ich einen schrecklichen Zorn auf Sie. Ich weiß, daß Sie es zwei Monate lang immer wieder sagen mußten, bis ich es überhaupt hörte. Aber als es mir schließlich ins Bewußtsein drang, war ich vernichtet. Ich versuchte Ihnen die Schuld zu geben, weil Sie so grausam zu mir seien. Aber

Sie waren es nicht. Es war einfach ein überwältigender Verlust. Viele Menschen werden das nicht verstehen. Plötzlich war diese Leere in mir. Es war schlimmer als meine Fehlgeburt.

Nachdem ich mich von dem Trauma erholt hatte, überkam mich dieses seltsame Hochgefühl. In meinem Überschwang wäre ich am liebsten Motorrad gefahren, obwohl ich die verdammten Dinger fürchte wie den Teufel. Ich hätte gern etwas Jugendliches und Energisches getan, einen Berg bestiegen, ganz gleich was. Das Freiheitsgefühl war unglaublich. Ich war nicht mehr mit der Schuld an seinen Problemen belastet. Sie sagten mir, ich trüge eine schwere Bürde, aber wie schwer sie war, merkte ich erst, als ich sie abgeworfen hatte. Gott, die Freiheit!«

Das Hochgefühl dieser Frau war auch mit einem Achterbahneffekt verbunden. Als sie den Versuch, die Gefühle ihres Mannes zu beherrschen, aufgab, empfand sie das als Verlust. Wenn Sie daran denken, eine Tinker zu werden, ist es weise, diesen Verlust vorauszusehen.

Wenn Sie die Wendy in Ihnen akzeptieren und ihr helfen, ihre Befürchtungen zu überwinden, werden Sie einen Teil Ihrer selbst verlieren. Trotz des Umstandes, daß dieser Teil Ihr Reifen gehemmt hat, werden Sie über seinen Verlust trauern. Sie mögen ein Bedürfnis spüren, den Verlust Wendys zu betrauern, als ob sie gestorben wäre. Denn in gewisser Hinsicht ist sie es.

Doch in Ihrem Kummer werden Sie von der Erkenntnis getroffen werden, daß Sie kostbare Zeit damit vergeudet haben, Ihre Ängste hinter Wendy zu verstecken. Mit dieser Erkenntnis kommt ein schwieriger Teil der Entwicklung zu einer Tinker. Traurigkeit. Es gibt nur einen Weg, sich damit zu befassen: weinen.

Die Reaktion anderer

Es ist unmöglich, das ganze Spektrum der Reaktionen anderer Leute auf Ihre Entwicklung zu einer Tinker vorauszusehen. Betrachten wir die Schlüsselpersonen und was Sie von ihnen erwarten können.

Ihr Mann

Zumindest der Mann in Ihrem Leben wird sich Ihrem neuen Verhaltensspiel anpassen müssen. Sie sollten damit rechnen, daß er verwirrt, gekränkt und vielleicht sogar empört sein wird. Das Ausmaß seiner Verwirrung wird von der Geschichte Ihrer Beziehung abhängen – wie lange Sie verheiratet/befreundet sind und wie viele Peter-Pan-und-Wendy-Wesenszüge in Ihrer Beziehung vorkommen. Wenn Ihre jeweiligen Erlebnisse bei dem Peter-Pan- bzw. Wendy-Test in den Zwanzigern lagen, sollten Sie mit erheblichen Anpassungsschwierigkeiten rechnen.

Der wahrscheinlichste Ausgang, den die anfängliche Verwirrung Ihres Mannes nehmen wird, ist der Versuch, Sie zu einer Rückkehr zu Ihrer alten Verhaltensweise zu bewegen. Er mag dies tun, weil er mißbilligt, daß Sie die Regeln der Beziehung einseitig geändert haben, weil seine eigene Unsicherheit den Schutz Ihrer Bemutterung verlangt oder weil er sich einfach nicht der Unbequemlichkeit stellen möchte, neue Methoden im Umgang mit Ihnen zu lernen.

Sie müssen damit rechnen, unter Druck gesetzt zu werden, um Ihre Wendy-Lebensweise wieder aufzunehmen. »Warum hast du dich gegen mich gewendet?«, »Liebst du mich nicht mehr?«, »Du ziehst dich aus deinem Eheversprechen zurück.« Diese Taktiken erzeugen den Druck des Schuldgefühls. Ihr altes Selbst mag der Einschätzung Ihres Mannes zustimmen und den Druck, den Sie empfinden, verdoppeln.

Sie können auf diesen Druck genauso reagieren, wie Sie mit dem Achterbahneffekt umgegangen sind; das heißt, indem Sie die Tatsache akzeptieren, daß Veränderung Verwirrung erzeugen wird, und die im 17. Kapitel skizzierten Formen der Gemeinsamkeit anwenden, um sich langsam der Veränderung anzupassen. Sie können erklären, daß Sie sich nicht gegen ihn gewendet haben; daß Sie tatsächlich versuchen, ihn noch mehr zu lieben; daß Sie wahrscheinlich die Regeln des Miteinander ändern werden und daß diese Regeln in der Tat der Änderung bedürfen.

Diese rationale Vorgehensweise mag versagen. Ihr Mann kann zu radikalen Maßnahmen greifen, um Sie durch Erpressung in die alte Rolle zurückzuzwingen. Zu diesem Zweck mag er seinen Alkoholkonsum steigern und Ihnen die Schuld geben; er mag Drohungen ausstoßen oder Sie beschuldigen, einen anderen Mann zu haben; er mag zwischen den Extremen des Bittens und des üblen Beschimpfens und Anklagens hin und her schwanken; er mag Ihnen alles vorhalten, was Sie jemals falsch gemacht haben; er mag Ihnen drohen, Sie zu verlassen, nur um eine Kehrtwendung zu vollziehen und Ihnen ein maßloses Geschenk zu machen. (Ein Mann beschuldigte seine Frau, eine Hure zu sein, dann kaufte er ihr einen neuen Sportwagen.) Schließlich mag er Ihren Freunden erzählen, daß Sie krank seien und die Ehe zerstörten, oder er kann versuchen, die Kinder gegen Sie aufzuwiegeln (siehe die nächsten Abschnitte). Auch kann er zu seiner oder zu Ihrer Mutter gehen und sich beklagen, damit eine oder alle beide Sie unter Druck setzen, Ihre alte Wendy-Art wieder anzunehmen.

Von welcher Art der Druck auch sein mag, die Versuchung, für das ganze Problem die Verantwortung zu übernehmen, wird sehr groß sein. (Ein kurzer Rückblick auf die ›Misthaufen‹-Analogie im 17. Kapitel wird helfen.) Daß Sie die Wahrscheinlichkeit einer oder mehrerer dieser Reaktionen Ihres Mannes im voraus kennen, wird Sie vorbereiten. Sie können damit fertig werden, wenn Sie Ihr neues Selbstverständnis gebrauchen. Sollte sich zeigen, daß er vollkommen irrational ist, könnte es notwendig sein, daß Sie ihn vorübergehend oder für immer verlassen. Scheint er für Logik empfänglich zu sein, versuchen Sie mit ihm zu reden. Wenn er zum Beispiel sagt: »Wir hätten solche Probleme nicht am Hals, wenn nicht diese fixe Idee deiner ›Befreiung‹ wäre«, können Sie antworten: »Was du gerade gesagt hat, ist ein Beispiel für die Art von Problemen, die wir lösen müssen. Ich verursache deine Probleme nicht, und ich kann dich nicht vor ihnen retten. Ich gebe jedoch zu, daß ich verantwortlich bin, dich bemuttert und zu dem Irrglauben geführt zu haben, daß ich die große Erlöserin der Welt sei.«

Etwas Humor zur rechten Zeit kann hilfreich sein, den Weg für eine bessere Verständigung zu bereiten. Denken Sie jedoch daran, daß Sie ihre Probleme nicht verkleinern oder unabsichtlich Verwirrung Ihres Mannes herabsetzen dürfen. Ihr Humor wird dann wohltuend sein, wenn Sie daran denken, leise Selbstironie anklingen zu lassen, und jeden Hinweis, daß er sich wie ein kleiner Junge benehme, vermeiden. Humorvolle Bemerkungen sollten aufgespart werden, bis er bereit ist, einen freimütigen Blick auf sich selbst zu tun und seine Person weniger ernst zu nehmen.

Während der angespannten Wechselwirkung, die mit Sicherheit folgen werden, sollten Sie Ihrem Mann und sich selbst immer wieder vor Augen führen, daß einige Ihrer Schwierigkeiten allein durch den Umstand verursacht sind, daß alte Gewohnheiten zählebig sind.

Ihre Kinder

Wenn Sie Kinder haben, können auch sie Druck ausüben, damit Sie in Ihre gewohnte Rolle zurückkehren. Und wie im Falle Ihres Mannes wird dieser Druck sich höchstwahrscheinlich in Schuldgefühl niederschlagen. Aber fassen Sie Mut – sie tun es selten absichtlich.

Wenn Ihr Erziehungsprogramm Sie zwei Abende in der Woche aus dem Haus führt, könnte Ihr Zehnjähriger sagen: »Ich möchte wieder eine Mutter, die ganz für mich da ist. Mußt du denn dahin gehen?« Nachdem Sie sich klargemacht haben, daß Sie Ihren Kindern reichlich Liebe und Zuwendung geben, können Sie antworten: »Ich bin deine Mutter und ganz für dich da, aber ich bin auch eine eigene Person und habe andere Dinge, die ich tun möchte.« Dabei hilft auch die Einsicht, daß der Zehnjährige Sie wahrscheinlich ignorieren würde, wenn Sie daheimblieben.

Hält Ihre Arbeit Sie bis spät von zu Hause fern, und Ihr Fünfjähriger hat Tränen in den Augen, wenn er sagt: »Ich hab dich vermißt, Mama«, dann verbannen Sie die Stimme des Schuldgefühls, und antworten Sie: »Ich habe dich auch vermißt, Schatz.«

Sie brauchen sich nicht der Vernachlässigung zu bezichtigen. Nutzen Sie diese Gelegenheit, um mit Ihrem Mann darüber zu sprechen, daß er sich mehr mit den Kindern beschäftigen sollte.

Die gleichen Empfehlungen gelten, wenn Sie eine Tinker werden wollen und Ihr Kind allein erziehen.

Dem schwierigsten Problem könnten Sie sich gegenübersehen, wenn Ihr Mann die Kinder benutzt, um Druck auszuüben, damit Sie Ihre alten Verhaltensweisen wieder annehmen. Sie können nur hoffen, daß er es unabsichtlich tut und auf Ihre Bitte, damit aufzuhören, eingehen wird. Tut er es absichtlich und weigert sich, auf dieses Mittel zu verzichten, werden Sie gezwungen sein, sein Verhalten der Liste von Trennungsgründen hinzuzufügen (siehe nächstes Kapitel).

Wenn Ihre Zwölfjährige sagt: »Was tust du Papa an?«, können Sie antworten: »Ich versuche nur, ihn mehr zu lieben.« Wenn Ihr Achtjähriger fragt: »Hast du Papa denn nicht mehr lieb?«, sagen Sie: »Aber gewiß doch. Darum versuche ich ja, besser zu werden.«

Machen Sie sich klar, daß es nicht in Ihrer Verantwortung liegt, das Verhalten Ihres Mannes den Kindern zu erklären; es ist seine Aufgabe.

Ihre Freunde und Bekannten

Freunde und Freundinnen, Bekannte und Kolleginnen werden auf Ihr neues Selbst die verschiedenartigsten Reaktionen zeigen. Ihr neues Selbstverständnis wird dabei täglich von neuem auf die Probe gestellt.

Die befreundete Nachbarin kann Sie schelten, daß Sie ›so grausam zu diesem großartigen Mann sind, den Sie haben‹. Ihre beste Freundin mag Sie ins Gebet nehmen und mit einem Unterton von Mißbilligung sagen: »Ist dir *wirklich* klar, was du da tust?« Eifersucht könnte das Motiv sein, wenn eine Kollegin sagt: »Ich weiß jedenfalls, daß ich eine gute Sache nicht aufs Spiel setzen würde, wenn ich sie hätte.« Ihr Vorgesetzter mag Ihr Selbstvertrauen erschüttern, indem er Ihr neues Erscheinungsbild als Hinweis auf Probleme mißdeutet: »Haben Sie private Sorgen?« Eine Bekannte mag eine Klatschgeschichte wittern und Sie um Einzelheiten bedrängen: »Und was sagtest du dann ...? Und was sagte er ...?«

Angesichts dieser Konfrontationen werden Sie versucht sein, die Motive hinter den Kommentaren und Fragen psychologisierend zu erklären. Sie können ihre Neugierde beruhigen, indem Sie sich sagen, daß eine wahre Freundin Sie in jeder Weise unterstützen wird und daß die anderen die verschiedensten Motive haben, unter denen Eifersucht nicht das geringste ist, denn Sie tun etwas, von dem sie nur träumen. Auch Furcht mag dabei mitspielen, weil Ihr Mut sie aus ihrer Lethargie aufrütteln oder zwingen könnte, ihre eigene Selbstverleugnung zu erkennen.

Wenn Sie die nervenaufreibende Beanspruchung Ihres neuen Selbst verringern möchten, treffen Sie frühzeitig eine einfache Entscheidung. Das heißt, wenn Sie den Eindruck haben, daß die Sorge einer anderen Person aufrichtig ist und eine Erklärung verdient, geben Sie sie ihr. Wenn nicht, bereiten Sie einfach eine kurze Erwiderung vor, die angenehm und humorvoll ist, aber nicht mehr als das aussagt, was andere wissen sollen. Zum Beispiel: »Ich glaube, ich mache bloß einen Vorgriff auf die Wechseljahre.«

Ihre Eltern

Leben Ihre Eltern noch, so haben Sie eine schwierige Zeit vor sich, wenn sie Sie fragen, was vorgeht. Ihre Fragen und Bemerkungen können Schuldgefühle provozieren.

Wenn Sie Ihre Abhängigkeit von Ihrer Mutter oder die Gefühle von Ablehnung, die das Verhältnis zu Ihrem Vater beeinflußt hat, noch aufzulösen haben, können deren Fragen und Stellungnahmen zu zornigen Erwiderungen Ihrerseits führen.

Im Umgang mit Ihren Eltern sind reichlich Mitgefühl, Verständnis und Verzeihung angebracht. Verbindet sich die Anspannung, eine Tinker zu werden, mit der Frustration unaufgelöster Abhängigkeitsbedürfnisse gegenüber Ihren Eltern, können Sie damit rechnen, daß Ihre Nerven nicht standhalten und Sie etwas sagen werden, was Sie hinterher bedauern könnten.

Zur Vermeidung unnötiger Szenen und Unerfreulichkeiten empfiehlt es sich, die gleiche Strategie zu verfolgen, die Sie gegenüber Ihren Freundinnen und Kolleginnen angewendet haben. Das heißt, entscheiden Sie im voraus, wieviel Information Sie Ihren Eltern geben wollen. Bedenken Sie dabei, daß, wenn Sie ihnen die halbe Geschichte erzählen, Ihre Eltern Sie wahrscheinlich drängen werden, ihnen auch die andere Hälfte mitzuteilen. In diesem Fall sollten Sie sich vorher darüber im klaren sein, ob Sie darüber sprechen wollen, daß Ihrer Ansicht nach die Fehler Ihrer Eltern zu Ihren Problemen beitrugen. Wenn Sie diese innersten Gedanken vorbringen, seien Sie darauf gefaßt, daß Ihre Eltern auf derartige Enthüllungen mit Schuldbewußtsein, Leugnen oder anderen emotionalen Reaktionen antworten werden. Versäumen Sie keinesfalls zu erklären, daß Sie Ihren Eltern nicht die Schuld an Ihren gegenwärtigen Problemen geben. Betonen Sie, daß Sie nicht in der Vergangenheit leben wollen.

Viele ehemalige Wendys entscheiden sich gegen jede tiefergehende Mitteilsamkeit ihren Eltern gegenüber. Sie folgern, daß ihre Eltern ihr Leben gelebt haben, so gut sie es vermochten, und daß mit der Eröffnung einer neuen Perspektive, die eher Verwirrung als Klarheit schaffen würde, nichts zu gewinnen sei. Sie können eine Tinker werden, ohne zu analysieren, warum Sie eine Wendy wurden. Tatsächlich hat eine selbständige Tinker wenig Zeit für historische Analysen.

Vereingenommene Therapeuten

Wenn Sie sich zu einer Tinker entwickeln, werden Sie ein Bedürfnis nach objektiver Anleitung verspüren. Einen unvoreingenommenen Psychiater, Psychologen, Sozialarbeiter oder anderen Berater zu finden, kann eine der besten Investitionen in Ihre sein. Bei der Suche nach einem Psychoanalytiker müssen Sie jedoch sehr vorsichtig sein. Sie wissen besser als jeder andere, daß Sie sich in einer heiklen Lage befinden und durch Ihre Unsicherheit verletzlich sind. Das letzte, was Sie brauchen, ist ein voreingenommener Psychoanalytiker, der Sie benutzt, um seine eigenen psychologischen Probleme oder Sonderinteressen auszuspielen.

Einer Frau, die zu einem männlichen Psychotherapeuten ging, wurden Schuldgefühle suggeriert, weil sie mehr Unabhängigkeit anstrebte. Der Therapeut sagte: »Stellen Sie Ihren Mann nicht zur Rede. Wenn er um drei Uhr früh nach Hause kommt, machen Sie ihm ein belegtes Brot und Kaffee und sagen ihm, wie sehr Sie ihn vermißt haben.« Die einzige Art und Weise, auf diese Art von Ratschlägen zu antworten, ist, nicht wieder hinzugehen.

Suchen Sie psychotherapeutische Beratung, achten Sie auf die folgenden Punkte.

Chauvinismus

Der Rat, den der oben erwähnte Therapeut gab, ist ein gutes Beispiel für männlichen Chauvinismus. Genauso gefährlich ist der Rat einer weiblichen Chauvinistin. Sie mag Ihnen eine bestimmte Handlungsweise vorschlagen, nicht weil sie Ihre klinische Geschichte objektiv in Erwägung gezogen hat, sondern weil sie ihre eigenen Frustrationen ausspielen und Sie als Meerschweinchen gebrauchen möchte.

Soll-Vorschriften

Wenn der von Ihnen gewählte Therapeut ständig darauf verweist, was sie tun *sollen,* und zu verstehen gibt, daß es nur einen Weg gebe, eine Tinker zu werden (und zwar seinen Weg), halten Sie nach einem anderen professionellen Helfer Ausschau. Wenn Sie dabei sind, das Bemutterungsdrehbuch wegzuwerfen, können Sie keine Person Ihres Vertrauens gebrauchen, die Ihnen ein anderes Drehbuch in die Hand drückt.

Sex

Um etwas zu wiederholen, das nicht oft genug wiederholt werden kann: Es gibt keine Möglichkeit, von einem Therapeuten objektive Sexualtherapie zu bekommen.

Geld

Sie brauchen nicht unbedingt hohe Stundenhonorare zu bezahlen, um gute Beratung zu finden. Die Beratungsstellen der Freien Wohlfahrtsverbände und kommunale Einrichtungen können in vielen Fällen kostenlose Hilfe gewähren.

Erkundigungen einziehen

Wenn Sie individuelle psychotherapeutische Behandlung suchen, sprechen Sie mit vertrauten Freunden, Ihrem Arzt oder Ihrem Pfarrer über geeignete Möglichkeiten. Auch die erwähnten Beratungsstellen können Ihnen helfen, einen Therapeuten zu finden, wie Sie ihn suchen. Haben Sie zwei oder drei Namen beisammen, rufen Sie sie nacheinander an. Stellen Sie der Helferin oder dem Therapeuten ein paar Fragen. Zum Beispiel: Welche Theorien legen Sie ihren Beratungen zugrunde? Kann ich mehr als eine Stunde habe, wenn ich es wünsche? Welche Erfahrung haben Sie mit Frauen, die eine Identitätskrise durchmachen? Ein Therapeut, der sich nicht ein paar Minuten Zeit nehmen will, um mit Ihnen über diese Dinge zu sprechen, lohnt wahrscheinlich den Besuch nicht.

Haben Sie keine Angst, Erkundigungen einzuziehen. Daß Sie Hilfe brauchen, bedeutet nicht, daß Sie hilflos sind.

Wiedergeborene Sexualität

Eine Entschlossenheit, das Leben in die Hand zu nehmen, verbunden mit einem neuen, positiven Selbstbildnis kann zu einer Erneuerung der Sexualität führen. Wenn Sie Ihr Wendy-Dilemma auflösen, sich aus der Wendy-Falle befreien, Ihre Wendy-Reaktionen reduzieren und Ihr Tinker-Verhalten verstärken, werden Sie vielleicht bemerken, daß eine ganz neue Welt sexueller Bedürfnisse in Ihnen erwacht. Der Hauptgrund dieser Steigerung des Sexualtriebs ist Ihr neues Selbstbildnis. Sie finden mehr Gefallen an sich selbst und erkennen, daß Sie Lebensgenuß verdienen. Sie können erwarten, sich auf sexuelle Kontakte zu freuen, Befriedigung für sich selbst wie für Ihren Partner zu wünschen, Schluß zu machen mit der alten Praxis, einfach dazuliegen und einen Orgasmus vorzutäuschen, gelegentlich frustriert zu sein, wenn sexuelle Erfüllung fehlt, vor und während sexueller Aktivität aggressiv zu werden, Tagträume mit sexuellen Szenen zu haben und, ganz untypisch, über sich selbst zu lächeln, weil ein Mann *Ihnen* einen Korb gegeben hat.

Die Wiedergeburt Ihrer Sexualität ist kein Anlaß zu Besorgnis oder Schuldgefühl. Sie mögen sich etwas verlegen fühlen, wenn Sie alte Wertvorstellungen einer Überprüfung unterziehen, aber es ist anzunehmen, daß Sie sich nicht zu sorgen brauchen, der Promiskuität anheimzufallen. Begegnen Sie sich selbst mit Geduld und Verständnis, wie Sie es mit anderen Wachstumserfahrungen getan haben.

Die Erwartung dieser Hindernisse und die Einübung möglicher Strategien machen die Entwicklung zur Tinker zu einer schwierigen Aufgabe. Es wird immer Erfahrungen geben, die das Wendy-Dilemma wieder entfachen, doch kann die Erwartung, daß bestimmte Ereignisse eintreten werden, die Mühe erleichtern. Nichtsdestoweniger wird trotz der bestmöglichen Vorbereitung das Unerwartete geschehen – wahrscheinlich, wenn Sie es am wenigsten erwarten.

KAPITEL 21

Trennung: Wann und wie

»Es kommt eine Zeit, egal wie schuldig du dich fühlst, wenn du einfach weg mußt. Das Schlimmste daran ist die Überlegung, ob du das Richtige tust.«

Trotz seines Titels enthält dieses Kapitel, wie schon das vorausgegangene, eine Hoffnungsbotschaft. Es gilt jenen Frauen, die das Wendy-Dilemma – zu lieben und nicht zu bemuttern – aufgelöst haben, doch ohne Erfolg. Ihre Partner weigern sich, den Veränderungen Rechnung zu tragen, und sie können ihr Leben nicht länger auf ›Halt‹ stellen. Sie möchten ihre Liebe einem Menschen geben, der davon genährt wird und der sie erwidert.

Trennung kann auch für die selbstbewußte Tinker ein emotionaler Alptraum sein. Vorausgesetzt, daß ihr Mann nicht eine Art Sadist ist, wird sie Bedauern, Furcht, Schuldgefühl und mehr erfahren, hat sie ihn früher bemuttert, so werden Unsicherheit und Verwirrung eine innere Stimme wachrufen, die ihr sagt: »Bist du ganz sicher, daß du weißt, was du tust? Vielleicht solltest du es noch einmal versuchen.«

Selbst wenn sie ihn nicht liebt, ist Trennung leichter gesagt als vollzogen. Schließlich gehörte man zusammen, man war eine Familie, das gemeinsame Heim war Zuflucht und Stätte der Geborgenheit. Wenn eine Wendy, die im Begriff ist, eine Tinker zu werden, eine Beziehung aufgibt, verläßt sie ein gewisses Maß an Sicherheit und setzt sich neuen Lebensdimensionen aus. Sofern sie nicht geradewegs in die Arme eines anderen Mannes überwechselt (nicht unbedingt eine gute Idee, da sie ihre früheren Fehler leicht wiederholen könnte), wird sie einem äußerst anstrengenden Abschnitt ihres Lebens entgegengehen. Und sie wird sich nach Möglichkeit vergewissern wollen, daß sie richtig handelt.

Wenn Frauen mich um Entscheidungshilfe bitten, ob sie ihre Beziehung aufgeben sollen oder nicht, lege ich ihnen eine objektive Prüfliste vor. Sie verspricht nicht Vollkommenheit, aber sie schenkt ihnen die Zuversicht, daß sie, wenn sie sich für die Trennung entscheiden und es ihnen nicht gut geht, in dem Bewußtsein, ihr Bestes zur Erhaltung der Beziehung getan zu haben, Ermutigung finden.

Hier ist die Prüfliste:

○ *Machen Sie sich genug aus ihm, um an Ihren Problemen zu arbeiten?*

Viele Frauen sagen, daß sie ihren Mann noch lieben, obwohl Kameradschaft und Zusammenhalt verlorengegangen sind. Sie bedauern ihn oder haben Angst vor der Trennung, aber sie lieben ihn nicht. Da sie jedoch in meiner Praxis sitzen, haben sie wahrscheinlich genug Liebe bewahrt, um zum zweiten Schritt in der Prüfliste weiterzugehen.

○ *Kennen Sie Ihre Fehler?*

Frauen, die an Trennung denken, gehen in der Beantwortung dieser Frage entweder zum einen oder zum anderen Extrem. Entweder haben sie wenig Feingefühl für ihre Fehler, oder sie sind von Schuldgefühlen so geplagt, daß sie ihre Irrtümer herunterrasseln wie ein gut eingeübtes Kind, das zu seiner ersten Beichte geht.

Keines der beiden Extreme ist eine solide Grundlage für eine Trennung. Dieser Teil der Prüfliste verlangt von einer Frau, daß sie eine lästige und unangenehme Situation analysiert und ihre Gedanken und Handlungen identifiziert. Wenn sie sagt, sie bemuttere ihn, muß sie ermitteln, welche der Wendy-Reaktionen auf sie zutrifft. Wenn sie in ihrer Selbstkritik nicht spezifisch sein kann, wird sie nicht in der Lage sein, die Erwartungen der nächsten Stufe in der Prüfliste zu erfüllen.

○ *Haben Sie Ihr Bestes getan, Ihre Fehler zu berichtigen?*
An diesem Punkt der Prüfliste bespreche ich mehrere Situationen, um zu sehen, ob die Frau tatsächlich vernünftige Techniken der Problemlösung angewendet hat. Wie ein Lehrer bei der Überprüfung der Hausaufgaben helfe ich ihr, den Bereich der angewendeten Techniken einzuschätzen und vergewissere mich, daß sie die jeweilige Technik richtig eingesetzt hat. Die meisten der Techniken, die ich lehre, sind im zweiten Abschnitt des Buches oder in den Büchern enthalten, die im Anhang aufgeführt sind.

○ *Haben Sie in bezug auf Ihre Situation objektive Rückkopplung gesucht?*
Im Falle der Frau, die in meiner Praxis saß, war ihre bloße Gegenwart Antwort genug. Zur Erläuterung: ›Objektive Rückkopplung‹ wird nicht von Ihren Freundinnen oder der Familie kommen. Nutzen Sie die im 20. Kapitel gemachten Vorschläge in dem Abschnitt über unvoreingenommene Therapeuten, um jemanden zu finden, der Ihnen bei der Bewertung der in diesem Kapitel erörterten Fragen helfen kann.

○ *Haben Sie versucht, ihn zu überreden, daß er zur Beratung geht?*
Viel Männer glauben noch immer, daß ›man seine Probleme selbst lösen kann; man braucht keine Eheberater oder Psychiater‹. Dieses Argument wird gern als Vorwand herangezogen, um der Angst vor Selbstprüfung auszuweichen. Bevor Sie sich trennen, sind Sie es Ihrer Beziehung schuldig, Ihren Mann nach besten Kräften zu ermutigen, daß er Beratung sucht, sei es mit Ihnen oder ohne Sie.

Wenn Sie alle fünf Fragen aufrichtig mit Ja beantworten können und Ihre Beziehung keine Wendung zum Besseren erkennen läßt, dann mögen Sie allerdings daran denken, die im weiteren Verlauf dieses Kapitels skizzierten Schritte zur Trennung einzuleiten. An dieser Stelle sei darauf hingewiesen, daß diese Schritte einer Frau empfohlen werden, deren Beziehung noch einen Rest menschliche Anständigkeit bewahrt hat. Sie sind nicht einer Frau angemessen, die Beschimpfungen oder Mißhandlungen ausgesetzt ist. Wo letzteres der Fall ist, kann die Frau sich der in Schritt zwei enthaltenen Ratschläge bedienen.

Schritt eins: Ein letzter Versuch

Ein Paar, das mich zur Eheberatung aufgesucht hatte, war eine typische Kombination von Peter Pan und Wendy. Wir hatten uns gemeinsam auf die Veränderung bestimmte Situationen im häuslichen Bereich konzentriert. Beide sagten die richtigen Worte, aber keiner schien wirklich entschlossen, seine jeweiligen Fehler zu berichtigen.

Nach mehreren Wochen Eheberatung erklärte die Frau, daß sie sich von ihrem Mann trennen wolle. Trotz ihrer seit langem bestehenden Probleme hatte die Frau das Thema niemals ernsthaft angesprochen. Der Mann war völlig verblüfft. Er befand sich noch in einer Art Schockzustand, als er meine Praxis verließ.

Eine Woche später kam er allein. Seine Frau war bereits ausgezogen und hatte die Scheidung eingereicht. Er hatte seinen Schock noch nicht überwunden. »Ich hätte nie gedacht, daß sie es tun würde. Ich bin bereit, meine Fehler zuzugeben und mit den Vorschlägen der Eheberatung ernst zu machen. Aber sie sagt, es liege ihr nichts mehr daran.« Er war sehr niedergeschlagen. »Nach siebzehn Jahren Ehe stellt sie mich vor vollendete Tatsachen.«

Wenn Sie einen letzten Versuch machen, tun Sie es, *bevor* Ihnen nichts mehr an der Beziehung liegt. Tun Sie es, solange Sie noch Hoffnung auf ein Fortbestehen haben. Diesen Standpunkt drückte eine Frau mit folgenden Worten aus: »Ich liebe den, der er sein könnte, nicht den der er jetzt ist.« Sie unternahm ihren letzten Versuch, solange sie sich noch etwas daraus machte, ob er Erfolg haben würde oder nicht.

Wenn Sie Ihren letzten Versuch machen, achten Sie darauf, daß Sie Ihre Sorgen und die Absicht der Trennung so unmißverständlich wie möglich zum Ausdruck bringen. Mit anderen Worten, gehen Sie nicht wie die Katze um den heißen Brei herum. Verhalten Sie sich so rational wie möglich, frei von wilden Emotionen. Wenn es nicht anders geht, schreiben Sie ihm einen Brief und lesen Sie ihn ihm vor. Es wird Ihnen wichtig sein, daß er Sie anhört.

Konsultieren Sie einen Anwalt im Hinblick auf Ihre Rechte. Er kann Sie beraten und über Mittel und Wege informieren, wie Ihr Mann zum Verlassen der Wohnung oder des Hauses bewogen werden kann. Sind Kinder in der Familie, die bei Ihnen bleiben werden, ist es für die Anpassung an die veränderte Situation am besten, wenn sie in der gewohnten Umgebung bleiben.

Prüfen Sie sorgfältig Ihre finanziellen Möglichkeiten. Wahrscheinlich haben Sie an dem fortdauernden Prozeß persönlicher Entwicklung, wie er in den vorausgegangenen Kapiteln beschrieben wurde, teilgenommen. Sie werden zur Polsterung Ihres Selbstvertrauens einen Geldvorrat brauchen, wenn Sie zur Tür hinausgehen (oder wenn er es tut).

Erzählen Sie den Kindern wenig über Ihre Pläne, zeigen Sie sich aber bereit, Fragen zu beantworten. Wenn sie fragen: »Willst du dich scheiden lassen?«, sagen Sie ihnen, daß Sie sich große Mühe geben, so etwas zu vermeiden.

Die Schwierigkeiten Ihres letzten Versuches liegt in der Feststellung: »Wenn wir nicht anfangen, an unseren Problemen zu arbeiten, werde ich gehen.« Sagen Sie dies nur, wenn es Ihr voller Ernst ist und Sie dazu entschlossen sind.

Schritt zwei: Trennung

Viele Frauen halten an einer Beziehung fest, weil die äußeren Umstände und wirtschaftlichen Aspekte einer Trennung sie schrecken. Lesen Sie die Aussage einer Frau, die zu lange geblieben war.

»Ich möchte nur, daß er mich in Ruhe läßt. Von mir aus

kann er vierundzwanzig Stunden am Tag vor dem Fernseher sitzen, solange er nicht versucht, mit mir zu sprechen.

Das einzige, was ich von ihm brauche, ist seine Lohntüte, die übrigens alles andere als prall ist. Gelegentlich brauche ich ihn auch als Babysitter. Wenn ich es nur fertigbrächte, keine Wut auf ihn zu kriegen, würde ich bleiben, wo ich bin.«

Die Verleugnung dieser Frau engte sie ein. Die Wendy-Falle erstickte sie. Trotz ihrer Befürchtungen, nicht in der Lage zu sein, für sich und ihre zwei Kinder aufzukommen, setzte diese Frau die Trennung durch; wie zuletzt von ihr zu hören war, kam sie gut damit zurecht.

Sie können die Trennungsangst verringern, wenn Sie Möglichkeiten suchen, in Ihre Zukunft zu investieren. Wenn Sie in Ihrem gegenwärtigen Heim bleiben, können Sie die Möbel umstellen und je nach Ihren finanziellen Möglichkeiten Teile der Wohnung oder des Hauses renovieren. Stellen Sie beispielsweise einen Sessel aus dem Wohnzimmer in Ihr Schlafzimmer, lernen Sie tapezieren, und geben Sie Ihrem Schlafzimmer ein anderes Gesicht, oder kaufen Sie irgendeinen neuen Einrichtungsgegenstand, selbst wenn er aus einem Gebrauchtwarenladen kommt.

Vielleicht werden Sie ausziehen und sich eine Wohnung suchen müssen. Lesen Sie, wie eine Frau sich ein neues Nest baute.

»Als ich in die neue Wohnung ging, war mir, als ginge ich zu einer Leichenfeier. Der Anblick der kahlen Wände kann Sehnsucht nach dem alten Haus wachrufen, ganz gleich, wie schlimm die Gespenster der Erinnerung sein mögen. Ich konnte nur denken, wie unfair er gewesen war, sich nicht zu ändern. Ich gab ihm die Schuld daran, daß es so gekommen war.

Ich war vom Selbstmitleid so zerstört, daß ich mich in dem leeren Zimmer auf den Boden setzte und weinte. Dann bekam ich eine Wut auf mich selbst und machte mir klar, warum ich gegangen war. Dann raffte ich mich auf, ging los und kaufte ein neues Bild und packte einen Teil meiner persönlichen Sachen aus. Ich holte mir eine Flasche Wein und veranstaltete eine private Einstandfeier für mich selbst. Ich hängte meine Küchenutensilien auf und bestellte eine Pizza. Ich setzte mich auf den Boden und spielte die Musik, die er nie mochte. Es war noch immer nicht erhebend, aber es war ein neuer Anfang.«

Haben Sie es mit Androhungen körperlicher Gewalt zu tun, werden Sie sich den Luxus des Durchleidens der emotionalen Achterbahn, der mit dem Bauen eines neuen Nestes verbunden ist, nicht leisten können. Sie werden sich zu sehr um Ihre Sicherheit sorgen. Wenn Sie von Trennung sprechen, und Ihr Mann droht Ihnen Gewalt an, nehmen Sie die Drohung ernst. Jeder Mensch, der nicht vor der Androhung körperlicher Gewalt zurückschreckt, ist unausgeglichen genug, den Worten die Tat folgen zu lassen.

Haben Sie ernstlich Grund, um Ihre Sicherheit zu fürchten, schätzen Sie Ihre Alternativen ein, *bevor* Sie Ihrem Mann irgendwelche endgültigen Eröffnungen machen. Sprechen Sie mit einem Eheberater, einem Anwalt, der Polizei oder dem Sozialamt über Möglichkeiten, Ihren Schutz zu gewährleisten, sobald die Trennung Realität wird. Wenden Sie sich an ein Frauenhaus, sofern es an Ihrem Wohnort eines gibt. Kauern Sie nicht in eine Ecke, zu ängstlich, um Widerstand zu leisten; versuchen Sie andererseits auch nicht zu beweisen, daß Sie auf Hilfe nicht angewiesen sind.

Schritt drei: Die Hürden überwinden

Haben Sie sich zur Trennung entschlossen, so sind noch ungezählte Hürden zu überwinden. Im folgenden seien nur einige wenige herausgegriffen.

Kinder

Wenn Sie Kinder haben, ist es sehr wahrscheinlich, daß sie bei Ihnen bleiben werden. Wie unterrichten Sie sie von der

Trennung? Was erzählen Sie über ihren Vater? Was sagen Sie über Ihre Trennungsgründe? Wieviel Information sollten Sie ihnen geben? Eine allgemeine Regel ist, die Fragen der Kinder in einfachen Begriffen zu beantworten und ihnen nur die Information zu geben, die sie verlangen. Wenn Sie im Zweifel sind, was die Kinder wissen wollen, stellen Sie anleitende Fragen, die ihr Bedürfnis nach Information klären werden.

Verdammen Sie den Vater der Kinder nicht und vermeiden Sie es, Ihre ehelichen Schwierigkeiten bis in alle Einzelheiten zu schildern. Erhalten Sie ein vernünftiges Maß an Disziplin und lassen Sie Ausnahmen von der Regel nur zu, nachdem die Kinder gutes Benehmen gezeigt haben. Erwarten Sie von ihnen, daß sie einen etwas größeren Anteil der Verantwortung übernehmen, und bemitleiden Sie sie nicht.

Äußert der Vater sich vor den Kindern negativ über Sie oder unterläßt er es, den Kindern die Zeit und Zuwendung zu geben, die sie verdienen, erklären Sie den Kindern einfach, daß ihr Vater Probleme hat und daß sein Verhalten *nicht* ihre Schuld ist.

Verwandte und Bekannte

In der anstrengenden und unerfreulichen Zeit der Trennung werden Sie bald entdecken, wer wirklich zu Ihnen hält. Sie werden die Unterstützung von Freunden innerhalb oder außerhalb der Familie brauchen. Wenigstens sollte es eine Person in Ihrem Umkreis geben, die Ihnen zuhört und bei der Sie Anlehnung suchen können.

Was jene betrifft, die eingehende Fragen stellen, so befolgen Sie den im vorigen Kapitel erteilten Rat. Werden Sie sich schon vorher schlüssig, wem Sie welche Information geben wollen und unter welchen Umständen. Sie mögen eine Neigung verspüren, zu vielen Menschen zuviel Information zu geben, als nehmen Sie sich Zeit zu überlegen, wem Sie vertrauen wollen.

Wiedersehen mit ihm

Trotz der Häßlichkeiten, die zwischen Ihnen vorgefallen sein mögen, besteht gute Aussicht, daß Ihr Mann nach der Trennung anrufen, schreiben oder auf Ihrer Schwelle erscheinen wird, übersprudelnd mit Entschuldigungen und Versprechungen, sich zu ändern. Zusätzlich zu den Vorschlägen, die ich am Schluß unter dem Stichwort Versöhnung gemacht habe, seien hier ein paar andere Gedanken angeführt, welche geeignet sein mögen, die Bürde solcher Begegnungen zu erleichtern.

- Wenn Sie mit Ihrem Mann sprechen wollen, tun Sie es auf neutralem Boden (in einem Café). Auf diese Weise verringern Sie die Wahrscheinlichkeit eines Streites und erleichtern sich selbst den Abgang, sollte die Begegnung einen unerfreulichen Verlauf nehmen.
- Achten Sie sorgfältig auf die Worte Ihres Mannes. Gibt er seine Fehler aufrichtig zu, oder sucht er Hilfe, um sich anzupassen? Sind die alten unreifen Eigenschaften noch vorhanden? Hier ein Musterbeispiel eines Versprechens, das keine Veränderung erkennen läßt: »Ich werde sogar anfangen zu fühlen, wenn du willst.«
- Wie im 17. Kapitel angeregt, bemühen Sie sich, bei ›Ich-Botschaften‹ zu bleiben, zum Beispiel: »Mir ist unangenehm, wie du mich drängst, ich solle mich zur Rückkehr entscheiden.«
- Trinken Sie während dieser ersten Begegnungen keinen Alkohol.
- Seien Sie darauf vorbereitet, daß sich ihre Erinnerungen an ihn in unkritischer Zuneigung verlieren; der Geist hat eine Neigung, Schmerz rasch zu vergessen. Zärtliche Gedanken sind notwendig, aber nicht ausreichend, um eine Beziehung wiederaufzubauen.
- Halten Sie die Kinder von diesen Begegnungen fern.
- Fragen Sie in *nicht,* ob er ein neues Verhältnis angefangen habe. Sie wären eifersüchtig, und es gibt keinen Grund, unnötige emotionale Belastungen zu ertragen.

Geld
Selbst wenn Sie eine gutbezahlte Stellung haben, werden Sie wahrscheinlich finanzielle Hilfe oder Beratung in finanziellen Angelegenheiten brauchen. Geldmangel ist ein sehr reales Problem, aber mit Entschlossenheit und umsichtiger Haushaltsführung sollte er keine unüberwindbare Hürde sein. Ihr Freundeskreis, Ihr Geldinstitut, Ihre Kollegen und Ihr Vorgesetzter können Sie unterstützen und beraten. Als eine Tinker sollten Sie es nicht als peinlich empfinden, um Hilfe zu bitten.

Streß
Die Trennung vom Lebensgefährten rangiert in der Reihenfolge spannungsreicher Ereignisse ganz oben. Selbst wenn alles reibungslos verläuft, bleiben Trennung und Auszug eine schwere nervliche und körperliche Belastung. Sie sind gut beraten, wenn Sie von vornherein damit rechnen, daß Ihr Schlaf unruhig sein, Ihre Toleranzschwelle für Unannehmlichkeiten sinken, Ihre Geduld sich rasch erschöpfen und Ihre Widerstandsfähigkeit gegen Grippe und Erkältungskrankheiten abnehmen wird.

Um mit diesem Streß fertigzuwerden, nehmen Sie sich am besten wenigstens dreißig Minuten am Tag die Zeit, sich einfach hinzusetzen und zu entspannen; lassen Sie sich von einem Arzt ein Übungsprogramm und eine mit Vitaminen angereicherte Diät vorschlagen; widerstehen Sie der Versuchung, ständig die Kinder zu unterhalten, oder, wenn Sie kinderlos sind, denken Sie nicht, Sie müßten all Ihre Vorstellungen innerhalb einer Woche in die Tat umsetzen. Seien Sie auf der Hut, daß Sie nicht von Alkohol oder anderen Drogen abhängig werden. Die Fortsetzung Ihrer Beratung über mehrere Wochen hin ist ein ausgezeichnetes Mittel zur Überwachung Ihrer Fähigkeit, mit der Umstellung fertigzuwerden.

Schritt vier: Versöhnung

Wenn Ihre Trennung in eine Zeit fiel, als Sie noch Hoffnung hatten, die Beziehung zu retten, dann wird der Gedanke an eine mögliche Versöhnung stets im Hintergrund Ihres Bewußtseins geblieben sein. Weil eine der Triebkräfte zum Verlassen des Partners der Wunsch nach Neubewertung Ihrer Beziehung war, können Sie sich während Ihrer Trennung an den folgenden Leitlinien orientieren.

- Widerstehen Sie der Versuchung, sich mit einem neuen Mann einzulassen. Wenn das geschieht, hat das Schicksal gesprochen; gehen Sie nicht auf die Suche danach. Viele Frauen befolgen die Regel, daß sie mit anderen Männern nicht öfter als zweimal hintereinander ausgehen.
- Verbringen Sie Zeit allein. Die Stille kann Sie vieles über die Richtung lehren, die Ihr Leben nehmen soll.
- Treffen Sie mit Ihrem Mann zusammen, so vermeiden Sie einige Wochen lang ›ernsthafte Gespräche‹. Wenn Sie mit ihm ausgehen, versuchen Sie sich zu amüsieren.
- Wenn Sie Geschlechtsverkehr haben, rechnen Sie mit der Erfahrung eines breiten Spektrums von Emotionen, die von Schuldgefühlen bis zur Heiterkeit reichen können. Handelt es sich um Verkehr mit Ihrem Mann, können Sie die Erfahrung erheblicher Verwirrung erwarten.
- Sie sollten sich während der Trennung ein *eigenes* Ziel setzen. Wenn Ihr einziges Ziel darin besteht, ihm Zeit zum Nachdenken zu geben, dann laufen Sie Gefahr, Ihre Zeit zu vergeuden.

Entscheiden Sie sich für die Versöhnung mit Ihrem Mann, so muß es unter der Voraussetzung geschehen, daß Sie sich beide einer intensiven Eheberatung widmen werden. Trotz Ihrer Hoffnung auf einen Neubeginn werden Sie viele schlechte Gewohnheiten zu überwinden haben. Dazu aber wird gemeinsame Arbeit erforderlich sein, wie Sie sie mit Ihrem Mann wahrscheinlich niemals gekannt haben.

Anhang:
Weiterführende Lektüre

Die folgenden Bücher sind wichtig für die Auflösung von Gefühlen der Ablehnung und Minderwertigkeit, für die Erlangung eines positiven Selbstbildnisses und die Aufrechterhaltung einer gleichberechtigten Beziehung zwischen einer Frau und ihrem Mann. Obwohl die Liste bei weitem nicht erschöpfend ist, werden diese Bücher Ihr Verständnis von der Dynamik des Wendy-Dilemmas vertiefen und Ihnen in vielen Fällen zu schöpferischen Ideen für die volle Entfaltung Ihrer Persönlichkeit verhelfen.

Berne, Eric. *Spiele der Erwachsenen, Psychologie der menschlichen Beziehungen.* Rowohlt Taschenbuchverlag, Hamburg 1970

Dies ist eine grundlegende Einführung in die Transaktionsanalyse, eine Methode, gesellschaftliche Wechselwirkungen als eine Serie von ›Spielen‹ zu sehen. Die Fallgeschichten sind informativ, und neue Begriffe sind klar erläutert. Das Buch bietet Hilfe bei der Erkennung destruktiver Verhaltensmuter. Der Autor hätte jedoch mehr konkrete Lösungsvorschläge mit einbeziehen können.

Bessel, Harold. *Testen Sie Ihren ›LQ‹.* Wilhelm Heyne Verlag, München 1986.

Ein sehr hilfreiches Buch für alle, die in Begriffen der Verhaltensforschung das Drehbuch reifer Liebe zu stimmen suchen (obwohl viele Leserinnen vor einer genauen Einschätzung ihrer ›Liebe‹ zu einem anderen Menschen zurückschrecken mögen). Das Buch enthält nicht nur eine Menge Information, es ist auch kurzweilig zu lesen.

Bloomfield, Harold, mit Leonard Felder. *In Frieden mit den Eltern.* Rowohlt Taschenbuchverlag, Hamburg 1985

Dieses Buch enthält Fallgeschichten von Menschen, die mit ihren Eltern Frieden geschlossen haben. Sehr nützlich sind Vorschläge, wie man sich von dem schrecklichen Bedürfnis nach elterlicher Anerkennung befreien, Verbitterung über die Eltern überwinden und mit den Herausforderungen fertigwerden kann, die alternde Eltern mit sich bringen. Alle, die Abhängigkeitsbedürfnisse aufzulösen versuchen, werden von den Lektionen dieses Buches lernen, ihre Eltern in einem neuen Licht zu sehen. Dr. Bloomfields Empfehlung, daß *Sie* Ihre Reaktion auf Ihre Eltern verändern müssen, weil *sie* sich wahrscheinlich nicht mehr ändern werden, scheint ein wenig vereinfachend zu sein. Gleichwohl handelt es sich um ein wertvolles Buch mit vielen guten Einsichten.

Brownmiller, Susan. *Weiblichkeit.* S. Fischer Verlag, Frankfurt 1984

Dies ist eine kritische Übersicht der Rollenstrukturen, die Weiblichkeit definieren und von Frauen allzu oft blindlings akzeptiert werden. Wenn eine Frau den Wunsch hat, ihre Weiblichkeit einer Überprüfung zu unterziehen, stellt dieses Buch eine ernste Herausforderung an die meisten ihrer gegenwärtigen Vorstellungen und Handlungsweisen dar. Mein einziges Argument gegen dieses stark historische Werk ist, daß alles, was eine Frau tut, falsch zu sein scheint. Bei der Lektüre dieses Buches wird die Leserin den notwendigen Optimismus selbst beisteuern müssen.

Burns, David. *Angstfrei. Über den Umgang mit Depressionen.* Minotaurus-Projekt Ute Dege/Michael Stühr, Pfungstadt 1981

Das vielleicht beste Buch über die Neuerungen in der kognitiven Therapie, ein Ansatz, der zur Auflösung des Wendy-Dilemmas sehr hilfreich sein kann. Dr. Burns führt die ›Kraft positiven Denkens‹ über den inspiratorischen Bereich hinaus in den wissenschaftlichen.

Dowling, Colette. *Der Cinderella-Komplex. Die heimliche Angst der Frau vor der Unabhängigkeit.* Fischer Taschenbuchverlag, Frankfurt 1984

Dieses Buch über die Furcht vieler Frauen vor der Unabhängigkeit ist ein wichtiger Lesestoff für alle, die den

Wunsch haben, eine Tinker zu werden. Eine Wendy zu bleiben, ist schließlich einer der Wege, auf denen Frauen die Unabhängigkeit meiden.

Fromm, Erich. *Die Kunst des Liebens.* Ullstein Verlag, Berlin 1980

Wie Dr. Bessell die Verhaltensweise der Liebe bestimmt, so bestimmt Dr. Fromm die Philosophie des Liebens. Dieser Klassiker enthält Feststellungen wie: ›Das tiefste Bedürfnis des Menschen ist folglich das Bedürfnis, seine Abgesondertheit zu überwinden, das Gefängnis seines Alleinseins zu verlassen.‹ ›Ohne Liebe könnte die Menschheit nicht einen Tag existieren.‹

Harris, Thomas. *Ich bin o.k. – Du bist o.k. Einführung in die Transaktionsanalyse.* Rowohlt Taschenbuchverlag, Hamburg 1975

Dies ist eine populäre Behandlung der Transkationsanalyse. Jede Frau, welche die innere Dynamik von Wendy, Tinker und unaufgelösten Stimmen der Vergangenheit verstehen möchte, wird in diesem Buch Ratschläge finden.

Kiley, Dan. *Das Peter-Pan-Syndrom.* Ernst Kabel Verlag, Hamburg 1987

Ein kritischer Blick auf das verbreitete Phänomen erwachsener Männer, denen es oft an reifen Verhaltensweisen fehlt. Besonderes Gewicht legt der Autor auf das Benehmen eines Peter Pan, wie seine Entwicklungsgeschichte sein Handeln erklärt, was getan werden kann, um das Syndrom zu überwinden, und wie die Frau in seinem Leben helfen kann.

Kopp, Sheldon B. *Triffst du Buddha unterwegs. Psychotherapie und Selbsterfahrung.* Fischer Taschenbuchverlag, Frankfurt 1978

Ein sehr ernster und nachdenklich stimmender Blick auf die Pilgerfahrten so manches Therapiepatienten. Eine notwendige Lektüre für alle, die Zeit und Geld in Psychotherapie investieren. Das Thema des Buches: Meiden Sie jeden Therapeuten, der sich benimmt, als ob er alle Antworten auf Ihre Probleme wüßte.

May, Rollo. *Die Erfahrung ›Ich bin‹. Sich selbst entdekken in den Grenzen der Welt.* Junfermannsche Verlagsbuchhandlung, Paderborn 1986

Wenn Sie in Ihrem Denken auch nur ein wenig philosophisch sind, wird dieses Buch Ihnen helfen, sich in die Mitte einer praktischen Bewertung von Furcht und den tieferen, langfristigen Lösungen von Isolation und Einsamkeit zu stellen.

Meichenbaum, Donald. *Kognitive Verhaltensmodifikation.* Urban & Schwarzenberg, München 1979

Dies ist ein Lehrbuch, das dem informierten Laien verständlich sein wird. Es fügt den populär geschriebenen Büchern von Burns und Peale erhebliche Substanz hinzu.

Missildine, Hugh. *In dir lebt das Kind, das du warst.* Klett-Cotta Verlag, Stuttgart 1979

Ein Buch, das Ihnen helfen wird, die Wendy zu verstehen und anzunehmen, die in Ihnen lebt. Der Autor bemerkt, daß nichts dagegen einzuwenden ist, wenn ein Teil von uns Kind bleibt – es ist sogar normal und wünschenswert. Der Autor zieht immer wieder Parallelen zwischen gegenwärtigem und selbstzerstörerischem Verhalten und Problemen, die als Kind erfahren wurden.

Orbach, Susie. *Anti-Diätbuch. Über die Psychologie der Dickleibigkeit, die Ursachen von Eßsucht.* Frauenoffensive Verlag, München 1979

Dickleibigkeit hat nichts mit Essen zu tun, ist einer der Kernsätze dieses Buches. Dickleibigkeit hat mit Beschützen, Geschlecht, Bemuttern, Kraft, Behauptung und Liebe zu tun. Sie können Ihre Verhaltensweisen ändern, indem

Sie den Unterschied zwischen ›Mundhunger‹ und ›Magenhunger‹ lernen.

Peale, Norman Vincent. *Die Kraft positiven Denkens.* Oesch Verlag, Glattbrugg/Schweiz 1974

Dr. Peale benutzt Bibelzitate und allgemeine theologische Bezüge zur Unterstützung seiner inspirierenden Botschaft. Sie brauchen kein Christ und nicht einmal gottgläubig zu sein, um aus diesem klassischen Werk Gewinn zu ziehen.